JN391749

끄르일로프
우화집

Басни

Иван Андреевич Крылов

끄르일로프
우화집

이반 끄르일로프 지음 · 정막래 옮김

문학과지성사
2006

대산세계문학총서 046_소설
끄르일로프 우화집

지은이 이반 끄르일로프
옮긴이 정막래
펴낸이 홍정선 김수영
펴낸곳 ㈜문학과지성사
등록 1993년 12월 16일 등록 제10-918호
주소 121-840 서울 마포구 서교동 395-2
전화 02)338-7224
팩스 02)323-4180(편집) 02)338-7221(영업)
전자우편 moonji@moonji.com
홈페이지 www.moonji.com

제1판 제1쇄 2006년 2월 7일
제1판 제2쇄 2010년 11월 15일

ISBN 89-320-1673-9
ISBN 89-320-1246-6(세트)

한국어판 ⓒ 정막래

이 책의 판권은 옮긴이와 ㈜문학과지성사에 있습니다.
양측의 서면 동의 없는 무단 전재 및 복제를 금합니다.

이 책은 대산문화재단의 외국문학 번역지원사업을 통해 발간되었습니다.
대산문화재단은 大山 愼鏞虎 선생의 뜻에 따라 교보생명의 출연으로 창립되어
우리 문학의 창달과 세계화를 위해 다양한 공익문화사업을 펼치고 있습니다.

끄르일로프 우화집

차례

제1권

1. 까마귀와 여우 13
2. 참나무와 갈대 16
3. 음악가들 19
4. 까마귀와 암탉 21
5. 보석 상자 24
6. 개구리와 황소 27
7. 눈이 높은 신부 29
8. 파르나소스 35
9. 예언자 38
10. 수레국화 40
11. 나무와 불 44
12. 검은방울새와 고슴도치 48
13. 늑대와 새끼 양 51
14. 원숭이들 55
15. 박새 59
16. 당나귀 62
17. 원숭이와 안경 66
18. 비둘기 두 마리 68
19. 금화 한 닢 76
20. 세 명의 아내를 거느린 남자 79
21. 무신론자들 81
22. 독수리와 수탉들 84

제2권

1. 황제를 요청한 개구리들 89
2. 사자와 표범 94
3. 고관과 철학자 97
4. 동물들의 떼죽음 99
5. 개의 우정 106
6. 분배 111
7. 나무통 114
8. 개집에 들어간 늑대 116
9. 시냇물 119
10. 여우와 모르모트 123
11. 행인과 개들 126
12. 베짱이와 개미 128
13. 허풍쟁이 130
14. 독수리와 벌 135
15. 사냥터의 토끼 138
16. 농어와 고양이 140
17. 늑대와 닭 143
18. 수탉과 진주 146
19. 농부와 일꾼 148
20. 짐마차 151
21. 어린 까마귀 154
22. 사령관이 된 코끼리 157

23. 당나귀와 꾀꼬리 160

제3권

1. 전매 상인과 구두 만드는 사람 165
2. 곤경에 처한 농부 171
3. 주인과 쥐들 175
4. 코끼리와 발바리 178
5. 아빠 늑대와 새끼 늑대 180
6. 원숭이 183
7. 자루 185
8. 고양이와 요리사 189
9. 사자와 모기 192
10. 농사꾼과 철학자 196
11. 농부와 여우 200
12. 사자의 교육 204
13. 노인과 세 명의 청년 211
14. 나무 215
15. 거위들 218
16. 돼지 221
17. 파리와 여행자들 223
18. 독수리와 거미 226
19. 암사슴과 회교 수도사 230
20. 개 232
21. 독수리와 두더지 234

제4권

1. 사중주단 239
2. 나뭇잎과 뿌리 242
3. 늑대와 여우 245
4. 종이연 247

5. 백조, 농어 그리고 게 249
6. 찌르레기 251
7. 연못과 강 253
8. 뜨리쉬까의 농민 외투 256
9. 기계 전문가 258
10. 불과 다이아몬드 261
11. 고독한 사람과 곰 264
12. 생화와 조화 268
13. 농부와 뱀 270
14. 농부와 강도 273
15. 호기심 275
16. 사냥에 나선 사자 277
17. 말과 기수 279
18. 농민과 강 282
19. 착한 척하는 여우 284
20. 공정한 회의 287

제5권

1. 제미안의 생선 수프 291
2. 쥐들의 대화 294
3. 검은방울새와 비둘기 296
4. 잠수부들 298
5. 늙은 여주인과 두 명의 하녀 305
6. 돌과 애벌레 309
7. 벌꿀을 훔친 곰 311
8. 거울과 원숭이 313
9. 모기와 목동 315
10. 농부와 죽음 317
11. 기사 320
12. 그림자와 사람 322
13. 농부와 도끼 324

14. 사자와 늑대 326
15. 개, 사람, 고양이 그리고 매 328
16. 손발의 통풍과 거미 331
17. 사자와 여우 337
18. 호프 338
19. 총애를 입은 코끼리 341
20. 먹구름 344
21. 험담꾼과 뱀 346
22. 행운과 거지 349
23. 개구리와 제우스 353
24. 건축가 여우 356
25. 누명 359
26. 손님으로 간 운 363

17. 여우와 포도 407
18. 양들과 개들 408
19. 올가미 속에 갇힌 곰 409
20. 이삭 411
21. 소년과 구더기 414
22. 장례식 417
23. 부지런한 곰 419
24. 작가와 강도 421
25. 새끼 양 426

제6권

1. 늑대와 목동들 371
2. 뻐꾸기와 비둘기 372
3. 참빗 375
4. 구두쇠와 암탉 378
5. 두 개의 술통 380
6. 헤라클레스 382
7. 아펠레스와 당나귀 384
8. 사냥꾼 387
9. 소년과 뱀 390
10. 수영 선수와 바다 391
11. 당나귀와 농부 393
12. 늑대와 학 395
13. 꿀벌과 파리들 397
14. 개미 399
15. 목동과 바다 402
16. 농부와 뱀 405

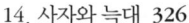

제7권

1. 쥐들의 회의 431
2. 방앗간 주인 434
3. 조약돌과 다이아몬드 437
4. 낭비하는 사람과 제비 439
5. 잉어 441
6. 농부와 뱀 446
7. 참나무 아래 돼지 448
8. 거미와 꿀벌 450
9. 여우와 당나귀 453
10. 파리와 꿀벌 455
11. 뱀과 어린 양 458
12. 솥과 냄비 460
13. 산양 462
14. 꾀꼬리 465
15. 빗자루 468
16. 농부와 양 470
17. 구두쇠 472
18. 부자와 시인 475
19. 늑대와 새끼 쥐 477
20. 두 남자 479

21. 새끼 고양이와 찌르레기 482
22. 두 마리의 개 485
23. 고양이와 꾀꼬리 488
24. 물고기들의 춤 491
25. 신도 494
26. 까마귀 497
27. 얼룩양들 500

제8권

1. 늙은 사자 505
2. 사자, 사슴과 여우 507
3. 농부와 말 510
4. 다람쥐 512
5. 농어 514
6. 뻐꾸기와 독수리 517
7. 면도칼 519
8. 매와 애벌레 522
9. 불행한 부자 524
10. 검 529
11. 상인 532
12. 대포와 돛 534
13. 당나귀 537
14. 미론 540
15. 농부와 여우 543
16. 개와 말 545
17. 부엉이와 당나귀 547
18. 뱀 550
19. 늑대와 고양이 553
20. 쥐노래미들 556
21. 폭포와 시냇물 558
22. 사자 559

23. 세 남자 561

제9권

1. 목동 567
2. 다람쥐 569
3. 쥐들 571
4. 여우 574
5. 늑대와 양들 577
6. 농부와 개 580
7. 두 소년 582
8. 강도와 마부 585
9. 사자와 쥐 588
10. 뻐꾸기와 수탉 591
11. 고관대작 594

옮긴이 해설 · 러시아 사회를 보여주는 거울,
  끄르일로프의 우화 597
최초 출전 614
작품 연보 624
작가 연보 634
찾아보기 636
기획의 말 641

일러두기
1. 본문 중의 각주는 모두 역주(譯註)이다.
2. 러시아 인명 및 지명 표기는 원어 발음에 가깝게 하였다.
 예) 스테판→스쩨빤, 페테르부르크→뻬쩨르부르끄

제1권

1 까마귀와 여우

아부는 추하며 해로운 것이다, 라고
세상을 향해 아무리 외쳐봐도
다 쓸데없는 일입니다.
아첨쟁이들은 항상
사람의 마음 속에서
허술한 구석을 찾아냅니다.

―――――

하늘 어디에선가 신께서
까마귀에게 치즈 한 조각을 보내주셨습니다.
그리하여 까마귀는 전나무 위로 날아 올라갔습니다.
이로써 까마귀의 아침식사가 다 준비된 셈입니다.
까마귀가 잠시 생각하는 동안

치즈는 까마귀의 입 안에 그대로 남아 있었습니다.
불행하게도 이때 여우가
아주 가까운 곳에서 뛰어 지나가던 중이었습니다.
뜻밖의 치즈 냄새에 여우는 가던 길을 멈추었습니다.
여우는 치즈를 보았고,
그 치즈는 여우의 마음을 사로잡았습니다.
이 사기꾼 여우는 나무 쪽으로 살금살금 다가갔습니다.
그러고는 꼬리를 치면서
까마귀에게서 눈을 떼지 않고,
거의 숨도 쉬지 않으면서
다음과 같은 찬사를 늘어놓는 것이었습니다.

"사랑스러운 이여,
당신은 정말 아름답군요!
그 기다란 목이며 그 아름다운 눈!
정말로 동화 속 주인공 같아요!
당신은 얼마나 아름다운 깃털들을 가졌는지!
얼마나 귀여운 코를 가졌는지!
그러니 틀림없이 당신의 목소리는
천사의 음성처럼 아름답겠죠!
빛나는 이여,
사양하지 마시고 제게 노래를 불러주시지 않겠어요!
오, 나의 누이여!
당신처럼 아름다운 분은

틀림없이 노래도 굉장히 잘할 거예요.
당신은 진정 새 중의 왕이 아니신지요!"

이와 같은 칭찬에 까마귀는 우쭐해졌고,
너무 기뻐 숨이 막힐 것만 같았습니다.
여우의 칭찬에 대한 답변으로
까마귀는 있는 힘을 다해 목청껏 까악거렸습니다.
그러자 치즈는 땅에 떨어져
바로 그 사기꾼 여우의 몫이 되고 말았습니다.

2 참나무와 갈대

어느 날 참나무는 갈대와 얘기를 나누게 되었습니다.
참나무가 말했습니다.

"갈대야,
정말이지 너는 자연에다 대고 불평할 권리가 있어.
참새조차도 네겐 무겁잖아.
산들바람이 불어와
물 위에 잔물결을 일으키기라도 한다면,
넌 흔들거리고 허약해지기 시작하겠지.
넌 차마 쳐다보기에도 가엾을 정도로
너무나도 쓸쓸하게 쓰러져버리겠지.
반면에 나는 말이지,
까프까스 산맥¹과 어깨를 나란히 하고 도도하게
태양 빛을 가로막을 뿐 아니라

질풍과 뇌우 또한 비웃어주며
누구도 침범할 수 없는 세계로 둘러싸여져 있듯이
굳건하고 똑바르게 서 있지 않니.
너에겐 모든 게 폭풍 같고,
나에겐 모든 게 부드러운 서풍 같지.
네가 내 주변에서 자라났다면
내 가지들이 만드는 짙은 그늘 아래에서
어떠한 악천후가 닥치더라도
내가 너를 지켜줄 수 있을 텐데.
그러나 자연은 사나운 바람의 신 아이올로스[2]의 영지에
너희 갈대들이 뿌리내리도록 운명지어버렸지.
틀림없이 자연이 너희들에 대한 배려를
전혀 하지 않았던 거야."

이 말에 갈대가 대답하였습니다.

"넌 아주 동정심이 많구나.
그러나 걱정하지 마.
내게 그렇게 심한 피해는 없으니까.
나는 폭풍을 두려워하지 않아.
나는 휘어지긴 해도 부러지진 않잖아.
그러니 폭풍은 내게 거의 해를 끼치지 않는 셈이지.

---

1 까프까스 산맥: 러시아의 대표적인 산악 지대로 불리는 큰 산맥 중의 하나.
2 아이올로스: 고대 신화에 나오는 바람의 신.

아무래도 폭풍 때문에 더욱 위험해지는 것은
바로 네가 아닐까!
물론 오늘날까지 자연의 악천후가
너를 굴복시키지도 못했고,
너의 고개를 숙이게 하지도 못했다는 것은 사실이지만.
그러나 아직은 알 수 없잖아!"

갈대가 말을 마치자마자,
갑자기 북쪽으로부터
동북풍이 굉음을 울리며
우박과 비를 몰고 질주해왔습니다.
참나무는 버텼고
갈대는 땅 위에 납작 엎드렸습니다.
바람은 거칠어지며 그 위력이 점점 세졌습니다.
그러다가 결국 갑자기 으르렁거리기 시작한 바람이
머리가 하늘에 닿은 채로,
어둠 속에서 굳건히 버티고 서 있던 참나무를
뿌리째 뽑아 멀리멀리 날려버리고 말았습니다.

3 음악가들

어떤 사람이 이웃을 식사에 초대했습니다.
그러나 여기에는 다른 의도가 있었습니다.
이웃을 초대한 집주인은 음악을 좋아했습니다.
그래서 가수들의 노래를 함께 듣기 위해
이웃을 꾀어 자기 집으로 부른 것입니다.
훌륭한 젊은이들이 노래를 시작했으나
각자 제멋대로 불렀습니다.
뿐만 아니라 목청을 다하여
큰 소리로 노래를 불렀습니다.
초대되어온 이웃은 귀가 찢어지는 듯했으며,
머리도 멍해지기 시작했습니다.
그래서 이웃은 어이가 없다는 표정으로
주인에게 말했습니다.

"제발 나 좀 봐주게.
도대체 여기서 뭘 즐기라는 겐가?
자네의 합창단은 정말 형편없군 그래!"

그러나 집주인은 오히려 감동한 표정으로 대답했습니다.

"저들이 조금 크게 부르고 있다는 것은
맞는 말 같군.
하지만 그 대신 저들은 더 이상 술을 입에 대지 않고,
모두들 바르게 살아가지 않는가."

———

그러나 나는 이렇게 말하고 싶습니다.
술을 마시더라도
자신의 일을 제대로 해내라고.
그것이 내 생각에는 더 나아 보인다고 말입니다.

4 까마귀와 암탉

스몰렌스끄의 공후[3]가

새로 밀려온 야만인 침략자들에 대항하여

교묘하게 꾀를 내어서 올가미를 씌우려고

모스끄바를 버리고 떠나던 때에,

애 어른 가릴 것 없이 모든 주민들이

촌음을 다투어 모여들어

모스끄바의 성벽을 넘어서

성밖으로 빠져나왔는데,

이 모습은 마치 벌 떼들이 벌집에서

쏟아져 나오는 듯했습니다.

이때 까마귀는 지붕 위에서

코를 후비며

---

3 스몰렌스끄의 공후: 스몰렌스끄는 러시아의 서부에 위치한 오래된 도시이다. 여기에서는 1812년 11월 초에 이 칭호의 훈장을 받은 꾸뚜조프 장군을 말한다.

이 모든 소동을 조용히 바라보고 있었습니다.
짐수레에서 암탉이 까마귀에게 소리쳤습니다.

"수다쟁이 까마귀야,
그래 너는 피난 가지 않니?
적들이 문지방까지 쳐들어왔다는데."

이 말에 까마귀가 자신의 미래를 내다보듯이
암탉에게 대답했습니다.

"그게 나랑 무슨 상관이 있니?
나는 용감하게 이곳에 남을 거야.
너희 암탉 자매들이나 원하는 대로 해.
나 까마귀는 기름에 볶이는 일도
물에 끓여질 일도 없을 텐데 뭐.
그러니 내가 손님들과
잘 지내지 못할 이유가 뭐가 있겠어.
어쩌면 치즈나 과일 씨,
아니면 뭐라도
챙기게 될지도 모르는 일 아니니.
잘 가, 꼬꼬 닭아,
부디 행복한 여행길이 되길 바랄게!"

까마귀는 끝까지 그곳을 떠나려 하지 않았습니다.

그러나 까마귀는 자신이 바라던
그 어떤 이득도 챙기지 못한 채
스몰렌스끄의 공후가
침략자들을 굶겨 죽이기 시작했을 때
이들의 수프 재료가 되고 말았습니다.

———

이처럼 사람은 자주
계산에 눈멀고 우둔하게 됩니다.
당신이 요행을 바라고
그 뒤를 바싹 쫓고 있는 듯하지만,
실제로는 그 요행을 바라는 사이에
더 큰 일을 당하게 된답니다.
까마귀가 수프가 되고 말았듯이!

5 보석 상자

우리에게 흔하게 일어나는 일 가운데 하나는
단지 일을 시작하기만 해도
이미 그 일이 어느 정도 이루어져 있고
저절로 굴러가게 된다는 사실을
알게 된다는 것입니다.

―――

어떤 사람에게
거장이 만든 보석 상자가
전달되었습니다.
보석 상자는 눈이 부실 만큼
뛰어나게 장식되어 있었습니다.
모두들 보석 상자의 아름다움에

도취되었습니다.
그때 박식한 기술자가
방으로 들어왔습니다.
보석 상자를 본 그는 말했습니다.

"신기한 보석 상자로군요,
자물쇠도 없다니.
그러면 내가 열어보지요.
그래요, 나는 이 일을 확실히 할 수 있어요.
그렇게 속으로 비웃지들 마세요!
내가 비밀을 찾아내서
보석 상자를 여러분들에게 열어 보이지요.
나로 말할 것 같으면 기계학 분야에서
한몫하는 사람이라고요."

그러고는 그는 보석 상자를 열기 위해 작업을 시작했습니다.
우선 보석 상자를 사방에서 둘러보고는
머리를 저었습니다.

심사숙고하더니
이번에는 못을,
다음번에는 다른 연장을,
그리고 또 망치도 사용하였습니다.
그때 그를 바라보던 다른 사람들이

머리를 저었습니다.
귓속말을 하는 이들도 있었고,
자기들끼리 웃는 이들도 있었습니다.
기술자의 귀에는
이런 소리들만 울려 퍼졌습니다.

"그게 아니야,
그렇게 하면 안 돼,
거기가 아니라구!"

기술자는 더욱 기를 썼습니다.
그는 땀을 줄줄 흘렸지만,
결국은 지쳐서
보석 상자에서 나가떨어지고 말았습니다.
그리하여 기술자는 보석 상자를 여는 방법을
결코 알아내지 못했습니다.
그런데 보석 상자는
처음부터 잠겨져 있지 않았습니다.

6 개구리와 황소

풀밭에서 황소를 본 개구리가
자신과 황소의 크기를 비교하려고 했습니다.
개구리는 황소가 부러웠던 것입니다.
그리하여 개구리는 거들먹거리고
용을 쓰며 몸을 부풀렸습니다.
개구리는 여자 친구 개구리에게 말했습니다.

"얘, 나 좀 봐, 어때 나, 황소 같지?"
"아니, 턱도 없어, 얘!"
"그럼 이번엔 내가 더 크게 부풀릴 테니까 잘 봐,
이제 어때? 나 엄청나지?"
"아직 아무것도 아니야."
"그럼, 지금은 어때?"
"아직도 그래."

우리의 몽상가 개구리는
몸을 부풀리려 기를 쓰고 또 쓰다가
황소와는 비교할 수도 없을 정도에서
그 일을 끝내게 되었습니다.
개구리는 그만 빵빵함을 이기지 못하고
죽어버린 것입니다.

———

이러한 예는 이 세상에 수도 없이 많습니다.
소시민이 명예로운 시민처럼 살려고 하거나,
비천한 신분이 고귀한 귀족처럼 살기를 원한다는 것은
놀라운 일이 아니겠습니까.

7 눈이 높은 신부

혼기가 찬 아가씨가
신랑감을 구하고 있었습니다.
그녀에게는 별다른 문제는 없었는데,
단 하나, 교만하다는 것이 문제였습니다.
그녀가 찾는 신랑감은
잘생기고 똑똑하며,
훈장도 받고 명예도 얻은
젊은 총각이어야 했습니다.
(이 아름다운 아가씨는 약간 변덕스러웠습니다.)
그런데 모든 걸 갖고 있어야 하다니요.
도대체 그 누가 모든 것을 갖출 수 있겠습니까?
주의해야 할 점이 하나 더 있었습니다.
그녀를 사랑하되
감히 질투해서는 안 된다는 것입니다.

우수한 신랑감들이 선택받기 위해
그녀의 집 마당으로 급히 달려오는 것을 보며
그녀는 무척 행복했습니다.
이상하게 보일지 모르겠지만 말입니다.
그러나 선택에 있어서
그녀는 취향도 생각도 까다로웠습니다.
다른 신부들에게는 보물이 될 만한 신랑감들도
그녀가 보기에는
의젓한 신랑감이 아니라,
풋내 나는 젊은이에 불과했습니다!
그런데 어떻게 그녀가 이런 신랑감들 중에서
선택을 할 수 있겠습니까?
이 남자는 관리가 아니라서,
저 남자는 훈장이 없어서,
반면에 어떤 남자가 관리라면,
유감스럽게도 주머니가 비어 있어서,
이 남자는 코가 넓어서,
저 남자는 눈썹이 짙어서,
이래서 안 되고,
저래서 안 되었습니다.
그녀의 마음에 드는 사람은
결코 오지 않을 것입니다.
신랑감들은 뜸해졌고,
약 2년이 흘렀습니다.

그들은 다른 신부를 구하기 위해
그녀 곁을 떠났습니다.
이제는 중간 수준의 신랑감들만이
청혼하러 왔습니다.
아름다운 아가씨는
이런 말만을 되풀이했습니다.

"이런 얼뜨기들!
내가 어떻게
저 사람들에게 맞는 신부겠어요?
정말로 저들은 주제를 모르는 모양이지요!
내가 저런 신랑감들에게
집 마당에서 인사하며 배웅해야 되나요?
내가 이런 괴물들 중 하나에게
시집을 가야겠어요?
내가 너무 서둘러서
시집가려고 했던 것 같아요.
내게 처녀 생활은 조금도 힘들지 않아요.
낮에는 즐겁고,
밤에도 참으로 편안하게 잠들어요.
그래서 떠밀리듯이 시집가는 것이
내게는 조금도 유익하지 않아요."

이번에 온 사람들도

눈앞에서 사라졌습니다.
그 뒤로 그녀의 이런 거절을 들으면서
그녀 앞에 나타나는 신랑감들의 수가
더 줄어갔습니다.
1년이 지났습니다.
이제는 아무도 오지 않았습니다.
한 해가 더 지났고,
또 한 해가 지났습니다.
그 누구도 그녀에게
중매쟁이를 보내지 않았습니다.
우리 아가씨는 이제
성숙한 여인이 되었습니다.
그녀는 자신의 여자 친구들을
생각하기 시작했습니다.
(이제 그녀에게는 생각할 시간이 많아졌습니다.)
이 친구는 오래전에 시집갔고,
저 친구는 결혼 상대가 있었습니다.
마치 그녀는 잊혀진 듯했습니다.
아름다운 아가씨의 가슴에
슬픔이 스며들었습니다.
그리하여 매일 괴로운 시간을 보내며
그녀가 자신의 매력 중에서
무언가를 잃어가고 있음을
거울이 그녀에게

알려주고 있었습니다.
먼저 얼굴에는 홍조가 사라졌고,
눈은 생기를 잃었습니다.
귀여운 보조개도
두 볼에서 모습을 감추었습니다.
즐거움과 생기발랄함은
마치 도망쳐버린 것 같았습니다.
그 대신에 두세 가닥의 흰머리가 보였습니다.
불행이 사방에서 몰려오고 있었습니다!
한때 그녀가 참여하지 않는 파티는
아무런 매력도 없었습니다.
그녀의 포로들 때문에
그녀 주변은 비좁았습니다.
그런데 지금은 어떤가요!
아아, 카드놀이에서나 그녀를 부릅니다!
그리하여 이제 거만했던 아가씨는
태도를 바꿉니다.
이성은 그녀에게 결혼을
서두르도록 명령했습니다.
더 이상 그녀는 우쭐대지 않습니다.
이제 남자를 비딱하게 보지 않겠노라고
우리 아가씨는 마음속으로
항상 되풀이해서 말하곤 했습니다.
아름다운 아가씨는

독신으로 일생을 마감하지 않기 위해
완전히 때를 놓치기 전에
그녀에게 구혼한 첫번째 남자에게
시집을 갔습니다.
그녀는 너무너무 기뻤습니다.
자신이 불구자에게 시집간 것조차도 말입니다.

8 파르나소스[4]

인간들이 신들을 그리스에서 쫓아내고
신의 소유지를 마음대로 분배했을 때
파르나소스 신전이
어떤 사람에게 넘어갔습니다.
새 주인은 그곳에
당나귀들을 기르기 시작했습니다.
당나귀들이 어떻게 알았는지는 모르겠지만
예전에 뮤즈 여신들이
이 신전에 살았다는 것을 알았습니다.
당나귀들이 말했습니다.

"우리들을 파르나소스 신전으로

---
[4] 파르나소스: 그리스 중부에 있는 산으로 높이는 2,459미터로 그리스 신화에서는 이 산의 신전에 학문과 예술을 담당하는 9명의 자매신 뮤즈들이 살고 있었다고 한다.

몰아넣은 것은
다 까닭이 있어서였어.
아마 세상 사람들이
뮤즈 여신들에게 싫증이 나서일 거야.
우리가 여기서 노래 부르기를 바랄 거야."

그러자 한 당나귀가 외쳤습니다.

"자, 자, 걱정하지 마.
내가 먼저 노래를 부를 테니까
너희들은 뒤따라 부르도록 해!
친구들아, 겁낼 필요 없어!
아홉 명의 뮤즈 여신들보다
더 큰 목소리로
우리 당나귀들을 찬미하자구!
우리 합창단만의 목소리를 내고
풍악을 울리자!
우리의 동료애가 흔들리지 않도록
일치단결을 해야 한다는 것을 명심하자.
만약 당나귀의 구미에 맞는 목소리가 없다면
파르나소스에서 살 수 없게 될 거야."

그 당나귀의 말에 모두들 찬성했습니다.
이런 허무맹랑하고 교활하며

입에 발린 말에 말입니다.
새 합창단의 노래는
완전히 엉터리였습니다.
그것은 마치 기름이 말라버린 수레바퀴
수천 개가 굴러가는 소리 같았습니다.
그런데 이런 제각각인 엉터리 노래가
어떻게 멈춰졌을까요?
도저히 참을 수가 없게 된 주인은
그 당나귀 모두를
파르나소스 신전에서
옛날의 외양간으로 쫓아내버렸습니다.

―――

다음과 같은 매우 오래된 격언을
상기시킨다고 해서
기분 나빠하지 않기를 바랍니다.
머리가 비어 있다 할지라도
그곳에 지식이 쌓일 자리는 없습니다.

2 예언자

어떤 신전에 목신[5]이 있었는데,
그 신은 예언을 했으며
현명한 조언도 해주었습니다.
그래서 그 신은 머리에서 발끝까지
은과 금으로 치장되었고
굉장히 호화스럽게 서 있었으며
제물들은 가득 쌓였고
기도 소리에 귀가 멍해졌으며
향내로 인해 숨이 답답했습니다.
모두들 맹목적으로
이 예언자를 믿었습니다.
그러나 갑자기 예언자는

---

5 목신(木神): 나무로 만든 신.

짜증과 욕설을 해댔습니다.
이치에 맞지 않고 어리석은 대답만 했습니다.
예언자가 바보 같은 말을 해대는 통에
그에게 무언가를 물어보러 간 사람들은
모두들 기가 막혀 했습니다.
목신에게 있는 예언 능력은
어디로 사라졌단 말입니까!
사실 목신은 안이 텅 비어 있었고
그 안에 신관이 앉아서
사람들에게 예언했던 것입니다.
따라서,
현명한 신관이 있을 때에
그 목신은 엉뚱한 말을 하지 않았습니다.
그러나 아둔한 신관이 목신 안에 앉아 있을 때에
목신은 엉터리가 되었던 것입니다.

―――

재판관들에게 현명한 비서가 있었을 때
그들은 매우 현명한 재판관이었다는 것을
나는 옛날에 들은 적이 있습니다.

10 수레국화[6]

활짝 피었던 수레국화가
갑자기 힘을 잃고
거의 반은 시들어서
머리를 줄기 쪽으로 떨구고는
자신의 최후를
우울하게 기다리고 있었습니다.
그러면서 수레국화는 남풍에게
구슬프게 속삭였습니다.

"아, 만약 곧 날이 밝아
붉은 태양이
이 들판을 비춘다면

---
[6] 수레국화: 국화과의 한해살이풀로 유럽 동부와 남부가 원산지다.

나도 다시 살아날 수 있을까요?"

그러자 근처에서 땅을 파고 있던
딱정벌레가 말했습니다.

"이 친구야, 단순하긴!
태양이 과연 네가 자라는지 시들었는지,
아니면 꽃이 피고 있는지 살펴보는
그런 일만 하는 줄 아나 보지?
태양에게는 그 일을 할 만한 시간도
흥미도 없다는 걸 알아둬.
네가 나처럼 날 수 있어서 세상을 알게 된다면
여기에 있는 초원과 들판, 그리고 밭들이
오직 태양 때문에 생기를 얻고
행복해한다는 것을 볼 수 있었을 텐데.
태양은 그 따뜻함으로
거대한 참나무와 삼나무를
따뜻하게 보듬어주고
향기로운 꽃들을
놀랍도록 아름답게 치장해주지.
그 꽃들만 해도
너와는 완전히 달라.
그들은 아주 가치 있고 아름다워서
시간조차도 그들이 시드는 것을 아까워하지만

너는 화려하지도 않고

향기가 나지도 않으니

귀찮게 졸라서 태양을 괴롭히지 마라!

태양은 너에게 빛을 비추지도 않을 것이니

괜히 다시 살아나려고 애쓰지 말고

잠자코 최후를 맞기나 해라!"

그러나 태양이 떠오르자

자연은 생명을 얻고

꽃의 신이 지배하는 이 왕국에

햇살이 넓게 펼쳐져

밤사이 시든 가련한 수레국화도

태양의 눈길에 의해

다시 살아났습니다.

———

아, 당신은 누군가의 인생에

높고 낮음을 매기고 있군요!

여러분은 나의 태양을 본받도록 하십시오!

보십시오.

한 줄기의 햇빛도

작은 풀잎과 삼나무에게

공평하게 은혜를 베풀며

자신이 느끼는 기쁨과 행복을 남겨줍니다.
그 때문에 태양은
동방에서 나는 크리스털의 깨끗한 광채와 같이
진정으로 빛나는 것이고
모두 태양을 축복하는 것입니다.

11 나무와 불

친구를 잘 선택하십시오.
자신의 탐욕이
우정을 가릴 때
당신은 함정에 빠지게 될 것입니다.
이러한 진실을 더욱 명백하게 이해하기 위해
우화 한 편을 들어보십시오.

―――

겨울에 나무 밑에서 불씨가
연기만 내며 타고 있었습니다.
아마 그 불은
나그네들이 피우다 간 것일 것입니다.
그 불길은 시간이 지날수록

점점 약해지고 있었습니다.
불을 지필 새로운 장작이 없었습니다.
불씨는 자신의 종말을 보면서
나무에게 말했습니다.

"사랑하는 나무야!
물어볼 게 있단다.
너는 참으로 비참한 신세인 것 같구나.
너의 몸에는 잎 한 장도 보이지 않는구나.
완전히 알몸으로 있어도 얼지 않니?"

그러자 나무가 불씨에게 대답했습니다.

"눈에 완전히 덮여 있기 때문에
겨울에는 어떠한 녹색 잎과 꽃도 낼 수 없어."

다시 불씨가 말했습니다.

"별일 아니구나!
나와 친구만 된다면 내가 도와줄게.
나는 태양의 형제이고
겨울에도 태양 못지않은 기적을 일으키지.
온실들에게 불에 대해 물어봐.
눈보라가 휘몰아치는 겨울에도

그곳은 모든 식물이
꽃을 피우거나 열매를 맺지.
모든 게 불 덕분이라며
내게 감사하고 있어.
내 자신을 칭찬하는 것에
지치지는 않았지만
나는 자만하는 것은
좋아하지 않아.
그러나 나는 힘에 있어서
태양에게 결코 지지 않아.
태양이 여기에서
거만하게 빛나고 있지만
눈을 녹이지 못하고
서산 너머로 기울잖아.
내 주위를 봐.
저렇게 눈이 녹잖아.
여름과 봄처럼
겨울에도 푸르고 싶다면
나에게 너의 모퉁이를 내어줘!"

나무는 불씨의 꼬임에 넘어갔습니다.
작은 불씨는 나무에서
큰불이 되었습니다.
불은 주저하지 않고

작은 가지에서 또 다른 가지로
옮겨 다녔습니다.
자욱한 검은 연기가
구름을 향해 올라갔습니다.
그리고 거칠어진 불길은
갑자기 숲 전체를 에워쌌습니다.
마침내 나무는 새까맣게 타버렸습니다.
한여름 무더위를 피해
나그네들이 찾아들던 나무 그늘에는
불에 그을린 그루터기만이
남아 있었습니다.

―――

그러나 놀랄 것은 없습니다.
어떻게 나무가 불과 친해질 수 있단 말입니까?

12 검은방울새와 고슴도치

고독을 즐기며 수줍어하는
검은방울새가
노을 속에서 지저귀고 있었습니다.
자신의 목소리를 칭찬받고 싶어서나
무슨 목적이 있어서가 아니라
다만 노래를 부르고 싶어서였습니다.
그때, 광채 속에서
찬란한 태양의 신이
바다에서 영광스럽게 솟아올랐습니다.
그 신은 모든 것에게
생명을 가져다주는 것 같았습니다.
그래서 그를 맞이하려고
울창한 숲 속에서는
꾀꼬리들의 우렁찬 합창이

울려 퍼졌습니다.
우리의 검은방울새는
입을 다물었습니다.
그러자 고슴도치가 비웃으면서
검은방울새에게 말했습니다.

"왜 그래, 친구. 왜 노래를 안 부르나?"

이 말에 가련한 검은방울새는
눈물을 지으며 대답했습니다.

"나는 장엄한 태양을 찬양할 수 있는
목소리를 가지고 있지 않아.
나의 약한 목소리로는
태양을 찬양하는
노래를 부를 수 없어."

―――

나는 알렉산드르[7]를 위해 노래하던
판다로스[8]의 시적 재능을
타고나지 못했다는 것이

---

7 알렉산드르: 마케도니아의 알렉산드로스 대왕을 말한다.
8 판다로스: 그리스 신화에 나오는 서정시인이다.

가슴 아프고 슬프답니다.

13 늑대와 새끼 양

강자는 항상 힘없는 존재를 탓합니다.
우리는 역사에서
그와 같은 많은 예를 듣고 있지만
지금 역사를 쓰려는 것은 아닙니다.
저는 우화 한 편을 예로 들어 말하고자 합니다.

―――

어느 무더운 날 새끼 양이
목이 말라 개울로 나왔는데
이런 일엔 재앙이 뒤따르기 마련이라,
마침 그 근처에 굶주린 늑대가
돌아다니고 있었습니다.
늑대는 새끼 양을 발견하고

이 먹잇감을 겨냥했습니다.
그러나 일에는 정당한 방식과 구실이 필요한 법,
늑대가 소리쳤습니다.

"어떻게 네가 감히
더러운 주둥이를 여기 대고
내가 마실 깨끗한 물을 휘저어
모래와 진흙으로
흐려놓을 수가 있지?
이 버릇없는 것.
너의 그 뻔뻔함 때문에
내가 너의 머리를 쳐야겠다."
"위대하신 늑대님이 허락하신다면,
개울 아래로 가서
당신으로부터 백 걸음은 떨어져서
마시겠습니다.
그러면 늑대님이 물을 마시는 데
방해받지 않을 것입니다."

이런 말로 새끼 양은
늑대의 화를 더욱 돋우었습니다.

"그래서 너를 야단치는 거라구!
멍청이! 세상에 이런 철면피가 있나!

그리고 네가 지난여름에도
여기서 나에게 그렇게 무례하게
말했다는 걸 기억해봐.
이봐, 나는 잊지 않았어!"
"부탁입니다,
저는 이제껏 그런 적이 없습니다."
"너의 형이었겠지."
"저는 형이 없는걸요."
"그럼 이웃 아저씨거나 친척이거나,
하여간 누군가 네 무리 중 한 명이었어.
너희 양이나 개,
아니면 목동들,
너희 모두 나에게
나쁜 짓을 하려고 하니,
언젠가는 나에게 해를 끼치겠지,
그러니 그들의 죄를
너에게 물어야겠다."
"아, 제가 무슨 죄가 있습니까?"
"시끄러워!
이제 네 말 듣기도 지쳤으니
너의 죄를 심판해야겠다, 풋내기야!
내가 너를 먹고 싶어졌다는 게 너의 죄지."

늑대는 이렇게 말하고

새끼 양을 어두운 숲 속으로 끌고 갔습니다.

14 원숭이들

이성을 갖고 흉내 낼 때는
이상하지도 않고
때로 이로울 수도 있습니다.
그러나 이성을 잃고 흉내 낼 때는
맙소사! 얼마나 해가 될지!
저는 먼 나라의 예를 들겠습니다.

―――

원숭이를 아는 사람들은
원숭이들이 모든 것을
무작정 흉내 낸다는 것을 잘 알 것입니다.
원숭이들이 많은 아프리카에서
한 무리의 원숭이들이

울창한 나무의 크고 작은 가지에 숨어 앉아
사냥꾼을 몰래 엿보고 있었습니다.
사냥꾼은 풀밭 위에 그물을 펴놓고
뒹굴고 있었습니다.
그 광경을 지켜본 원숭이들은
모두들 서로서로 수군대고 있었습니다.

"저기 좀 봐.
정말 대단한 묘기를 가졌군.
공중제비를 하고
떼굴떼굴 구르기도 하며
몸을 동그랗게 오므리기도 하고
손도 발도 보이지 않게
안으로 굽히기도 하니
정말 놀랍군.
하지만 우리들도 무엇이든 흉내 낼 수 있지.
저런 묘기 정도야 쉽지.
자, 사랑스런 친구들아!
저거 못지않게 흉내 내보자.
아마 저 사냥꾼은 충분히 즐겼을 거야.
그러니 곧 떠나겠지.
그때 우리가 하는 거야."

정말로 사냥꾼은 그물을 펼쳐놓은 채

그곳을 떠났습니다.
원숭이들이 말했습니다.

"자, 우물쭈물할 시간 없어.
우리도 해보자구!"

원숭이들이 나무에서 내려왔습니다.
사랑스런 손님들을 위해서
수많은 그물이
아래에 펼쳐져 있었습니다.
원숭이들은 거기에서 공중제비를 하고
구르기도 하며
그물을 몸에 감고 뒹굴기도 했습니다.
끽끽 하는 함성을 지르며
신이 나 있었습니다.
바로 그때 재난은 닥쳐왔습니다.
사냥꾼은 그물 가까운 곳에서
감시하고 있었습니다.
사냥꾼은
기회를 보면서 자루를 들고
원숭이 쪽으로 다가갔습니다.
그들은 도망치려 했으나
단 한 마리도
그물에서 벗어날 수 없었습니다.

그래서 원숭이들 모두 사로잡히고 말았습니다.

15 박새

박새가 바다를 향해 내려갔습니다.
바다를 다 태워버릴 거라고
그 새는 의기양양하게 소리쳤습니다.
그 말은 당장 세상 사람들에게 퍼졌습니다.
포세이돈[9]의 수도[10]에 사는 사람들은
공포에 휩싸였습니다.
새들은 떼를 지어 날아갔습니다.
짐승들도 숲 속에서 도망쳤습니다.
바다가 뜨겁게 타오를 것이다.
이런 소문은 마구 퍼지기 시작했습니다.
물고기를 좋아하는 사람들은
일찍이 세도가들도 맛본 적이 없는

---

9 포세이돈: 그리스 신화의 바다의 신.
10 포세이돈의 도시: 여기에서는 바다와 접하고 있는 뻬쩨르부르끄를 의미한다.

생선 수프를 제일 먼저 맛보려고
숟가락을 들고
바닷가를 돌아다녔습니다.
사람들은 바다로 모여들었습니다.
바다를 보면서 기적이 일어나기를
그야말로 눈이 빠지도록 기다리고 있었습니다.
가끔 사람들이 소곤대기 시작했습니다.

"저것 봐, 바다가 끓기 시작했어.
금방 끓어오르기 시작할 거야."

하지만 바다는 뜨거워지지 않았습니다.
끓어오를까요?
끓어오르지 않았습니다.
이런 터무니없는 소문의 결과는
어떻게 되었을까요?
박새는 창피한 꼴로
도망치듯 날아갔습니다.
박새는 이 일로
세상에 이름이 알려졌습니다.
그러나 바다는 끝내 타오르지 않았습니다.

여기에 적당한 말을 덧붙이겠습니다.
어떤 일이든 마무리되지 않은 일에 대해서는
그 어떤 자랑도 해서는 안 됩니다.

16 당나귀

제우스가 이 땅에
생명체를 만들었을 때
다양한 종의 생물이 만들어졌고
이때 당나귀도 세상에 태어났습니다.
그러나 일부러 그랬는지 아닌지,
많은 일거리들로
분주하던 그때,
이 창조자는 그만
하나의 실수를 하고 말았습니다.
당나귀가 다람쥐같이 작았던 것입니다.
비록 당나귀가
그 누구도 따라올 수 없을 만큼 오만불손했건만
아무도 당나귀를 주목하지 않았습니다.
당나귀는 좀더 위대해지고 싶었지만

어떻게 하겠습니까?
그런 키로는 세상에 나서기도 부끄러웠습니다.
그리하여 우리의 오만한 당나귀는
제우스에게 가서
키를 좀더 크게 해달라고 부탁했습니다.

"부탁입니다!
어떻게 제가 살 수 있겠어요?
사자, 표범, 그리고 코끼리에게도
저마다 풍채가 있어서,
큰 짐승들부터 작은 것에 이르기까지
모두들 그들에 대해서만 이야기하는걸요.
어째서 이 당나귀만
차별하시어
그들처럼 좋은 체격을 갖고
태어나게 하지 않으신 것입니까?
모두들 당나귀에 대해서는
아무도 언급하지 않습니다.
만일 내가 송아지만큼만 되었어도
사자나 표범들의 오만함을 꺾어버렸을 것이고,
이 세상은 나에 대해서만 이야기했을 텐데요."

우리의 당나귀는
날마다 되풀이해서

제우스에게 간청했습니다.
그래서 제우스도 지쳐서
마침내 그 소원을
들어주게 되었습니다.
그리하여 당나귀는 소만큼 커졌습니다.
그러자 위쪽에서
귀가 큰 헤라클레스[11]가
기괴한 목소리로
당나귀에게 말을 하여
온 숲이 다 들썩거렸습니다.

"이 짐승은 뭐지?
어떤 종류야?
아마 입씨름을 좋아하겠지?
뿔은 없을 테지?"

이제 모두들 당나귀에 대해서만
이야기하게 되었습니다.
그러나 어떻게 일이 끝났는지 아십니까?
일 년도 채 못 되어
모두들 당나귀가 누구인지 알게 되었고
우리의 당나귀는

---

11 헤라클레스: 그리스 신화에 나오는 영웅.

그 멍청함 때문에
속담에나 등장하게 되었습니다.
그리고 물이나 실어 나르고 있지요.[12]

―――

가문이나 직위가 높다면 좋겠지만
정신이 보잘것없다면
그 무슨 소용이 있겠습니까?

---

12 당나귀는 어리석음의 대명사로 여겨지고, 당나귀는 이제 일을 위한 용도로 쓰이게 되었
다는 뜻.

17 원숭이와 안경

한 원숭이가 늙어서
눈이 나빠졌습니다.
그런데 이 원숭이는
눈이 나쁜 것쯤은 큰일이 아니고
단지 안경을 쓰면 된다는 말을
사람들로부터 들었습니다.
원숭이는 안경을 많이 얻었습니다.
그리고 이리저리 써보았습니다.
정수리에 꽉 눌러 써보기도 하고
꼬리에 걸어보기도 하며
냄새도 맡아보고 핥아보기도 했습니다.
그러나 안경은 아무런 효과도 없었습니다.
그러자 원숭이가 말했습니다.

"쳇, 헛수고만 했군!
사람들이 말하는
새빨간 거짓말을
곧이곧대로 믿는 게 바보 짓이야.
안경에 대한 말들에 나만 속았어.
이건 아무짝에도 쓸모가 없어."

원숭이는 분하고 속상해서
돌 위에다 안경들을 던져버렸고
깨진 안경 조각들만이 반짝거렸습니다.

───

불행하게도 사람들은
어떤 유용한 물건이라도,
그 가치를 모르고
자신의 무식을
물건 탓으로만 돌립니다.
그 무식한 사람이
더 높은 직위에 있을수록
그는 그 물건을 못 쓰게 만들어버립니다.

18 비둘기 두 마리

비둘기 두 마리가
마치 친형제처럼 살고 있었는데
한쪽이 없으면
먹지도 않고 노래 부르지도 않았으며
한 마리가 나타나는 곳에는
다른 한 마리도 반드시 나타났고
함께 기쁨도 슬픔도
반으로 나누었습니다.
시간이 어떻게 지나가는지도 몰랐고
다소 슬펐던 적은 있었지만
결코 지루한 적은 없었습니다.
이런데도 사랑하는 사람이나 혹은 친구로부터
떠나 어디론가 가고 싶겠습니까?
그런데 그중 한 마리가

문득
세상을 여행하면서
땅위에서 벌어지는 신기한 일들을
보고 관찰하며
진실과 거짓을 비교하고
소문의 진상을 알아보고 싶어졌습니다.
그러나 친구가 눈물을 흘리며 사정했습니다.

"어디로 가겠다고?
무엇 때문에 정처 없이
세상을 헤매려고 하니?
혹시 나와 헤어지고 싶어진 거니?
양심도 없구나!
내가 불쌍하지 않다고 하더라도
사나운 짐승과 쥐, 무시무시한 재난들,
그리고 위험에 처할 모든 상황을 생각해봐!
아니면 봄이 되기를 기다려서
먼 길을 떠난다면
그때는 너를 잡지 않을게.
지금은 먹이도 턱없이 부족한데,
아니, 이런!
까마귀가 울었어,
이건 틀림없이 불길한 징조야.
집에 남아 있어라, 내 친구야,

너와 함께라면 틀림없이 즐거워질 거야!
그런데도 네가 떠나겠다면
난 이해할 수가 없구나.
네가 없으면
난 완전히 외톨이가 될 거야.
쥐들과 매, 그리고 천둥번개가
꿈속에서도 나한테만 나타날 거야.
너 때문에 난 두려움에 떨게 되고
불행해질 거야.
먹구름이 머리 위로 드리워지면
난 이렇게 말하겠지.
아! 내 형제는 어디에 있을까?
그가 건강하기나 한지,
잘 먹고는 있는지,
나쁜 날씨를 피하기나 한 건지!"

친구 비둘기의 말은 매우 감동적이어서
그 친구가 불쌍해졌지만,
떠나고 싶은 욕망이 너무나 컸기 때문에
친구의 말대로 생각하고 판단할 수가 없었습니다.
그리하여 친구 비둘기는
위로의 말을 해주었습니다.

"슬퍼하지 마, 내 친구야,

나는 삼 일간은 너와 더 있겠지만
그 이상은 안 돼.
우리 그때 헤어지자.
아주 재빠르게 여행하면서
세상에서 벌어지는
놀라운 일들을 보고
다시 날아서 너에게로 올게.
그때 너에게 이야기해줄 거야!
언제 어디서든
다 기억해두었다가
모든 일과 풍습, 신기한 일들을
모두 다 이야기해줄게.
내 말 좀 들어봐,
넌 그 모든 것을
네가 직접 나와 함께 여행한 것처럼
생생하게 들을 수 있을 거야."

그리하여 더 이상 어찌해볼 도리가 없었습니다.
두 친구는 입 맞추고
작별을 하게 되었습니다.
우리의 나그네는 여행길에 올랐습니다.
이 비둘기는 갑자기 비와 천둥을 만났는데
아래로는 대양과 같이 시퍼런 초원이
펼쳐져 있었습니다.

어디로 피하지!
다행히 마른 참나무가 눈에 들어왔습니다.
우리의 비둘기는 참나무에
간신히 자리를 잡고
딱 붙어 있었습니다.
그래도 바람과 비를 피할 수는 없어서
온몸이 흠뻑 젖고 얼어붙었습니다.
천둥이 조금씩 잦아들었습니다.
태양이 겨우 고개를 내밀기 시작했습니다.
그러나 불쌍한 비둘기는
계속 더 날아가 보고 싶어졌습니다.
몸을 일으켜 날아올라서는
이곳저곳을 둘러보았습니다.
마침 작은 산 아래 외딴 마을에
밀이 흩뿌려져 있는 곳이 보였습니다.
그러나 그곳으로 내려간 비둘기는
거기에 있던 그물에 그만 걸리고 말았습니다!
사방 천지에 재난뿐이군요!
비둘기가 몸부림치며
빠져나가려고 기를 썼습니다.
다행히도 그물이 낡은 것이어서
비둘기는 그물에서 용케 빠져나갈 수는 있었지만
다리가 부러지고 날개는 꺾이고 말았습니다!
그렇지만 여기서 끝난 게 아니었습니다.

비둘기는 정신없이 날기 시작했습니다.
보다 많은 어려운 일이
바로 턱 앞에까지 다가왔습니다!
갑자기 무서운 매가 나타나자
우리 비둘기는 눈앞이 캄캄해졌습니다!
있는 힘을 다해
매에게서 빠져나가려고 했습니다.
아, 힘에는 한계가 있으니!
완전히 탈진해버리고 말았습니다!
매는 이미 날카로운 발톱을
비둘기 위로 내뻗으며
큰 날갯짓으로 차가운 바람을 일으킵니다.
그때 하늘에서 독수리가
날고 있던 방향을 바꿔
있는 힘을 다하여
매를 공격했습니다.
매는 독수리에게 잡혀
점심거리가 되었습니다.
그사이 땅 아래로 내던져진 우리 비둘기는
풀숲에 떨어졌습니다.
그러나 이것도 끝이 아니었으니,
한 가지 재앙은 반드시
다른 재난을 불러일으키는 법입니다.
어린아이가 깨진 그릇 조각을

비둘기에게 던졌는데
그 나이 때는 동정이라는 것을
모르는 때인 만큼,
힘껏 던져서
비둘기의 옆머리가 깨져 피가 났습니다.
이 방랑자 비둘기는
다리를 다치고
날개는 못 쓰게 되며
머리가 깨지고 나서야
세상을 보려는 욕망을 접고서
더 이상의 화는 입지 않으려고
절룩거리며
집으로 돌아왔습니다.
다행한 일은
그의 친구가
집에서 기다리고 있었다는 것입니다!
기다리고 있던 친구는
그를 기쁘게 해주기 위해 노력하고
병을 치료해주며
그를 도와주었습니다.
그리하여 재앙과 슬픔은 곧 잊혀지게 되었습니다.

―――

아, 세상 밖으로 떠나가고자 하는 당신은
열망으로 불타오르고 있군요!
이 우화를 읽고
갑자기 이와 같은 여행길에
오르지는 마십시오.
당신의 상상은 그 어떤 약속을 해줄 것 같지만
당신이 사랑하는 사람과 친구가 있는
바로 그곳보다 더 좋은 장소를
찾지 못할 것이라는 걸 믿으십시오.

19 금화 한 닢

계몽이 필요하기나 한 것일까요?
그 점에 관해서 말하지 않는 것이 좋겠지요.
하지만 우리는 자주 화려한 유혹과
심지어 방탕한 기질까지도
계몽이라 부르고 있습니다.
인간이 선한 본성마저
잃어버리지 않기 위해서,
그리고 영혼이 타락하지 않고
성격이 모나지 않으며
선량함에서 벗어나지 않기 위해,
명예 대신에 공허한 빛만 발하는
불명예를 야기하지 않기 위해서는
거칠게 나무껍질을 벗기듯이
확실하게 이런 기질들을

버릴 필요가 있습니다.
이런 고귀하고 중요한 진리에 대해
많은 책에서 이미 거론했겠지만
모든 사람들에게 와 닿았다고 볼 수는 없으므로
우스운 우화 한 편으로 여러분께 말해줄 생각입니다.

―――

어디서나 볼 수 있는 한 어수룩한 남자가
길에서 10루블짜리 금화를 발견했습니다.
금화는 더러웠고 먼지투성이였습니다.
그렇지만 이 10루블짜리 금화를 바꾸면
남자에게는 5꼬뻬이까짜리 동전이
세 주먹이나 돌아오게 될 것입니다.[13]
그리하여 남자는 이런 생각을 하게 됩니다.

"잠깐, 이 동전을 조각낸다면
두 배로 받을 수 있을 거야."

그래서 그는 모래와 자갈,
그리고 백묵과 벽돌을 들고는
일을 시작했습니다.

---
13 루블: 러시아의 화폐 단위로 1루블은 100꼬뻬이까이다.

온 힘을 다해서
벽돌에다 금화를 갈고
자갈로 조각내고
모래와 백묵으로 문질렀습니다.
어떤 열망에 사로잡혀 있는 것 같았습니다.
그러자 그 열망대로 금화가 닳아빠졌습니다.
금화는 완전히 작아져서
예전의 가치마저 잃어버렸지만 말입니다.

20 세 명의 아내를 거느린 남자

행실이 나쁜 한 사람이
아내가 살아 있음에도 불구하고
결혼을 두 번 더 했습니다.
이 소문은 황제에게까지 들려왔고
(황제는 엄격해서
그런 행실을 용서하는 사람이 아니었습니다.)
황제는 당장 이 남자를 재판해서
이후로는 이런 나쁜 짓을
더 이상 계획하지 못하게 하고,
백성들에게 경각심을 불러일으킬 수 있는
그런 벌을 내리라고 명령했습니다.

"만약 그에게 적당치 않은 벌이 내려진다면
모든 재판관들을 법정에서 목매달아버리겠다."

이 무서운 말에 재판관들은
식은땀을 흘리며 공포에 떨었습니다.
재판관들은 그에게 어떤 벌을 내릴지 결정하기 위해서
삼 일 밤낮을 논의했습니다.
수천 가지의 벌들이 제의되었지만
경험으로 봐서
그 어떤 벌도 사람들의 악한 행동을
그만두게 하지는 못했습니다.
그런데, 마침내 신이 도와주었습니다.
죄수는 선고를 받기 위해
재판장에 불려 나왔고
재판관들은 만장일치로
그에게 세 명의 아내를 모두
돌려준다라는 벌을 내렸습니다.
백성들은 이 결정에 매우 놀라서
황제가 재판관들을 교수형에 처하기를 기다렸습니다.
그런데 나흘이 채 못 돼서
세 명의 아내를 거느린 남자는
목매달아 죽었습니다.
이 판결은 경각심을 불러일으켰고
그때부터 이 황제가 통치하는 동안에는
그 누구도 세 명의 아내와 결혼하지 않았습니다.

21 무신론자들

지상에 있는 인간들에게는 부끄러운 일이지만,
옛날에 냉혹해진 가슴으로
신에게 반대하여 무장했던 민중이 있었습니다.
폭도들은 수천 개의 깃발 아래
활과 투석기 등을 들고
소란을 일으키며 들판에 모였습니다.
용감한 무리들로 구성된 주동자들이
민중들을 더욱 난폭하게 만들기 위해
하늘의 재판은 냉혹하고 무의미하다고
선동했습니다.
신이 잠을 자든지
분별없이 통치하고 있으므로
이제는 지위를 막론하고
혼내줄 때가 되었으니

가까운 산에 올라

하늘에 있는 신에게

돌을 던지고

올림푸스의 12신들¹⁴에게

활을 쏘자고 했습니다.

신들은 무분별한 인간들의 난폭함과 비난에

당혹해하면서

제우스에게

재난을 막아줄 것을 간청했습니다.

그리고 신들의 위원회는

폭도들의 그런 신념에 맞서

홍수나 지진 혹은 돌 벼락을 내리는 등의

작은 기적이나마

보여주는 것도

나쁘지는 않다고 생각했습니다.

그러자 제우스가 말했습니다.

"기다려봅시다.

만일 폭동을 멈추지 않고 계속한다면

---

14 올림푸스의 12신들: 제우스와 그의 아내인 헤라, 바다의 신 포세이돈, 지혜와 전쟁의 여신 아테나, 제우스와 레토의 아들로 음악·예언·광명의 신인 아폴론, 그 쌍둥이 여동생으로 야수(野獸)가 득실대는 산야를 지배하는 사냥의 여신 아르테미스, 사랑과 미의 여신 아프로디테, 제우스와 헤라의 아들로 불과 대장장이의 신인 헤파이스토스, 전쟁의 신 아레스, 제우스와 아틀라스의 딸인 마이아의 아들로서 신들의 사자(使者)이며 상업·목축·여행·음악의 수호신인 헤르메스, 곡물의 여신 데메테르, 화덕·불의 여신 헤스티아(또는 풍작 특히 포도와 술의 신 디오니소스)의 12신을 가리킨다.

불멸의 신들을 두려워하지 않는 그들은
자신들의 죄에 대해 벌을 받게 될 것입니다."

그때 무신론자들의 군대에서 쏜
수많은 돌과 화살들이
소음을 내면서
공기를 가르고 날아올랐지만
인간들에게
불가피한 죽음으로 되돌아왔습니다.

―――

불신의 결과는 너무나 끔찍합니다.
민중들도 당신도
거짓된 현자들이
대담한 종교적 의미를 들고
당신이 신에게 대항하도록 유혹하지만
이것은 당신의 멸망을 불러들이고
당신에게 벼락으로 되돌아올 것이라는
사실을 아십시오.

22 독수리와 수탉들

빛나는 오후를 마음껏 감상하려고
독수리가 하늘 높이 날아올랐는데
번개가 치기 시작했습니다.
결국 구름 위에서 내려왔던
새들의 제왕은 쉬려고
곡물 건조장 위에 자리를 잡았습니다.
독수리에게 이곳이 보잘것없어 보였지만
황제들에게도 변덕이 생길 수 있는 법이어서
건조장을 영광되게 하려 했거나,
아니면 그 근처에 그가 쉴 만한
참나무도 화강암 절벽도 없는 듯
보였기 때문이었습니다.
그 꿍꿍이속은 잘 모르겠지만
독수리는 조금 앉아 있다가

곧 다른 곡물 건조장으로 옮겨 갔습니다.
이것을 본 닭이
자신의 친구에게 말했습니다.

"무엇 때문에 독수리에게
경의를 표해야 하지?
날 수 있기 때문은 아니겠지, 친구야?
음, 만약 내가 원하기만 하면
나도 이 건조장에서
저 건조장으로 날아다닐 수 있어.
앞으로는 저런 바보 같은 독수리들을
우리보다 뛰어나다고 생각하지 말자구.
다리나 눈이 우리보다 많은 것도 아니고
너도 지금 보다시피
닭처럼 저렇게 낮게 날고 있잖아."

독수리가 그런 엉터리 같은 말에
짜증이 나서 대답했습니다.

"네 말도 일리는 있지만
전적으로 맞지는 않구나.
독수리들은 닭보다 더 아래로
날아 내려갈 수는 있지만
닭은 결코 구름까지 날아오르지 못하지!"

―――

당신이 재능 있는 사람을 평가할 때
무엇이 장점이고 단점인지
쓸데없이 찾아내려 하지 마십시오.
그들의 강인함과 훌륭함만을 느끼면서
다양한 높이를 이해할 수 있도록 하십시오.

제2권

1 황제를 요청한 개구리들

개구리들이 통치를 당하는 것은
득이 될 것이 없었지만
일없이 제멋대로 살아가는 것도
전혀 고상하게 여겨지지는 않았습니다.
이런 불행을 해결하기 위해
그들은 신에게 황제를 내려달라고 간청했습니다.
비록 신께서는 이런 황당무계한 일을
들어줄 필요가 없었지만
제우스는 그들의 부탁을
한 번 들어주기로 했습니다.
개구리들에게 황제를 내려주신 겁니다.
황제가 요란한 소리를 내며
하늘에서 내려와
개구리 나라에서

쉴 새 없이 움직이자
이 늪의 왕국이 들썩였습니다.
개구리들이 놀라서
할 수 있는 한 어디로든
전속력으로 뛰어 물러났으며
황제에 대한 놀라움을
비밀스레 귓속말로 수군거렸습니다.
실제로, 황제는 놀랍게 처신했습니다.
안달하지도 않고
경박하게 굴지도 않았으며
과묵하며 신중한데다
그 강인함과 엄청난 키는
보기에도 정말 장관이었습니다!
하지만 황제에게 한 가지 나쁜 점이 있었는데,
이 황제가 사시나무 토막이었다는 것입니다.
처음에 백성들은
황제의 엄청난 풍채를 우러러보며
그 누구도 감히 접근하지 않았습니다.
개구리들은 황제를 보는 것도 겁내서
멀리에서 창포 잎과 갈대 사이로
슬그머니 쳐다볼 뿐이었습니다.
그러나 세상에서 익숙해지지 못할
어떤 기적도 없기 때문에
개구리들은 처음의 공포에서

벗어나기 시작했고
나중에는 황제에게로 다가가
충성을 바쳤습니다.
처음에는 황제 앞에 엎드렸지만
좀더 용감한 개구리는
황제에게서 약간 물러나
옆으로 앉기 시작했고
나중에는 황제와 나란히 앉게까지 되고
더 용감무쌍한 개구리는
황제에게 등을 보이기까지 하였습니다.
황제는 이 모든 것을 너그럽게 참고 있습니다.
이제는 제멋대로인 개구리는
황제에게 뛰어오르기도 할 것입니다.
삼 일 만에 이 백성들은
황제에게 싫증이 났습니다.
그들은 제우스에게 다시 애원하며
그들의 늪지대 왕국에
아주 훌륭한 황제를 내려달라고 빌었습니다!
개구리들의 열렬한 기도를 듣고
제우스는 왕국을 위하여
그들에게 학을 보내주었습니다.
이 황제는 사시나무 토막과는
전혀 딴판이었습니다.
자기 백성들이 버릇없게 구는 것을 싫어하고

죄지은 자들을 먹어치웠으며
그의 재판에서는
그 누구도 옳은 이는 없었고
대신 아침, 점심, 저녁으로 벌만 주었습니다.
늪에 사는 개구리들에게
암흑기가 온 것입니다.
개구리들은 매일매일
아주 불만스러웠습니다.
아침부터 저녁까지
그들의 황제는 영지를 다니면서
그와 만나는 개구리들마다
벌을 내려 삼켜버렸습니다.
새로운 황제를 내려달라고
제우스에게 비는
개구리들의 울음과 신음 소리가
그전보다 더 자주 들려왔습니다.
현재 황제는 개구리들을
마치 파리처럼 삼켜버리고
심지어 개구리들에게
얼쩡대지도 말고
쓸데없이 울지도 말라고 했습니다.
(어찌 이리 지독할 수가!)
결국 개구리들은 황제를
끔찍이 싫어하게 되었습니다.

그러자 하늘에서
말이 들려왔습니다.

"왜 너희들은 이전에 행복하게 살지 못했지?
멍청한 것들!
너희들 때문에
나는 쉴 수도 없는 거냐?
황제의 일로 해서
나의 귀를 더 이상 간지럽게 만들지 마라.
너희에게 황제를 내려주지 않았느냐?
그때 너무 조용하다고
웅덩이에서 소란이 일어
다른 황제를 내려주니까
이젠 너무 악하다고 하는구나.
너희에게 더 나쁜 일이 일어나지 않도록
이 황제와 그냥 살아가거라!"

2 사자와 표범

옛날 옛적에
숲, 밀림, 동굴을
누가 차지하느냐 하는 것 때문에
사자와 표범이 오랫동안 전쟁을 했습니다.
법에 따라 싸우는 것은
그들의 성질에 맞지 않았습니다.
그리고 힘이 강한 자들은
법 앞에서는 자주 맹목적이 됩니다.
그들의 세계에서는
그들만의 규칙이 있었는데
이긴 자가 옳은 것입니다.
그러나 언제까지 싸울 수만은 없었습니다.
맹수들의 날카로운 발톱도 무디어지게 되어
맹수들은 법에 따라

문제를 해결하기로 했습니다.
전쟁을 중단하고
모든 불화를 없애고
영원한 평화 조약을 맺을 생각이었습니다.
첫번째 논쟁 전까지는 말입니다.
표범이 사자에게 제안했습니다.

"조속히 우리 쌍방의 비서를 임명합시다.
그리고 모든 것을
그의 지혜로운 판단대로
지켜보고 따릅시다.
나는 비서에 고양이를 앉히겠소.
그는 비록 볼품없는 동물이긴 하지만,
그의 양심만은 깨끗하기 때문이오.
당신은 당나귀를 임명하시오.
당나귀는 훌륭한 고관이오.
이 자리에서 말입니다만,
당나귀를 고용하면 당신은 모두의 부러움을 사게 될 것이오!
친구로서 나를 믿으시오.
당신의 모든 회의나 궁정에서
당나귀는 큰 역할을 할 것이오.
나의 고양이와 함께 잘해낼 터이니
우리 한번 기대해봅시다."

사자는 아무런 논쟁도 없이
표범의 제안을 승낙했지만,
사자는 당나귀가 아니라
여우를 임명했습니다.
사자는 이미 알고 있었던 것입니다.
적이 칭찬하는 자는
결코 자신의 편에 도움이 되지 않는다는
사실을 말입니다.

3 고관과 철학자

한 고관이 잔칫날에 철학자와 함께
이런 이야기를 했습니다.

"당신은 이 세상을 충분히 잘 이해하고 있고
마치 책을 들여다보듯
사람의 마음을 읽을 수 있으니
말씀해주십시오.
재판이건 사교계이건 혹은 학계이건 간에
아무리 먼저 시작하고 이끌어가더라도
겨우겨우 익숙해질까 말까 하는데
어찌하여 교양 없는 초보자가
끼어들 수 있습니까?
이것을 해결할 묘책이 전혀 없습니까?"

이 물음에 철학자가 대답했습니다.

"나는 사교계의 운명이
(우리끼리 이야기지만)
목조 가옥의 운명과 같다고
생각지는 않습니다."
"뭐라구요?"
"다음과 같은 이치입니다.
내가 칠 일 동안 내 집을 지었더라도
그 집엔 주인인 나보다
귀뚜라미들이 먼저
자리 잡고 있는 법이지요."

4 동물들의 떼죽음

잔인한 천벌이자 자연의 재앙인
죽음이 숲을 휘젓고 있습니다.
동물들은 걱정이 되었습니다.
지옥문이 활짝 열렸고
죽음이 들판과 호수, 높은 산을 따라
날뛰고 있습니다.
여기저기 죽음의 희생자가 널려 있고
풀을 싹둑 베듯이
가차 없는 죽음이
바로 목전에 다가와서
살아 있는 동물들도
반송장이나 다름없이
간신히 걸어 다니며
공포에 떨고 있습니다.

맹수들도 작은 동물들도
이 엄청난 재앙에 처하게 된 것입니다.
늑대는 양을 잡아먹지 않고
마치 수도사처럼 온순해졌으며
여우는 무리들에게 평화를 주면서
지하 동굴에서 근신하고 있습니다.
그들은 전혀 먹을 것에 대한 생각이
떠오르지 않았습니다.
수컷 비둘기는 암컷과 떨어져 살고 있으니
사랑은 털끝만치도 없습니다.
사랑이 없으니 어떤 즐거움이 있겠습니까?
사자가 슬픔에 빠진 동물 간부들을
불러 모았습니다.
모두들 어슬렁어슬렁 걸으며
정신력으로 겨우 버팁니다.
동물의 황제인 사자 주변에
조용히 모여든 그들은 침묵 속에서
사자를 응시하고 귀를 기울였습니다.
사자가 말하기 시작했습니다.

"아, 친구들이여!
우리가 많은 죄를 지어
신의 노여움을 받았으니,
우리 중에 누군가 가장 죄 많은 자가,

자진해서 희생자들을 대신해
자신을 신께 바치시오!
그러면 신들을 기쁘게 해줄 수 있을 것이며
우리의 열렬한 믿음으로
신들의 잔혹한 분노를
누그러뜨릴 수 있을 것이오.
친구들이여,
자발적인 희생이
역사에서도 많은 예로 등장하지 않소?
그래서 마음을 가라앉히고
여기서 모두에게 들리도록,
고의든 자의든 어떤 잘못을 저질렀는지
고백하시오.
참회합시다.
친구들이여!
아, 고통스러울지라도 고백하노니,
나 또한 죄가 있소!
아무 잘못 없는 가련한 암양을
이유 없이 찢어 죽였소.
왜 그랬을 것 같소?
죄 없는 자가 어디 있겠소?
그런데 나는 가끔 양치기들도 죽였소.
그래서 기꺼이 바치겠소.
그렇지만 먼저 모두 다시 한 번

자신의 죄에 대해서
처음부터 짚어보는 게 좋겠소.
가장 죄 많은 자를 제물로 바쳐
신들을 기쁘게 할 수 있도록
누가 더 죄가 많은지 알아봅시다."

그러자 여우가 말했습니다.

"오, 우리들의 선량한 황제시여!
친절이 지나치셔서 죄를 덮어쓰는군요.
그 겁먹은 양심을 다 들어준다면
마침내 배가 고파 죽어버리게 될 것입니다.
아버지신 황제시여!
그뿐만 아니라
당신이 양들을 먹고 싶어하신다면
그것은 양들에게 대단한 명예라는 것을 아십시오.
그리고 목동들에 대해서는
우리가 여기 머리 숙여 애원하는데,
자업자득이라고 말하는 게 나을 것입니다.
이들 꼬리 없는 종족들은
다만 멍청함과 오만이 넘쳐나서
우리들의 황제로
여기저기서 군림하고 있으니까요."

여우가 말을 마쳤고,
그 뒤를 이어 아첨쟁이들이
사자에게 그와 같은 말을 하며
앞 다투어 용서를 구할 필요가 없다고 말했습니다.
사자의 뒤를 이어
곰, 호랑이, 늑대들도 순서대로
모든 동물 무리들에게
자신의 잘못을
겸손하게 고백했습니다.
그러나 그들 중 누구도
파렴치한 행태를
언급하지는 않았습니다.
그리고 발톱과 이빨이 날카로운 동물들은
모든 면에서
정당할 뿐만 아니라 명예롭게 말하고
물러났습니다.
겸손한 황소가 자기 차례가 되자
이렇게 말했습니다.

"우리는 죄인입니다.
약 오 년 전 겨울에
양식이 떨어졌을 때,
저는 교활한 죄를 짓게 되었습니다.
저는 아무에게도 양식을 빌릴 수 없어서

사제의 건초 더미에서
건초 한 뭉치를 훔쳤습니다."

이 말 때문에
소란과 혼란이 일어났습니다.
곰과 호랑이, 늑대들이 소리쳤습니다.

"봐라, 이 악당!
다른 사람의 것을 훔치다니!
신께서는 어째서
그의 죄를 대신해서 우리에게
이런 엄청난 시련을 주시는 것입니까?
우리의 육신과 정신을
전염병으로부터 구원받을 수 있도록
뿔난 머리를 가진 무례한 황소를
못된 짓을 한 대가로 신에게 바칩시다.
그의 죄 때문에 우리에게
그런 죽음이 닥쳤다니!"

모두들 이렇게 판결을 내렸고
황소는 화형에 처해졌습니다.

―――

인간들 사이에서도
이런 말이 있습니다.
'겸손한 사람이 죄가 있다.'

5 개의 우정

부엌 창문 밑에서
뽈깐과 바르보스가 엎드려
햇빛을 쬐고 있었습니다.
개들은 마당 앞의 문 곁에서
집을 지키도록 되어 있었지만
이 개들은 너무 많이 먹었던 것입니다.
그뿐만 아니라 예의 바른 개들은
낮에는 짖지 않는다,라고 생각하면서
두 마리는 엎드려서
이런저런 이야기를 나누었습니다.
개들은 자신들의 직무, 선과 악,
그리고 우정에 관해서도 논의하기 시작했습니다.
뽈깐이 말했습니다.

"아무리 즐거운 일이라 해도
친구와 사이좋게 지내는 것보다,
무엇이든 서로 돕고 사는 것보다
즐거운 일이 또 있을까.
친구 없이는
마시지도 말고 먹지도 말아야지.
친구의 털끝 하나라도
있는 힘을 다해 잘 보살펴야 돼.
그리고 마지막으로
서로의 눈만 보아도
무엇을 원하는가 알아야 하고,
행복하게 지내기 위해서는
친구와 즐겁고 유익한 시간을
나누는 것뿐만 아니라
친구의 행복을 나의 행복으로 여겨야 돼.
예를 들어 너와 나의 우정이 그렇게 된다면
우리가 함께 보내는 시간은
꿈같이 지나갈 거야."

이 말에 바르보스가 대답했습니다.

"그래, 네 말대로야.
뽈깐아! 나는 그동안 괴로웠어.
한 마당에서 집을 지키면서

우리는 하루도 싸우지 않고는
지낼 수 없었던 것이 말이야.
그리고 또 무엇 때문이지?
참, 주인 때문에도 싸웠었지?
게다가 우리는 굶주리지도 않았고,
심하게 일을 하지도 않았는데도 말이야!
정말 수치스러운 일이야.
오래전부터 개는 우정의 표본이었어.
하지만 개들 사이의 우정도
인간들 사이에서처럼
이제 완전히 사라져버렸어."

그러자 뽈깐이 외쳤습니다.

"우리부터 우정의 표본이 되자구.
자, 손 내봐."
"자, 여기."

이리하여 새로운 친구는
서로 끌어안고 입을 맞추었습니다.
이러한 기쁨을 누가 알겠거니와
그 무엇에 비교할 수 있겠습니까.

"나의 오레스테스!"

"나의 퓨라테스!"[15]
"싸움, 질투, 증오, 모두 비켜라!"

불행하게도 그때 요리사가
부엌에서 뼈를 던졌습니다.
새로운 친구들은 앞을 다투어
그 뼈를 향해 달려갔습니다.
화합과 일치는
어디로 가버렸단 말입니까?
우리의 오레스테스와 퓨라테스는
서로 으르렁거렸습니다.
털 뭉치가 공중으로 날아가자마자
결국 그들은 물벼락을 맞고야 말았습니다.

―――

세상은 그러한 우정으로
가득 차 있습니다.
여러분의 친구들 모두도
우정에 있어서 이와 똑같다고
말할 수 있습니다.
어쩌면 여러분들의 마음도

---

15 오레스테스와 퓨라테스: 그리스 신화에 나오는 유명한 의형제이다.

뼈를 던져줬을 때의 개의 마음과
매한가지라는 것을 새겨두십시오.

6 분배

공동 주택과 공동 사무실을 소유하고 있는
어느 존경할 만한 상인들이
장사를 하여 큰돈을 벌었습니다.
이제 남은 것은 이익금을 나누는 일이었습니다.
하지만 분배하는 데 있어서
논쟁이 없었던 때가 있었을까요?
돈과 물건 때문에
상인들은 시끄러워지기 시작했습니다.
그때 갑자기 그들의 집에 불이 났다고
사람들이 소리쳤습니다.

"빨리 서둘러요, 빨리요.
당신들의 집과 물건들을 구하세요!"

이때 상인 중의 한 명이 소리쳤습니다.

"계산을 하고 결말을 지은 다음에
불을 끄러 가시오."

한 사람이 시끄럽게 외쳤습니다.

"우선 내 몫 천 루블을 마저 주시오.
그렇지 않으면 나는 이 자리에서 물러나지 않겠소."

그러자 또 한 사람이 소리쳤습니다.

"내 돈 이천 루블도 주지 않았소.
자, 여기 계산서에 분명히 씌어 있지 않소."
"아니요, 아니요. 우리는 찬성할 수 없소!
무엇 때문에, 왜 그렇게 하는 거요!"

이 어리석은 사람들은
집에 불이 났다는 것을 잊어버리고,
집이 불길에 휩싸일 때까지
소란을 피웠습니다.
그리고 그들 모두는 그들의 재산을
몽땅 태워 날려버렸습니다.

―――

훨씬 중요한 일에 있어서
이와 같이 모든 것을 파멸시킬 수 있는
일들이 종종 일어나고,
일반적인 불행은
친근하게 다가옵니다.
모든 논쟁은
자신의 이득을 챙길 때 일어납니다.

7 나무통

한 상인이 친구에게 사흘 동안만
나무통을 빌려달라고 부탁했습니다.
우정을 나타내기에는 좋은 물건이지요!
만약에 돈을 빌려달라고 한다면
친구의 입장에서도
거절할 수 있는 것이겠지만
나무통이야 빌려주지 못할 이유가
어디에 있겠습니까?
하지만 그 통을 다시 돌려받아
그 통으로 물을 긷기 시작했는데
웬일인지 나무통에 문제가 생긴 것 같았습니다.
상인은 포도주를 담아두려고
그 통을 빌려갔었기 때문에
이틀 동안 포도주가 담겨 있었던

그 통에는 포도주 냄새가
완전히 배어버렸던 것입니다.
그 통에 담긴 음료수와 맥주, 심지어 먹을 물까지도
포도주 냄새가 배게 되었습니다.
주인은 그 통에서 포도주 냄새를 없애기 위해서
1년 가까이 증기로 소독하기도 하고
바람에 말려보기도 했지만
포도주 냄새는 그대로 남아 있었습니다.
마침내 그 주인은 하는 수 없이
나무통을 버리고 말았습니다.

———

아버지들은 이 우화를
잊어버리지 않도록 노력하십시오.
해로운 가르침은 젊은 날들로부터
우리를 단번에 물들게 하고
당신들의 모든 행동들과 일들이
그리고 당신이 하는 말들이
그들에게 어떻게든
영향을 미칠 테니까요.

8 개집에 들어간 늑대

밤중에 늑대 한 마리가
양 우리를 습격할 생각으로
개집에 다가갔습니다.
개들은 가까이서
싸움꾼의 비열한 냄새를 맡고
개집에서 짖어대며
싸우기 위해
밖으로 나오려고 기를 쓰고 있어서
개집 전체가 들썩거렸습니다.
개들이 소리쳤습니다.

"아, 얘들아, 도둑이다!"

순식간에 대문에 빗장이 걸리고

개집은 아수라장이 되었습니다.
모두들 아무 방이나
무기를 들고 뛰어듭니다.

"횃불! 횃불!"

이런 소리가 들리자
사람들이 횃불을 들고 다가왔습니다.
우리의 주인공인 늑대는
구석에 등을 대고 착 달라붙어 서 있습니다.
이빨은 덜덜 떨리고
털이 곤두섰으며
눈은 마치 모두를 잡아먹을 듯했지만
보고만 있을 뿐
무리들 앞으로 나서지는 않았습니다.
마침내 양을 대신해서 늑대에게
보복할 기회가 온 것입니다.
우리의 교활한 늑대는
교섭에 들어갔습니다.

"친구들! 왜 이렇게 소란이지?
나는 너희들의 오랜 친구이자 동료이며
싸우기 위해서가 아니라
화해하려고 왔다고.

지난 일은 잊어버리고
일치단결하자!
나는 앞으로 여기 있는 무리들뿐만 아니라
다른 가축들도 물어뜯지 않겠다고
늑대의 이름을 걸고
기꺼이 맹세하겠으며,
나는……."

그때 사냥개 한 마리가
늑대의 말을 중단시켰습니다.

"이봐, 친구,
너는 회색이고 나는 흰색이잖아.
나는 너희 늑대들의 실체를
오래전부터 알고 있지.
그런데 내게는 법칙이 있지.
그것은 바로 늑대들과 평화를 이루려면
그 가죽을 벗겨서
없애버리라는 것이야."

그 사냥개의 말이 끝나자 사냥개 무리가
늑대에게 달려들었습니다.

2 시냇물

목동이 근심에 잠겨
시냇가에서
자신의 돌이킬 수 없는 손해를
슬프게 한탄하고 있었습니다.
그가 아끼는 새끼 양이
조금 전에
강물에 빠져버렸던 것입니다.
목동의 한탄하는 소리를 듣고,
시냇물이 화를 내며 말했습니다.

"이 탐욕스런 강물아.
너의 밑바닥을
모두가 선명하게 볼 수 있도록
나처럼 떳떳하게 드러내봐.

네가 그토록 탐욕스럽게 삼켜버린

모든 제물들이

물풀로 가려져 있는

그 바닥에 쌓여 있는 것을

모두가 볼 수 있게 된다면

어떻게 될까?

아마 너는 너무나도 창피해서

땅을 파헤치고

깜깜한 어둠 속으로 숨어야 할 거야.

만약에 운명이 내게

그만큼의 풍부한 물을 주었다면

나는 자연의 물을 자랑거리 삼아서

닭에게 해를 끼치지는 않았을 거야.

초가집과 작은 풀밭들 옆으로

아주 조심스럽게 흘러가고 있었을 거야!

강변들은 나를 칭찬했겠고

나는 골짜기들과 초원들을

신선하게 만들고

그곳에서 풀잎 하나도

가져가지 않았을 거야.

한마디로 말해

내가 흘러가는 곳마다

행복만을 만들어

어느 곳에서나

불행도 슬픔도 일어나지 않으며
나의 물은
바다에 이를 때까지
은빛처럼 깨끗하게 흘러갔을 거야."

시냇물은 이렇게 말했고,
정말로 그렇게 생각하고 있었습니다.
하지만 어떻게 되었을까요?
일주일이 지나기도 전에
폭우를 몰고 온 먹구름이
가까운 산 위에서
산산이 흩어졌습니다.
시냇물은 갑자기
큰 강이 되어버렸습니다.
아아! 시냇물의 평화롭던 모습은
어디로 사라졌단 말입니까?
시냇가로부터 흙탕물이 솟아오르고
시끄럽게 아우성치며
소용돌이 속에서
더러운 거품이 일어나더니
백년 묵은 참나무들이
쓰러지는 소리가
멀리까지 진동하였습니다.
목동을 위해 시냇물이

조금 전에 강물의 횡포를 꾸짖었는데
바로 그 목동마저
그의 양 떼들과 함께
시냇물의 소용돌이에 휩쓸려
빠져 죽고 말았습니다.
목동이 살던 초가집도
흔적도 없이 사라져버렸습니다.

―――

많은 시냇물들이
그렇게 조용하고 평탄하게 흐르며
그렇게 진심으로 달콤하게
속삭이고 있는 것은
다만 그 시냇물들이
물을 적게 가지고 있기 때문이겠지요!

10 여우와 모르모트

여우에게 모르모트가 물었습니다.

"뒤도 돌아보지 않고
어디를 그렇게 달려가고 있나?"

여우가 말했습니다.

"아, 나의 친한 친구!
뇌물을 받았다는 죄를
뒤집어썼지 뭔가.
자네도 알다시피
닭장 재판소에 다녀왔고
그 일 때문에
건강과 평화도 잃어버리고

그런 어려움을 겪으니
음식도 제대로 먹지 못하고
밤에 잠도 제대로 자지 못했어.
그 일로 화가 난다고.
모두가 나를 모함하는 거야.
자네도 생각해보게.
만약 모함을 받는다면
이 세상에 옳은 사람이 누가 있겠는가?
내가 뇌물을 받았다고?
정말 분해 미칠 지경이야!
그런데, 자네가 증인이라면,
정말로 내가 이 일에
관련되었다고 생각하나?
기억을 더듬어서 생각해봐, 친구."

그러자 모르모트가 대답했습니다.

"아냐, 친구,
그런데 자네가 좀 수상하다는
생각은 꽤 여러 번 했었지."

―――――

그는 마지막 한 푼까지

다 써버린 듯이
다른 사람에게 탄식했습니다.
그리고 사실 온 도시 전체가
그도 그의 아내도
가진 것이 없다는 것을 알고 있습니다.
그런데 그가 집을 세우고
영지를 사들이는 것을
서서히 보게 될 것입니다.
지금 그가 뇌물을 받았다는 것을
법정에서 증명하지는 못하겠지만
그가 법을 어기지 않았다고도
말하지 못할 것입니다.
그에게 수상한 점이 있으니까요.

11 행인과 개들

두 친구가 저녁 무렵
길을 가면서
서로 진지한 이야기를 하고 있는데
갑자기 개구멍에서
집 지키던 개가 짖어댔습니다.
그 개 뒤에서
다른 개가 두세 마리 더 나오더니
순식간에 마당에
50여 마리가 모여들었습니다.
한 사람은 이미 돌을 집어 들었습니다.
그때 다른 사람이 친구에게 말했습니다.

"이보게, 개들이 너무 많네!
그렇게 하다가는 짖는 걸 멈추게 하기는커녕

이 무리들을 공연히 더 화나게 만들 뿐이라고.
그냥 조용히 지나가세.
나는 개들의 본성을 잘 알고 있어."

그리고 나서 실제로 다섯 걸음 더 나아가자
개들이 점점 조용해지기 시작하더니
마침내 더 이상 짖어대지 않게 되었습니다.

———

질투 어린 사람들은
무엇을 보든지 간에
끊임없이 악담을 늘어놓습니다.
그래도 당신은 자신의 길을 걸어가십시오.
그들은 잠시 그러다가도
곧 멈추어버릴 것입니다.

12 베짱이와 개미

베짱이 한 마리는
멋진 여름날
노래만 불렀습니다.
겨울을 어떻게 보내게 될지
생각해보지도 않고 말입니다.
곧 들판은 완전히 황량해졌고
베짱이에게 매일 나뭇잎 아래에
식탁과 집이 준비되어 있었던
좋은 시절은 이미 없어져버렸습니다.
모든 것이 지나가버렸습니다.
추운 겨울이 되면서
가난과 배고픔을 겪게 되고
베짱이는 이제 노래하지 않게 되었습니다.
배에서는 꼬르륵 소리가 나는데

어느 누가 이성이 남아 있겠습니까!
심한 근심에 젖어서
베짱이는 개미에게로 기어가 말했습니다.

"나를 버리지 말게, 내 친구여!
힘을 낼 수 있도록
봄이 올 때까지만
나에게 먹을 것과 머물 곳을 주게!"

개미가 베짱이에게 말했습니다.

"이상하구나, 베짱이야.
너는 여름에 일을 하지 않았니?"
"친구여, 그때 일을 했느냐고?
우리들은 연약한 개미들이
일을 열심히 할 수 있도록
하루 종일 노래해주고
즐겁게 해주는 데 열중해 있었지."
"그래서, 너는……."
"나는 여름 동안
정신없이 노래만 했지."
"노래만 했다고?
그럼 그게 너의 일이야.
이제 가서 춤이나 추도록 해라!"

13 허풍쟁이

먼 나라들을 여행하고 돌아온
어떤 귀족이
(공후일지도 모릅니다.)
자신의 친구와
들판을 산책하면서
그가 다닌 나라들에 대해서
부풀릴 대로 부풀린
터무니없는 이야기들을
자랑스럽게 늘어놓으며 말했습니다.

"내가 보았던 곳을
다시 볼 수 있겠지.
도대체 우리나라는 어떻게 된 거야?
추웠다가 너무 더웠다가

해가 숨었다가
지나치게 뜨겁게 내리쬐기도 하잖아.
그곳은 바로 천국이었어!
생각만 해도 이렇게 마음이 기뻐!
모피 외투도 촛불도
전혀 필요 없어.
어두운 밤이 있는지를
영원히 모르는 곳이고
사시사철 따뜻한 오월의 날씨를
볼 수 있는 곳이지.
그곳에서는 누구도
씨를 뿌리거나 심지도 않아.
그렇지만 그곳에서 얼마나 잘 자라고
열매를 맺는지 볼 수 있었다면!
예를 든다면,
바로 로마에서 내가 보았던
오이 같은 것이지.
아아, 놀라운 창조물이야!
지금까지도 꿈을 꾸고 있는 것 같아!
자네가 믿을 수 있겠나?
하지만 그것은 정말이지 산처럼 컸다네."

이 말에 친구가 대답했습니다.

"거 참 희한한 일이군!
세상에는 기적이 도처에 있나 보군.
그렇지만 기적을 모든 사람이
어느 곳에서나 보는 것은 아닐 거야.
우리 자신들은 지금
기적을 향해 가고 있어.
자네도 물론 어느 곳에서도
보지 못했던 기적이지.
내기를 걸어도 좋아.
우리가 가고 있는 길 저 멀리
강에 다리가 보이지?
저 다리는 보통 다리 같아 보이지만
기적적인 힘을 지니고 있지.
우리나라의 허풍쟁이는 한 사람도
저 다리를 건널 용기가 없지.
다리의 반도 채 가기 전에
떨어져서 물속으로 빠져버릴 테니까.
하지만 허풍쟁이가 아닌 사람은
사륜마차를 타고라도 건너가지."
"도대체 그 강이 어떤 강인데 그래?"
"얕지는 않아.
그런데 친구.
이 세상에는 원인 모를 일이 있지 않는가!
의심하는 건 아니지만,

그 로마의 오이가 산만큼이나 크다고,
자네가 그렇게 말했던 것 같은데?"
"산만큼은 아니지만
정말로 집만큼은 클 것이네."
"믿기 어렵군!
하지만, 그것이 불가사의한 일이 아니라면
우리들이 건너갈 다리도
역시 불가사의한 일이 아니지.
하여튼 그 다리는 허풍쟁이는
결코 건너가지 못하게 하니까.
바로 올봄에도
신문 기자 두 명과 재봉사 한 명이
다리에서 떨어졌지.
(도시 전체가 이것을 알고 있다네.)
물론 집채만 한 오이도
의심할 여지가 없지만
내가 말한 것도 옳다면
희한한 일 아니겠나."
"아니, 뭐 그렇게 희한한 것은 아니네.
실체가 어떻다는 것을
알아야 할 필요가 있지.
모든 곳의 집을
우리나라의 저택처럼 생각하면 안 되지.
그곳의 집은 어떻게 생겼느냐 하면

그 집은 겨우 두 사람이
기어 들어갈 정도야.
게다가 설 수도 없고
앉을 수도 없다네."
"그렇군, 그러나 인정해야 할 것은
두 사람이 그곳에 들어갈 수 있을
집 크기의 오이란
희한한 일이라고 하지 않을 수 없네.
하지만 이 다리는 그렇다네.
허풍쟁이가 이 다리에서
다섯 발자국도 가지 못하고
즉시 물속으로 풍덩 떨어질 거라네!
자네가 말한 로마 오이도
불가사의한 일이지만 말이야."

그때 허풍쟁이가
친구의 말을 가로챘습니다.

"여보게, 우리 다리로 건너가는 것보다
얕은 여울을 찾는 것이 낫지 않겠나?"

14 독수리와 벌

어떤 분야에서 뛰어난 사람은 행복합니다.
온 세상이 그 업적의 증인이고
이 사실은 그에게 힘을 불어넣어줍니다.
그러나 눈에 띄지 않는 일을 하는 사람도
어느 정도 존경받게 되면
모든 노력의 대가와
잃어버린 모든 평온의 대가로
영광도 명예도 기대하지 않고
그가 공공의 이익을 위해 일하고 있다,라는
한 가지 의미에 의해서 다시 태어나게 됩니다.

―――

어느 날 꿀벌이 꽃 주위에서

바쁘게 일하는 것을 보면서
독수리가 꿀벌을 경멸하며 말했습니다.

"불쌍하게도 너의 수고와 능력이
참으로 안타깝구나!
너희들은 수천 마리씩 여름 내내
벌집에서 일을 하지만
그후에는 네가 어떤 일을 했는지
알아줄 사람이 있을까?
사실 나는 그런 일은 하기 싫어.
평생 일한다는 것을 생각해봤니?
모두 똑같이 이름도 없이 죽다니!
우리들 사이에 이 얼마나 큰 차이가 있니!
시끄러운 날갯짓을 하며
내가 구름 아래로 날아다닐 때
가는 곳마다 공포를 불러일으키지.
나를 보면
새들이 땅에서 날아오르지 못하고
목동들이 살찐 가축들 곁에서 졸지도 못하며
어떤 사람도 들판에서 빨리 달릴 수 없게 되지."

그러자 꿀벌이 대답했습니다.

"모두 너를 칭찬하고 인정하지!

그리고 제우스가 선물을 주시겠지!
그런데 나는 공공의 이익을 위해
일을 하도록 태어나서
내 업적을 두드러지게 하지도 않을 것이고,
비록 한 방울의 꿀이라도 내 것이 있는
우리들의 벌집들을 보며 기쁨을 얻을 거야."

15 사냥터의 토끼

짐승들이 커다랗게 떼를 지어서
곰 한 마리를 잡았습니다.
그리고 넓은 들판에서
그들 사이에 사냥감을 나누어
원하는 것을 가지기로 했습니다.
바로 그때 토끼가
곰의 귀를 잡아떼려고 했습니다.
다른 짐승들이 소리쳤습니다.

"야, 토끼야!
어디서 튀어나오는 거야?
사냥할 때 누구도
너를 보지 못했는데."

토끼가 대답했습니다.

"여러분!
누가 곰을 숲으로부터 내몰았는지 압니까?
친한 친구인 곰을 위협해서
숲 속에서 여러분 앞에 직접 세운 것은
바로 나입니다."

허풍이란 것이
너무나도 명백한 사실이었지만
동물들은 재미있게 여겨져서
곰의 귀에서 한 조각을 떼어
토끼에게 주었습니다.

―――

허풍 치는 사람들은
비웃음을 당할지라도
종종 분배할 때
그들은 몫을 얻게 됩니다.

16 농어와 고양이

만일 장화 만드는 사람이
빵을 굽기 시작하고
빵 만드는 사람이
장화를 만든다면
곤란한 일들이 많아져서
일이 제대로 되지 않을 것입니다.
그래도 언제나 다른 사람의 일을 해보려고 하는
고집 세고 터무니없는 사람들이
자주 눈에 띕니다.
그런 사람은 명예롭고 경험 있는 사람들에게 물어보거나
이성적인 충고를 듣기보다는
오히려 일을 망치거나
세상 사람들의 웃음거리가 되기 십상입니다.

―――

이빨이 날카로운 농어 한 마리가
고양이가 하는 일을 해보고 싶어졌습니다.
악마가 질투심으로
농어를 괴롭혔는지 모르는 일이지요.
아니면 심심해서 그러지 않았을까요?
농어는 쥐를 잡는 사냥에
데려가기만 해달라고
고양이에게 부탁했습니다.
그러자 고양이가 농어에게 말했습니다.

"세상에, 네가 이 일을 알기나 하니?
자기 이름을 더럽히지 않으려면 잘 생각해,
이 친구야.
일에는 자기 분야가 있는 거야."
"이제 그만, 친구!
쥐라니까!
우리 농어들도 쥐를 잡는다면
얼마나 신기하겠는가."
"잘 가게, 친구."

고양이는 떠나갔습니다.
오래도록 앉아서

즐겁게 배불리 먹고 난 후에
농어를 만나러 갔습니다.

그런데 농어가 입을 딱 벌리고
간신히 살아서 누워 있는데
쥐들이 농어의 꼬리를 물어뜯고 있었습니다.
농어는 움직일 힘도 없어서
정신을 잃고 있었는데
고양이가 농어를
연못으로 다시 끌고 갔습니다.
실제로 있었던 일입니다!
농어는 이제 조금 현명해져서
앞으로는 쥐의 뒤를 쫓지 말라는
교훈을 얻었습니다.

17 늑대와 닭

늑대가 닭에게 말했습니다.

"용서해주게, 친구!
이곳에서 안정되게 사는 것은 무익해!
너희 닭들, 사람 그리고 개들에게도 마찬가지야.
하나는 다른 이에게
나쁜 일을 하기 마련이야.
비록 네가 천사같이 착하다지만
여기에선 싸움을 피할 수 없을 거야."

그러자 닭이 늑대에게 물었습니다.

"자네가 가려는 그곳은 멀리 있나?
어디에 선량한 백성이 있으며

그들과 평화롭게 살 수 있을 것 같나?"
"아, 나는 곧바로 무릉도원으로 가서
행복하게 살 테야.
바로 저쪽으로, 친구!
사람들이 말하기를
그곳에서는 다툼을 모른다더군.
양처럼 온순한 사람들이 있고
개울에는 우유가 흐르고 있다지.
다시 말해서 찬란한 시간이 지배하는 곳이래!
모두 서로서로 형제처럼 대해주고
심지어 개들도 그곳에서는
물어뜯지 않을 뿐만 아니라
짖지도 않는다고.
말해보게, 친구.
꿈속에라도 그렇게 평화롭게 산다면
정말 좋겠지?
용서하게!
우리를 나쁘게 기억하지 말게!
바로 우리는 그곳에서 살게 될 거라네.
화합과 만족과 한적함 속에서 말이야!
여기서처럼 낮에도 주의해서 다니지 않고
잠자리에서 평온하게 잠들지 못하는 일도 없을 거야."

그러자 닭이 말했습니다.

"잘 가게, 나의 정다운 이웃!
그런데 너의 성질과 이빨들을
이곳에 던져버리겠나,
아니면 가지고 가겠나?"
"던져버리다니, 무슨 소리야!"
"그렇다면 너의 털이 다 뽑히고 없어지면
내가 한 말을 기억해봐."

―――

악한 사람일수록
다른 사람들에게
더욱 소리치고 불평합니다.
그는 착한 사람들을 보지 않고
어디론가 떠나지만
바로 그 자신이 어떤 사람과도
어울려 살지 못하는 자입니다.

18 수탉과 진주

거름 더미를 파헤치던 닭이
진주를 발견하고는
이렇게 말했습니다.

"이게 뭐야! 쓸데없는 물건이잖아!
이걸 그렇게 귀중하게 여기다니
바보 같지 않아?
나라면 보리 낟알에
더 기뻐했을 텐데.
이건 너무 작아서
배가 부르지도 않아."

―――

무식한 자는 바로 이렇게 판단합니다.
자기에게 아무런 의미가 없는 것은
모두 다 하찮은 물건이라고 말입니다.

19 농부와 일꾼

우리는 위험에 처했을 때
우리들을 지켜주려는 사람에게
기꺼이 매달립니다.
그러나 우리 때문에
그 구원자가 귀찮게 여길 거라고는
더 이상 생각지 마십시오.
모두들 앞 다투어
그를 칭송할 것이며
그가 우리들에게
욕을 얻어먹지 않는 것만도
기적일 테니까요!

―――

늙은 농부가 일꾼과 함께
풀베기를 끝내고
저녁 무렵에 숲을 지나
자기 집으로 가는데
갑자기 곰과 마주치게 되었습니다.
곰이 농부를 덮치자
그는 숨도 쉴 수가 없었습니다.
곰은 농부를 짓밟고 굴리며
농부를 마음껏 팼습니다.
농부가 죽을 지경에 이르렀습니다.

"애야, 스쩨빤, 나 좀 살려줘."

곰 밑에 깔린 농부가
일꾼에게 애원했습니다.
그러자 제2의 헤라클레스라도 된 듯한 일꾼은
자기 속에 숨어 있던 힘까지
다 끌어 모아
도끼로 곰의 두개골을 내리찍고
철로 된 갈퀴로
곰의 배를 푹 찔렀습니다.
곰은 으르렁거리더니

죽은 듯이 쓰러졌습니다.
곰은 죽었습니다.
재앙이 물러가자
농부는 일어나서
오히려 일꾼을 혼냈습니다.
가엾은 우리 스쩨빤은
어리둥절해져서 말했습니다.

"아니, 왜 그러십니까?"
"바보 같으니!
어리석게 뭘 그리 기뻐해!
외투를 만들 수 있었는데,
네가 이 가죽을 다 망쳐버렸어!"

20 짐마차

항아리들을 실은 마차 행렬이
높은 산을 내려가야 했습니다.
다른 수레들을 산 위에 남겨두고
주인은 첫번째 짐수레를
조심조심 끌고 가기 시작했습니다.
좋은 말이 짐수레를 끌었지만
수레는 끄덕도 하지 않았습니다.
불쌍한 말이 제자리걸음을 할 때마다
산 위에서 젊은 말이
비웃었습니다.

"아이고, 참 훌륭한 말인데 이상도 하지!
이런, 게처럼 옆으로 기어가고 있네.
돌부리에 차일라.

옆을 봐, 옆을!
용감하기도 해라!
다시 끌려고 용을 쓰네.
왼쪽에서나 끌 것이지.
멍청하기는!
산속이거나 밤이었다면
좋았을 텐데.
산 위에서 대낮에 그렇게 하다니!
보고 있자니 울화통이 터지네!
능력이 없으면 물통이나 나를 것이지!
우리가 어떻게 움직이는지 잘 봐!
주저 없이 시간 낭비하지 말고
우리 수레를 질질 끌지 말고
쏜살같이 달리자!"

그러고 나서 활처럼 휜 등과
팽팽한 가슴을 가진 젊은 말이
수레를 끌기 시작했습니다.
단 처음에만 비틀거렸을 뿐
짐마차는 힘껏 달렸습니다.
그리하여 불쌍한 말은
뒤로 밀리고 옆자리에 서게 되었습니다.
불쌍한 이 말은 네 다리로
매우 잘 달렸습니다.

젊은 말은 짐마차를 밀고 뛰며
수레바퀴 자국을 따라
돌길을 달리고 달리다
그만 도랑에 풍덩!
잘 가거라, 주인님의 항아리들아!

―――

많은 사람들에게는
이와 같은 약점이 있습니다.
어떤 사람이 실수를 했다고 생각되지만
그가 막상 직접 그 일을 하게 되면
두 배는 더 엉망으로 만들어버립니다.

21 어린 까마귀

독수리가
하늘에서 가축 무리들에게로 날아와
새끼 양을 낚아챘는데
어린 까마귀 한 마리가
이 광경을 가까운 곳에서 지켜보았습니다.
재미있게 바라보고 있던 까마귀는
이런 생각을 했습니다.

"저런 걸 잡아서
발톱을 무색하게 하다니!
독수리에게도
그다지 좋지 못한 일이 일어나는구나.
저 무리들 속에
새끼 양들만 있는 것도 아니잖아?

그렇다면 내가 날아올라서
황제의 음식을 실제로
손에 넣고 싶어지는걸!"

까마귀는 가축 무리 위로 날아 올라가
탐욕스럽게 둘러보았습니다.
새끼 양, 어미 양, 숫양들이 많이 있는 가운데
까마귀는 둘러보며
양들을 비교해보다가
마침내 숫양으로 결정했습니다.
어떤 놈을 잡을까요?
아주 기름지고, 큰 것으로,
황소나 들어 올릴 만한
아주 좋은 양을 골랐습니다.
채비를 갖추고 나서
그 양을 향해 내려가서
힘껏 양의 털을 붙잡았습니다.
그때 까마귀는
일이 자기 마음대로 되지 않으리란 것을
깨달았습니다.
더 나쁜 일은 숫양은 털이 텁수룩하게 많아서
무성하게 헝클어지고 삐쭉삐쭉 나와 있어서
까마귀 발톱이 빠지지 않았다는 것입니다.
그리하여 우리의 주인공인

날개 달린 이 공상가는
포로로 잡힘으로써
그 모험을 끝맺었습니다.
목동이 까마귀를 양에게서
홱 잡아챘습니다.
그리고 날지 못하도록
날개를 모두 잘라버리고
아이들이 가지고 놀 수 있도록
던져주었습니다.

───

사람들에게도 이 같은 일이
종종 일어나지요.
좀도둑이 노련한 도둑 흉내를 내려 하는데,
노련한 도둑은 운 좋게 빠져나가지만,
그 좀도둑은 매를 맞게 되지요.

22 사령관이 된 코끼리

고귀하고 권력이 있지만
영리하지 못한 사람이
만일 착한 마음씨를 가졌다면
그것은 정말 안 좋은 것입니다.

―――

코끼리가 숲 속 사령관이 되었습니다.
코끼리들은 영리하다고 알려져 있지만
가족들 중에도 돌연변이는 있는 법입니다.
우리의 코끼리는
가족 중에서도 뚱뚱했고
가장 단순했습니다.
그리고 벌레도 죽이지 못할 위인이었지요.

여기 이 착한 사령관을 한번 살펴봅시다.
암양에게서 청원서가 날아들었습니다.

'늑대들이 우리 양들을 죽이고
가죽까지 몽땅 벗겨 갔어요.'

코끼리가 호통 쳤습니다.

"이런 도둑놈! 저런 범죄자를 봤나!
누가 너희에게 그런 짓을 하도록 했나?"

그러자 늑대들이 말했습니다.

"우리 아버지시여!
당신이 겨울에 양들에게서
미비한 소작료를 가죽으로
받아오라고 하셨지 않습니까?
저렇게 소리치다니
양들은 멍청하군요.
이웃 양들에게서
털을 깎아내면 될 것을.
그런 건 아무것도 아니지요."

코끼리가 늑대들에게 말했습니다.

"음, 아니 이것 봐라!
나는 잘못한 것을 더 이상 참을 수 없다.
그럼 이렇게 하자.
양의 털을 가지고 가거라.
그리고 더 이상 양들의 털 하나도
건드리지 말라."

23 당나귀와 꾀꼬리

당나귀가 꾀꼬리를 보고
이렇게 말했습니다.

"이보게, 친구!
모두들 자네가 아주 훌륭한
노래 솜씨를 가졌다고 하던데.
내가 한번 직접 들어보고 판단해보고 싶은데.
정말로 자네 실력이 그렇게 뛰어난가?"

그러자 꾀꼬리가
자신의 노래를 들려주기 시작했습니다.
지저귀며 짹짹 울고
수많은 하모니를 이루어내며
가지각색의 소리를 냈습니다.

부드럽게 약해져서
멀리서 들려오는
피리 소리가 나는 듯하다가는
갑자기 가냘픈 소리가
숲에 울려 퍼지기도 했습니다.
그때 모두들 오로라 여신[16]이 아끼는
이 가수에게 주목했습니다.
바람도 조용히 멈추고
새들도 숨을 죽였으며
동물들도 잠시 몸을 뉘었습니다.
목동도 숨을 죽이며
이 모습에 도취되어
목동은 꾀꼬리를 지켜보며
간간이 미소를 띠었습니다.
노래가 끝났습니다.
당나귀는 이마를 땅에 대고 말했습니다.

"거짓이 아니라 정말 훌륭하다.
너의 노래는 지루하지 않아.
그런데 다만 우리의 닭과 네가
서로 모르는 사이라는 게 유감이야.
만약 네가 닭에게서 좀더 배웠더라면

---

16 오로라 여신: 서광의 여신.

더 잘 부를 수 있었을 텐데."

이런 평을 듣고 우리의 가련한 꾀꼬리는
날아올라 아주 멀리 가버렸습니다.

———

신이시여,
우리들도 이런 평가를 듣지 않게 해주십시오.

제3권

1 전매 상인과 구두 만드는 사람

한 부유한 상인이
맛있는 음식을 먹고
달콤한 술을 마시며
화려한 저택에서 살고 있었습니다.
매일 그의 집에서는
주연과 대만찬이 열렸는데
그의 재산은 이루 헤아릴 수 없을 정도였습니다.
그의 집에는 맛있는 음식과 포도주가
남아돌아서 모자람이 없었습니다.
그의 집은 말 그대로 천국과 같았습니다.
다만 이 상인을 괴롭히는 것이 하나 있었는데,
그것은 잠을 잘 이룰 수 없다는 것이었습니다.
신의 심판을 두려워했거나
단순히 파산하는 것에 대한

두려움 때문이었는지도 모릅니다.
어쩐 일인지
그는 깊은 잠을 잘 수가 없었습니다.
설상가상으로 가끔씩이지만
동틀 무렵에
이 상인이 겨우 잠이 들 만하면
새로운 고난이 덮쳐옵니다.
신께서는 그에게
새로운 가수를 이웃으로 내려주셨습니다.
겨우 창문 하나를 사이에 두고
가난한 구두 만드는 사람이
오막살이집에 살고 있었는데
그렇게 노래를 좋아하고
유쾌하기 그지없는 사람이라
이른 아침부터 점심때까지
그리고 오후에서 밤까지 쉴 새 없이
노래를 불러대서
부유한 상인은 도저히
잠을 들 수가 없게 된 것입니다.
어떻게 이 이웃을 잘 구슬려서
노래를 부르지 못하게 할 수 없을까요?
조용히 하라고 명령하자니
그럴 권리도 없고
애원을 해보았지만

소용이 없었습니다.
마침내 이 상인은
이웃을 부르기로 했습니다.
이웃 사람이 도착했습니다.
상인이 먼저 인사를 했습니다.

"이보게, 반갑구먼!"

그러자 이웃이 인사했습니다.

"머리 숙여 문안드립니다."

상인이 물었습니다.

"그래, 클림, 자네 일은 잘되어가는가?"
(어쩌다 보니 이미 서로의 이름은 알고 있었습니다.)
"일이라고요, 나으리? 나쁘지는 않지요!"
"어찌하여 자네는
그리도 즐거워하며 노래를 부르는가?
사는 게 행복한가?"
"신에게 불평을 해봐야
뭐 뾰족한 수가 있습니까?
저는 항상 일에 묻혀 살지요.
아내는 착하고 아직 젊습니다.

그런 아내와 사는 것이
얼마나 유쾌한 일인지
모두 알고 있지요."

이렇게 구두 만드는 사람이 대답했습니다.
그러자 상인이 물었습니다.

"그럼 돈은 있는가?"
"아니요, 겨우 풀칠만 하고 있지만
대신에 쓸데없는 근심도 없답니다."
"그럼, 이보게,
자네는 부자가 되고 싶지 않나?"
"아닙니다.
저는 지금 가진 것에 대해
신께 감사드립니다.
그러나 나으리도 아시다시피
사람이란 살아 있는 동안에는
가지면 가질수록
더욱 바라게 됩니다.
그것이 이 세상이랍니다.
나으리의 재산이
나으리에게는 적게 느껴지겠지만
그 돈만 있으면
저는 부자가 되겠지요."

"자네가 그렇게 말하지만,
부유함에는 불쾌한 일도 있고,
가난은 죄가 아니라고 말들을 하지만
겪어보면 돈이 있는 것이 더 좋지.
이걸 가져가게.
이 돈 자루를 자네에게 주겠네.
자네의 정직함이 마음에 들었네.
이제 가게.
나를 본받아서 부유해지게나.
그 돈은 탕진할 생각일랑 하지도 말고
꼭 필요할 때를 대비해서 저축하게!
정확히 오백 루블이네.
잘 가게나!"

이리하여 우리의 주인공인 구두 만드는 사람은
돈 자루를 짊어지고
서둘러 집으로 갔습니다.
그는 걸어가는 것이 아니라
날듯이 가고 있었습니다.
이 선물을 마루 밑에 넣었다가
그날 밤에 지하실로 옮겨
자루를 묻었습니다.
그의 즐거움과 함께 말입니다!
이제 그는 노래를 부르지 않았을 뿐만 아니라

그의 꿈도 사라지고 말았습니다.
(그도 이제 불면증을 겪게 되다니!)
모든 것을 의심스럽게 보게 되었고
모든 것이 그를 불안하게 만들었습니다.
밤에 고양이가 문을 긁기만 해도
도둑이 숨어 들어온 것이라 여겨
온몸에 한기가 돌고 귀를 곤두세웠습니다.
한마디로 진정한 삶은
강물이 흐르는 것처럼 지나가버렸습니다.
구두 만드는 사람은
벌벌 떨고 떨다가
마침내 정신을 차리고
돈 자루를 가지고
부자 상인에게로
뛰어가서 말했습니다.

"즐거움을 주셔서 고맙지만
여기 당신의 돈 자루가 있으니
도로 가져가십시오.
저는 이 돈 때문에
잠을 자지 못했습니다.
당신이나 부자로 살아가십시오.
백만 루블도 제 노래와 꿈을
대신할 수는 없습니다."

2 곤경에 처한 농부

어느 농부의 마당에
도둑이 가을밤을 틈타
아무런 힘도 들이지 않고
광으로 몰래 숨어들어서는
벽장들과 마루, 천장까지
샅샅이 뒤져서
가져갈 수 있는 것은 다 훔쳐갔습니다.
도둑에게 양심이란 것이
있을 리 없지요!
그리하여 우리의 불쌍한 농부는
잠자리에 들 때는
부자였지만
아침에 깨어보니
완전히 거지가 되어서

구걸하러 떠돌아다녀야 할 지경이 되었습니다.
신이시여,
그런 상태로는 잠에서 깨게 하지 마십시오!
농부는 슬프고 애통해서
친척과 친구들, 모든 이웃들과 동료들을
불러 모았습니다.
농부가 말했습니다.

"내 처지를 좀 도와줄 수 없겠나?"

그러자 모든 사람들이
저마다 한마디씩
지혜로운 충고를 했습니다.
친구인 까르삐치가 먼저 말했습니다.

"아이고, 이 사람아!
자네가 그렇게 부자라고
온 세상에 떠들어대지 말았어야 했는데."

친척인 끄리브이치도 말했습니다.

"내 사랑하는 친구,
앞으로는 광을 집 근처에 짓게나."

다음으로 이웃인 포까가 덧붙입니다.

"아이고, 내 형제여,
광이 멀리 있는 것은 문제가 아니네.
마당에 사나운 개를 길러야 하네.
내가 가지고 있는 개 중에서
어떤 것이라도 가져가게.
물에 빠뜨리는 것보다
진심으로 내 사랑하는 이웃에게
나누어줄 수 있다면 기쁘겠네."

친척과 친구들은 친절한 충고를 하고
말로는 이 농부를 도와주었지만
실제로는 한 사람도
이 불쌍한 사람을 도와주지 않았습니다.

―――

세상에는 이런 사람들이 있습니다.
만약 어려움에 빠졌다면
친구들에게 얼굴을 내밀며
그들을 시험해보십시오.
그러면 여기저기서
충고를 하기 시작할 것입니다.

그런데 당신이 넌지시 도움을 청하면
가장 친한 친구일지라도
귀머거리가 되어버릴 것입니다.

3 주인과 쥐들

만약 집에 도둑이 들기 시작했다면
도둑에게는 예의가 없는지라
문에 자물쇠를 채우는 일을 한다거나,
무턱대고 모든 사람을 처벌하지는 마십시오.
그렇게 해도 도둑을 막거나
그 버릇을 고칠 수 없고
착한 하인들만 집에서 나가도록
강요하는 셈이 되어서
작은 재난에서 큰 재앙으로 치닫게 됩니다.

―――

어느 한 상인이 창고를 지어서
그 속에 곡식을 저장했습니다.

쥐가 해를 끼치지 않도록
고양이들을 파수꾼으로 정했지요.
상인은 쥐에 대해 마음 놓고 있었습니다.
밤낮으로 고양이들이
창고를 지키고 있었기 때문입니다.
모든 것이 다 좋았지만
돌발 사고가 일어났습니다.
창고에 도둑이 든 것입니다.
고양이들에게도, 우리 인간들도 그렇듯이
(누가 이것을 모르겠습니까?)
감시자가 있다고 해서
범죄가 일어나지 않는 것은 아닙니다.
그리하여 숨어 있다가
도둑을 잡아 벌하고
죄 없는 하인들을 용서해야 하거늘
우리의 주인은 죄 없는 고양이들을 불러들여
채찍으로 때리라고 명령했습니다.
그런 이해하기 힘든 결정을 듣고
죄 없는 사람도 죄가 있는 사람도
물러갔습니다.
그후에 상인은 고양이를 키우지 않게 되었습니다.
그런데 이것은 쥐가 기다리고 원했던 것입니다.
고양이가 사라지자마자
쥐들은 곧장 창고로 가서

2, 3주 만에 모든 곡식을 다 먹어버렸습니다.

4 코끼리와 발바리

사람들에게 자랑 삼아 보이려는 듯, 어떤 사람이
거리를 따라 코끼리를 끌고 가고 있었습니다.
러시아에서 코끼리가 생소한 동물이란 것은
잘 알려져 있습니다.
그래서 코끼리 뒤에는
구경꾼들이 따라다녔습니다.
그런데 갑자기 어디선가
발바리 한 마리가 나타났습니다.
코끼리를 쳐다보더니
날카롭게 짖어대며
기를 쓰고 덤벼들기 시작했습니다.
발바리는 이렇게 코끼리와 싸우게 되었습니다.
그때 스피츠가 발바리에게 말했습니다.

"발바리야, 그런 수치스러운 행동은 그만두거라.
네가 코끼리랑 싸움이 된다고 생각하니?
저것 봐라!
네가 아무리 짖어대도
코끼리는 아랑곳하지 않고 걸어가고 있잖니.
코끼리는 네가 짖는 소리 따윈
전혀 관심이 없어."

이 말에 발바리가 대답했습니다.

"무슨 말을! 내게 용기가 솟아오르는 것은
내가 싸움을 전혀 하지 않고도
용감한 싸움꾼이라고
이 세상에 알려질 수 있기 때문이에요.
개들은 이렇게 말하겠죠.
'야, 발바리 좀 봐! 힘이 엄청 세겠군.
코끼리에게 짖어대다니 말이야!'"

5 아빠 늑대와 새끼 늑대

아빠 늑대가 자신처럼 사냥을 해서
생계를 꾸릴 수 있도록
새끼 늑대를 가르친 후에
숲 주위를 돌아다니도록 했습니다.
그때 아빠 늑대는 새끼 늑대에게
그들의 먹잇감이 있는 곳을
열심히 지켜보도록 명령했습니다.
목동을 희생해서
아침이나 점심거리를 잡는 것입니다!
우리 새끼 늑대가 집으로 돌아와서 말했습니다.

"저와 함께 빨리 가요!
점심이 준비되어 있어요.
이보다 더 확실한 건 없어요.

산 아래에서 암양들을 치고 있는데
전부 다 기름져서
어떤 것을 잡아먹어도
좋을 거예요.
하나하나 셀 수도 없을 정도로
가축 떼가 많아요."

이 말에 아빠 늑대가 대답했습니다.

"잠깐, 그 가축 떼의 목동이
어떤 인물인지 먼저 알려다오."
"어떤 사람들은 그가
성실하고 부지런하며 영리하다 하지만
제가 사방에서 가축 떼를 살펴보고
개들도 보았는데,
그 개들은 살찌지도 않았고
쓸모도 없으며 온순한 것 같았어요."
"나는 그렇게 생각되지 않는구나,
그 가축들에게 그리 끌리지가 않아.
만약 그 목동이 그리 성실하다면
쓸모도 없는 개들을 데리고 있을 리가 없지.
그쪽으로 갔다가는 큰일을 당할 거야!
이리로 가자,
내가 우리 털을 고스란히 보호할 수 있는 곳에 있는

가축들에게로 데려가마.
그 가축 떼 곁에는
많은 개들이 지키고 있지만
목동이 멍청이라서 말이야.
멍청한 목동이 있는 곳에는
개들도 바보란다."

6 원숭이

당신이 원하는 만큼 노력하세요.
그러나 당신의 노동이
이익도 재미도 없다면,
포상도 명예도 바라지 마세요.

―――

농부가 새벽에
쟁기로 밭을 갈고 있었습니다.
농부는 비 오듯 땀을 흘리며
아주 열심히 일했습니다.
농부는 우직한 일꾼이었습니다.
그런 이유로 지나가는 사람들 모두가
농부에게 고마워하며

훌륭하다고 그를 칭찬했습니다.
원숭이는 그것이 부러웠습니다.
유혹적인 칭찬을
어떻게 원하지 않을 수 있겠습니까!
원숭이는 일을 해야겠다고 생각했습니다.
나무토막을 찾아내어
그것에 매달렸습니다.
원숭이는 아주 분주하게 움직였습니다.
원숭이는 나무토막을 끌어다가
이렇게도 하고 저렇게도 해보았습니다.
나무토막을 껴안아보기도 하고
질질 끌어보기도 하며
굴려보기도 했습니다.
불쌍한 원숭이는
땀을 강물처럼 흘렸습니다.
그리고 결국에는
헐떡이며 숨을 가까스로 내쉬었습니다.
그러나 누구도
자신을 칭찬해주지 않았습니다.

"원숭이야, 그건 그렇게 이상한 일이 아니란다!
너는 많은 일을 했지만,
그것은 아무 이익도 없는 것이란다."

7 자루

현관 마루의 구석에
빈 자루 하나가 굴러다니고 있었습니다.
신분이 가장 낮은 하인들이
종종 발을 닦는 걸레로 사용하였습니다.
그런데 갑자기 이 자루는
아주 귀중한 신분이 되었습니다.
전부 금화로 가득 채워져
금을 입힌 보석함에 안전하게 넣어졌습니다.
주인 자신이 자루를 얼마나 아끼던지
바람도 들어오지 못하게 하고
감히 파리도 앉지 못하게 하며
자루를 소중히 하였습니다.
그리하여 자루에 대한 소문은
도시 전체에 퍼지게 되었습니다.

친구가 찾아오기라도 하면
기꺼이 자루에 대한 이야기로
정답게 이야기꽃을 피웠습니다.
어쩌다가 자루를 열면
다들 아양을 떨 듯 자루를 바라보았습니다.
누군가 자루 옆에 나란히 앉을 때는
자루를 가볍게 두드리거나 쓰다듬기도 했습니다.
그런데 자루는
자신이 이런 신분이 된 것을 깨닫고는
오만해지기 시작했고
영리한 체하며
거드름을 피우기 시작했습니다.
쓸데없는 말을 하거나
엉터리 같은 말을 하기도 했습니다.

"이것은 옳지 않아.
저 사람은 바보 같아.
이것 때문에 나쁘게 될 거야."

이렇게 자루는 모든 것을 감독하고
판단을 해댔습니다.
모두들 입을 '딱 벌리고
그의 말을 듣기만 했습니다.
불행하게도 사람들에게는 단점이 있었습니다.

자루가 지껄이는 말이
비록 귀에 따갑거나
실없는 말일지라도,
모두들 아무 말도 하지 않고
금화가 들어 있는 자루가
그들에게 하는 말들에 감탄하며
듣고 있었습니다.
그러나 얼마나 오랫동안
자루가 명예롭고 현명하다고
알려졌으며,
얼마나 오랫동안
이 자루가 소중히 여겨졌을까요?
자루에서 금화를 모두 도둑맞게 되자
자루는 버려졌고
자루에 대한 소문도 사라졌습니다.

―――

우리는 이 우화로서
어느 누구도 모욕하고 싶지는 않습니다.
그러나 한때 운반 일을 해본 상인들이나
자신의 돈을 귀한 것을 얻는 데
쓰려는 도박꾼들의
자루들 중에는

이런 자루들이 있기에
오늘날에는 조금만 죄를 범해도
부자가 됩니다.
그리고 부자가 백작도 되고
공후도 됩니다.
친구들이여,
이제 고관이 된 사람이
현관에 버젓이 앉아서
마음 편히 카드놀이를 할 수 있겠습니까?
아주 대단한 일이지요!
그러나 친구들이여,
그렇게 우쭐대지 마십시오!
당신들에게 남몰래 진실을 말해줄까요?
터무니없는 일이겠지만
만약 당신들이 몰락한다면
당신들은 자루처럼 똑같이 행동한 까닭입니다.

8 고양이와 요리사

박식한 어떤 요리사가
자신의 주방을 떠나
주막으로 일을 하러 갔습니다.
(경건한 이들을 기리는 그는
이날도 대부에 대한 추도식을 거행했습니다.)
그래서 집에 있는 음식들을
쥐들로부터 지키기 위해
고양이를 데려다두었습니다.
그런데 요리사가 집에 돌아와서
본 것은 무엇이었을까요?
마루에는 먹다 남은
만두 부스러기들이 있었고
구석에는 고양이 바시까가
식초 통 뒤에 엎드려서

낮은 소리로 으르렁거리고 흥얼거리며
통닭을 열심히 뜯고 있었습니다.
요리사는 바시까를 꾸짖었습니다.

"아니, 이 녀석, 못된 먹보 같으니.
비록 사람은 아니지만,
넌 부끄럽지도 않니?"

(그러나 바시까는 여전히
통닭을 뜯고 있었습니다.)

"어찌 된 거니!
지금까지 너는 정직하고
온순한 고양이로
본보기를 보여주었는데.
아아, 네가 그렇게 수치스러운 짓을 하다니!
이제 이웃 사람들 모두가
말할 거야.
'고양이 바시까는 사기꾼!
바시까는 도둑고양이!
바시까는 부엌은 물론
마당에도 들어서는 안 돼.
양 우리에 있는
탐욕스러운 늑대처럼 말이야.

바시까는 문둥이,
바시까는 페스트,
바시까는 이 땅의 전염병과 같은 놈이야!'
라고 말이다."

(그러나 바시까는 그런 말을 들으면서도
계속 먹기만 했습니다.)
우리의 웅변가는 한참 동안
훈계를 하며
그칠 줄을 몰랐습니다.
그러나 요리사가 훈계를 하고 있는 동안
고양이 바시까는
통닭을 모두 먹어버렸습니다.

―――

힘을 사용해야만 하는 곳에
부질없이 말을 허비하지 않도록 하기 위해,
나는 다른 요리사에게
이 이야기를 잘 기억해두길 명령했습니다.

2 사자와 모기

힘없는 자들을 비웃지 말고
약한 자를 화나게 하지 마십시오!
약자도 가끔은 적에게
강하게 복수하기도 합니다.
자신의 힘에 지나치게 기대지 마십시오!
사자의 오만함에 엄한 벌을 내린
모기에 대한 우화 한 편을 한번 들어보십시오.

───

사자가 매정한 말로 모기를 무시했습니다.
모기는 화가 났지요.
화를 참지 못하고
사자와 싸울 준비를 했습니다.

자기 자신이 병사이자 나팔수로서
목청껏 앵앵 소리를 내고
사자에게 심한 욕을 해댔습니다.
사자에게는 우스운 일이었지만
우리 모기가 장난하고 있는 것은 아닙니다.
사자의 뒤에서도, 눈 위에서도, 귀에서도
모기는 소리를 질러댑니다!
그리고 장소를 살피고 때를 포착하면서
침착하게 독수리처럼
사자 위에 내려앉아
있는 힘을 다해 사자를 찔렀습니다.
사자는 부르르 떨며
모기에게 꼬리를 휘둘렀습니다.
우리의 모기는 잘 피했고
사자를 두려워하지도 않습니다!
바로 사자의 이마에 앉아
피를 빨아 먹습니다.
사자는 머리를 절레절레 흔들고
갈기를 떨어댔습니다.
그러나 우리의 영웅 모기는
자기 일을 계속할 뿐입니다.
코에 앉아 찌르고 귀도 찔러댑니다.
사자는 화를 버럭 내고
아주 무시무시한 소리를 내지르며

분노로 이를 부드득 갈아대는가 하면
발톱으로 땅을 북북 긁어댔습니다.
화난 사자의 울음소리 때문에
온 숲이 벌벌 떨었습니다.
모든 짐승들이 공포에 싸여
숨거나 달아났습니다.
마치 대홍수나 화재를 만난 것처럼
재빠르게 그곳에서
모두 도망치는 것입니다!
누가 그 일을 했습니까?
바로 보잘것없는 모기가
모두에게 불안을 안겨다주었습니다!
소리 지르고 몸부림치던 사자도
힘이 다 빠져서
땅에 쿵 하고 넘어져서는
화해를 요청했습니다.
모기는 화를 거두고
사자를 불쌍히 여겨 화해했습니다.
모기는
아킬레스[17]에서 갑자기 호메로스[18]가 되어

---

17 아킬레스: 호메로스의 서사시 『일리아드』의 중심 인물이다. 바다의 여신 테티스와 펠레우스 왕의 아들로, 어머니인 바다의 여신이 그를 불사신(不死身)으로 만들려고 황천(黃泉)의 스틱스 강물에 몸을 담갔는데, 이때 어머니가 손으로 잡고 있던 발뒤꿈치만은 물에 젖지 않아 치명적인 급소가 되고 말았다. 아킬레스건(腱)이라는 이름도 여기서 유래한다.
18 호메로스: 그리스의 유명한 시인으로 『일리아드』의 저자이다.

자기의 승리를
온 숲에 알리며 날아다닙니다.

10 농사꾼과 철학자

봄날에 한 농사꾼이
마치 보물을 찾고 있기나 한 것처럼
자기 밭이랑을 갈고 있었습니다.
이 남자는 부지런한 일꾼이었고
보기에도 강인하며 힘차 보였습니다.
오로지 오이를 거두기 위해
그는 많은 밭이랑을 갈았습니다.
채소밭과 정원을 좋아하는 사람이자
대단한 수다쟁이인 동시에
자연의 벗이라고 불리며
채소밭에 대해 책에서 읽은 것만 떠벌리는
무식한 철학자가
마당을 사이에 두고 농부와
매우 가까이 살고 있었습니다.

어느 날 철학자는 공부하면서
오이도 심어서 키우겠다는
생각을 하게 되었습니다.
그러면서 이웃 농부를 비웃었습니다.

"이보게, 자네가 원한다면
땀 흘려 일할 수도 있겠지만
나는 자네를 훨씬 앞질러
일을 할 테니
자네의 채소밭은
황무지처럼 느껴지게 될 걸세.
그리고 사실대로 이야기해서,
자네의 채소밭이
그리 소홀하게 경작되는 것에 놀랐네.
어떻게 아직 파산하지 않았나?
자네는 아마 공부도 하지 않았나 보군?"

그러자 이웃 농부가 대답했습니다.

"공부한 적은 없지만
부지런함, 숙련된 솜씨, 제 팔,
이것들이 바로 저의 산지식이지요.
신께서 그것들과 함께 양식도 주십니다."
"무식하기는!

자네가 학문에 대항할 수 있을 것 같나?"
"아닙니다, 나으리.
제 말을 그렇게 고깝게 듣지 마십시오.
나으리께서 어떤 의미 있는 것을 생각해내신다면,
저는 언제라도 보고 배울 준비가 되어 있습니다."
"그러면 여름이 되기만 기다려보게……."
"그러나 나으리,
일에는 다 때가 있는 것 아닙니까?
저는 그럭저럭
씨를 뿌리고 오이를 심었지만
나으리는 아직
밭이랑도 갈지 않았는걸요."
"그래, 그럴 틈이 없어서
밭을 갈지 못했지.
온종일 책을 읽고
또 읽었는데
그것이 삽이나 쟁기, 그리고 보습으로
밭을 가는 것보다 더 유용하거든.
그렇지만 시간은 아직 남아 있네."
"나으리는 그러시겠지만
시간은 우리를 그렇게 기다려주지 않습니다."

농부는 이렇게 대답한 뒤
자기 삽을 쥐고

철학자와 헤어졌습니다.
철학자는 집으로 돌아갔습니다.
책을 읽고 기록하며 조사하다가
책에서 밭을 갈면
자신도 나가서 밭을 갈고
아침부터 저녁까지 일을 했습니다.
겨우 한 가지 일을 해놓고
밭에서 겨우 무엇인가가 자라날라치면
잡지책에서 새로운 소식을 접하고는
새로운 방식과 모범대로
다시 밭을 갈고 심어댑니다.
그러니 어떤 결과가 나타났겠습니까?
농부의 오이는 잘 자라서
열매를 맺어 이윤을 남기게 되었지만
철학자는
오이 하나도 건지지 못했습니다.

11 농부와 여우

여우를 만난 농부가
말했습니다.

"이봐, 말 좀 해봐라.
너는 무슨 목적으로
닭을 훔치는 거지?
사실 나는 너를 불쌍히 여긴단다!
지금 우리 둘이서 하는 말이지만
내 진실을 이야기할 것이니 들어봐라.
네가 저지르고 있는 일에는
털끝만큼도 선한 구석이라고는 보이지 않는구나.
도둑질은 죄악이고 수치스러운 일이며
온 세상이 너를 욕하는 것은 그렇다 치고
점심이나 저녁거리로

닭을 훔치는 여우의 털이
온전할까 두려워하지 않는
그런 날은 없을 것이다!
닭이 그럴 만한 가치가 있겠냐?"

이 말에 여우가 대답했습니다.

"누가 그런 생활을 견디겠습니까?
이 점이 나를 매우 슬프게 해서
그 어떤 음식도 맛있게 느껴지지 않습니다.
내 영혼이 순수하다는 것을
당신이 알고 있다면 얼마나 좋을까요!
그래도 무슨 일을 하겠습니까?
가난하고 아이들까지 있는데 말입니다.
농부님, 게다가
이 세상에 도둑질을 하는 것이
나 하나입니까?
비록 이런 도둑질이 나에게
지독한 불쾌감을 주기는 합니다만."

그러자 농부가 여우에게 대답했습니다.

"아, 그래? 네가 거짓말을 하는 것이 아니라면
내가 너를 죄악에서 벗어나게 해주고

정직하게 번 빵을 얻을 수 있도록 해주마.
네가 나의 닭들을
다른 여우로부터 보호하도록 해라.
여우가 아니라면
누가 여우들의 나쁜 짓을 알아낼 수 있겠냐?
그 대신 너는 부족함 없이
나와 함께 풍족하게 살게 될 것이다."

그리하여 거래가 성사되었습니다.
그때부터
여우는 파수꾼이 되었습니다.
농부와 함께 여우는 잘살았습니다.
농부는 부유했고
모든 것이 여우에게는 만족스러웠습니다.
여우는 잘 먹고
포동포동 살이 올랐지만
모든 일이 정직하게
처리되는 것은 아니었습니다.
도둑맞지 않게 된 닭들은
곧 여우에게 돌아왔던 것입니다.
여우는 어두운 밤을 틈타
농부의 닭을 모두 물어 죽임으로써
자신의 일을 마무리지었습니다.

양심이 있고 정직한 사람은
그가 그 어떤 부족함을 겪고 있더라도
훔치거나 거짓말하지 않습니다.
도둑에게 백만 루블을 준다 해도
도둑은 계속 훔칠 것입니다.

12 사자의 교육

신은 숲의 제왕인 사자에게
아들을 내려주었습니다.
동물의 세계를 잘 아시겠지만
동물들은 우리 인간들과 다릅니다.
우리 인간의 세계에서는
한 살 된 아기라면
비록 황제의 자식이라고 하여도
귀엽고 연약하며 아주 작습니다.
그러나 한 살짜리 새끼 사자는
이미 오래전에 어린 시절이 끝나버리게 됩니다.
그래서 사자 왕은
아들이 교양 있게 성장하는 일에 대해
새끼 사자가 한 살 때부터
진지하게 생각하기 시작했습니다.

훗날 왕국을 아들에게 물려주었을 때,
왕국의 명예를 떨어뜨리지 않는다면,
사자 왕은 아들 때문에
백성들에게 비난을 받지 않게 될 것입니다.

'도대체 누구를 고용해야 할까?
누구에게 부탁해야 할까?
누구에게 왕자의 교육을 맡겨야 할까?
여우에게 맡길까?
여우는 영리하니까.'

하지만 여우는
거짓말하는 것을 좋아했습니다.
모든 일을 거짓말쟁이와 상대한다는 것은
괴로운 일이었습니다.
사자 왕은 여우가 제왕을 교육시키는 일은
마땅치 않다고 생각했습니다.

'그럼 두더지에게 맡길까?'

두더지는 모든 일을
주도면밀하게 하는 것을 좋아하고,
더듬어보지 않고서는
절대로 움직이지 않는다는

소문이 있었습니다.
그리고 자신이 먹을 곡식은 직접 씻고,
껍질도 직접 벗겼습니다.
그러나 한마디로 말해
두더지는 작은 일에는
아주 안성맞춤인 동물이었습니다.
바로 눈앞에 있는 것은 잘 보지만,
멀리 있는 것은 전혀 보지 못했습니다.
두더지의 주도면밀함은
왕국을 위해서는 좋은 면이지만,
사자의 왕국은 두더지 굴보다
훨씬 더 큰 것이었습니다.

'그럼 표범을 불러볼까?'

표범은 용감하고 강했습니다.
더욱이 표범은 훌륭한 전술가였습니다.
그러나 표범은 정치에 대해서 전혀 몰랐습니다.
시민법을 전혀 이해 못 하는 표범이
어떻게 왕국을 통치하는 방법을
가르칠 수 있겠습니까!
왕은 판사, 장군, 그리고 무사도 되어야만 했습니다.
그러나 표범은 싸우는 것에만 능숙했습니다.
결국 표범은 왕자를 가르치기에

적합하지 않았습니다.
간단히 말해서, 모든 동물들,
그리고 그리스의 플라톤처럼
숲에서 존경받았던 코끼리마저도
사자 왕에게는 현명하지 못하고
박식하지 못하다는 결론이 내려졌습니다.
그런데 다행인지 아닌지
(그것은 곧 알게 되겠지만)
이 사자 왕의 고민을 듣고,
새들의 제왕이자
사자 왕과 친분이 두터운
독수리가 나타났습니다.
독수리 왕은 친구를 위해
이 큰일을 자신이 맡겠다고 말하고,
왕자를 데려가서
자신이 교육을 시키기로 했습니다.
사자 왕은 어깨에서 산 같은 무거운 짐을
내려놓게 되었습니다.

'왕자를 가르칠 선생을 찾았으니
이보다 더 좋을 수 있겠는가?'

그리하여 통치하는 법을 배우기 위해,
왕자는 여행 준비를 하고

독수리에게 보내졌습니다.
1년이 지나고 2년이 흘렀습니다.
그사이에 누구에게 물어보아도
왕자에 대한 칭찬들만이 들려왔습니다.
모든 새들이 숲 속에서
왕자의 멋진 모습을
곳곳에 퍼뜨리고 다녔습니다.
그리고 마침내 약속한 해가 되었습니다.
사자 왕은 아들을 맞기 위해
신하를 보냈습니다.
왕자가 돌아왔습니다.
그때 사자 왕은 모든 백성들을 모으고
작고 큰 동물들을 불러 모았습니다.
사자 왕은 아들에게 입을 맞추며 끌어안았습니다.
그리고 왕자에게 이렇게 말했습니다.

"사랑하는 아들아,
나에게 후계자는 너 하나뿐이란다.
그리고 나는 죽을 날이 가까웠단다.
그러니 이제 세상에 나가도록 해라.
기꺼이 너에게 이 왕국을 물려줄 것이다.
그럼 이제 여기 모두가 있는 자리에서
네가 무엇을 배웠으며 무엇을 알고 있는지
그리고 네가 어떻게 우리 백성들을

행복하게 해줄 것인지 말해보렴."

사자 왕의 말에 왕자가 대답했습니다.

"아버님,
저는 여기에 있는 그 누구도
모르는 것을 알고 있습니다.
독수리로부터 메추라기에 이르기까지
어디가 새들에게 적합한 서식지인지,
무엇을 먹으며 사는지,
어떻게 알을 낳는지,
새들에게 필요한
모든 세세한 것까지 알고 있습니다.
자, 보십시오.
선생님에게 받은 졸업 증명서입니다.
새들이
제가 하늘에서 별을 땄다고 말하는 것은
다 까닭이 있어 그러한 것입니다.
아버님께서 저에게
통치권을 물려주실 생각이라면,
저는 당장 동물들에게
새 둥지 만드는 법을 가르치겠습니다."

이 말을 들은 사자 왕과 모든 동물들은

경악을 금치 못했습니다.
위원들이 고개를 떨구었습니다.
사자 왕은 너무 늦게서야 깨달았습니다.
왕자가 쓸모 없는 것을 배워왔으며
얼토당토않게 지껄이고 있다는 것을 말입니다.
새의 습성을 아는 것은
별 이득이 되지 않는다는 것과
누구를 자연이 동물 왕국의 통치자로
삼을 것인가 하는 것과
황제가 되는 데에 가장 중요한 지식은
바로 자신들 민족의 특성과
자신들의 땅에 이득이 되는 것이 무엇인지를
잘 아는 것임을 말입니다.

13 노인과 세 명의 청년

한 노인이 나무를 심으려고 했습니다.
그러자 면전에 대고 노인을 비웃으며
세 명의 이웃 청년들이 말했습니다.

"가령 나무를 심는다 쳐도
이 여름에 심어서
이 세상 밖으로 자라나는 걸
언제나 보겠어요!
당신의 노력이 결실을 맺기 위해서는
아마 이백 년쯤은 살아야겠네요.
당신이 제2의 므두셀라[19]는 아닐 텐데요?
영감님, 그 일은 그만두시지요.

---
19 므두셀라: 에녹의 아들이며 라멕의 아버지요, 노아의 할아버지이다. 성서에 나오는 인물 중 최고령인 969년을 살았다고 한다(「창세기」 5장 21~27절).

왜 그렇게 소득도 없는 일을
생각해내셨습니까?
당신에게는 흘러가는 시간들이
소중하지 않습니까?
그런 일들은 우리들을 위한 것이지요.
우리는 젊고 팔팔하며
강인하고 또 힘이 세지만
노인장은 이제 무덤과 친해져야
할 때가 아닌가요!"

그러자 노인이 온화하게
청년들에게 대답했습니다.

"젊은이들!
나는 어려서부터 일하는 데 익숙해져왔네.
내가 어떤 일을 시작하는 것은
오직 나 하나만의 이익을
위하는 것이 아니기 때문에
그런 일은 아직도 기꺼이
할 것이라는 걸 알아두게.
선한 사람은 자신만을 위해서
일을 하지 않네.
나무를 심음으로써
나는 즐거워지고

그 나무 그늘을
내가 기대할 수는 없어도
내 손자가 언젠가
그 그늘에서 쉴 수 있다는
그것만으로도 나는
그 대가를 받은 셈이지.
앞으로 여기서 우리들 중 누가
더 오래 살지
장담할 수 있겠나?
죽음이 젊음과 힘, 아름다운 얼굴은
비껴갈 것 같나?
아, 내 살아가면서
얼마나 아름다운 처녀들과
강인한 청년들을 무덤으로 배웅했는지!
누가 알 수 있겠나.
곧 축축한 흙이
자네들에게 먼저
뿌려질 수도 있다는 것을."

그후에 노인이 청년들에게
한 말대로 되었습니다.
세 청년 중 하나는 항해에 나섰는데
처음에는 행복을 꿈꾸며
바다에 나갔지만

폭풍우에 배는 부서지고
희망도 항해자도 모두
바다가 삼켜버렸습니다.
다른 한 청년은 다른 세계에서
권력의 죄악에 몸을 맡기며
사치와 향락을 좇다가
건강을 잃고 나중에는
목숨으로 그 값을 치렀습니다.
세번째 청년은
무더운 날 차가운 음료수를 마시다
병석에 누웠습니다.
뛰어난 의사들이 그를 치료했지만
그를 죽음으로 몰고 갔지요.
이 세 청년의 종말을 알게 된
우리의 선량한 노인은
세 청년의 죽음을 애도했습니다.

14 나무

농부가 도끼를 가져오는 것을 보고
어린 나무가 말했습니다.

"농부님, 내가 안심하고 자랄 수 있도록
제발 내 주위의 숲을 베어주세요.
나에게는 햇빛도 보이지 않고
내 뿌리가 뻗어나갈 만한 공간도 없으며
내 주변엔 바람도 불지 않는데
내 위로 숲이 둥글게
에워싸고 있기 때문이에요!
숲이 내가 자라나는 것을
방해하지 않는다면
나는 일 년 만에
여기서 가장 아름답게 자라날 것이고

나의 그늘이 온 계곡을 덮을 텐데.
지금 나는 가늘고 마치 마른 장작 같잖아요."

농부는 도끼를 들고는
친구에게 하듯이
어린 나무를 위해서
봉사해주었습니다.
어린 나무 주변의 넓은 공간이
싹 베어졌습니다.
그러나 어린 나무의 승리도
그리 오래가지 않았으니!
태양이 나무를 내리쬐고
때로는 우박이,
때로는 비가 두들겼으며
마침내는 바람에 밀려
이 나무는 쓰러졌습니다.
이를 본 뱀이 나무에게 말했습니다.

"어리석기는!
네 스스로 화를 불러들였지 않니?
숲에 싸여서 자랐다면
폭염도 바람도
너에게 해를 끼칠 수 없었을 테고
늙은 나무들이 너를 보호해주었을 텐데.

그리고 만약 그 나무들이 죽게 되어
그들의 시대가 지나가버렸을 때
너의 차례가 되어 그만큼 자라나서
더 강해지고 굳세어져서
지금과 같은 너의 재난도
일어나지 않았을 것이고
폭풍이 와도 끄떡없이
견뎌낼 수 있었을 거야!"

15 거위들

아주 긴 막대기를 들고
한 농부가 거위들을 몰고
도시로 가고 있었습니다.
사실을 말하자면,
농부는 자신의 거위 떼들에게
매우 험한 욕설을 퍼붓고 있었습니다.
이윤을 남기기 위해
장날에 맞추어
농부는 서두르고 있었습니다.
(그곳은 거위들뿐 아니라 사람들도
움직일 수 없을 지경인 곳이었습니다.)
그 농부에게 죄가 있는 것은 아니었습니다.
하지만 거위들은
그렇게 생각하지 않았습니다.

길에서 사람을 만나면
농부를 마구 원망했습니다.

"우리보다 더 불행한 거위들이
세상에 있을까요?
농부는 마치 우리가
평범한 거위인 것처럼 취급하고
우리를 몰아세우며 학대해요.
우리가 언젠가 로마를 구한
거위들의 후손들인
고귀한 가문의 출신들이란 걸
이 무식한 농부는
모르고 있는 것 같아요.
로마에서는 그 거위들에게 경의를 표하기 위해
기념일까지 정했어요."

그러자 지나가던 행인이
그 거위들에게 물었습니다.

"그런데 너희들은
무슨 이유로 특별하다는 거니?"
"그것은 우리들의 선조가……"
"모든 것을 읽어서 나도 알고 있어.
그렇지만 내가 알고 싶은 것은

너희들이 얼마나 도움을 주었느냐 하는 거야."
"참내, 우리 조상들이 로마를 구했다니까요."[20]
"네 조상은 그랬다지만,
너희들은 무엇을 했다는 거니?"
"우리요? 아무것도!"
"그것 봐라, 너희들이 무슨 훌륭한 일을 했니?
가만히 있는 너희 조상들을 들먹이지 마라!
그들에게 그런 명예는 당연한 거였어.
이것 봐, 거위 친구들,
너희들은 불에 구워질 팔자밖에는 안 돼."

───

이 우화는
거위를 조롱하려는 것이 아닌
그 이상의 것을
설명하고 있습니다.

---

20 우리 조상들이 로마를 구했다니까요: 전설에 따르면 거위가 꽥꽥 소리를 냄으로써 로마인들에게 적이 다가오고 있음을 알려주었다고 한다.

16 돼지

돼지 한 마리가 어느 날
귀족의 마당에 침입하였습니다.
마구간과 부엌 주위를
마음껏 빈둥거리며 돌아다녔습니다.
오물과 거름 더미에서 굴러서
아주 더러워졌습니다.
게다가 구정물에 아주 흠뻑 젖어
목욕까지 하였습니다.
그리고는 귀족의 집에서 나와
돼지는 집으로 돌아왔습니다.
돼지치기가 돼지에게 물었습니다.

"꿀꿀아, 너 그곳에서 그런 거 봤니?
소문에 부자들은 모든 것을

유리 구슬과 진주로 장식한다고 하던데.
그 집에 아주 비싼 것도 있었니?"

돼지가 꿀꿀거리며 대답했습니다.

"아니, 사실은 다 엉터리였어요.
보물로 보이는 것은 어떤 것도 없었어요.
모든 것이 거름과 오물뿐이었어요.
나는 주둥이를 아끼지 않고
그곳에서 뒤뜰을 전부
파헤쳐보았어요."

———

내가 타고난 재능은
누구와도 비교할 수 없는 것이지요!
그러나 물론 한 가지의 나쁜 점만을
보는 재능을 지니고
무엇인가를 식별하지도 못하는
돼지의 비평을
재능이라고 부르지는 못하겠지요?

17 파리와 여행자들

가장 더운 7월 한낮에
짐을 가득 싣고 귀족 가족을 태운
네 마리 말이 끄는 여행 마차가
모래로 덮인 산을
느릿느릿 오르고 있었습니다.
말들은 지쳤고,
마부도 갖은 애를 써보았지만
행렬은 멈추기에 이르렀습니다.
마부가 마부석에서 내렸습니다.
늘 말을 괴롭히곤 하던 이 사나이가
하인과 함께 양쪽에서 두 개의 채찍을
말에게 휘둘러댔습니다.
그래도 사정이 나아지지 않았습니다.
귀족 나리 부부와 그들의 아들, 딸, 가정교사가

마차 밖으로 나왔습니다.
그러나 마차에는 짐이 가득 실려 있어서
말이 겨우 출발은 했지만
모래산을 어렵게 오르고 있었습니다.
파리가 이것을 보고 있었습니다.
어찌 이 어려움을 돕지 않을 수 있겠습니까?
곧 그 일에 간섭을 했습니다.
앵앵거리며 돕기에 나섰지요.
짐마차 주변을 바쁘게 날아다녔습니다.
가운데 말의 코 위에서 촐싹이기도 하고
옆 말들의 이마를 물기도 하며
마부 대신 마부석에 앉거나
말 위에 날고 있다가
사람들 사이를 가로질러
여기저기 들쑤시고 다니기도 했습니다.
그런데 시장에서 일하는 장사꾼처럼
바쁘게 움직이는데
아무도 그 어떤 도움도
원치 않는다고
파리는 불평만 했습니다.
모두들 쓸데없이 재잘거리며
종종걸음으로 계속 걸어가고 있었습니다.
가정교사는 귀족 부인과 함께 속삭이고
귀족 나리는 체면도 잊은 채

저녁에 쓸 버섯을 찾으러
하녀와 함께 숲으로 들어갔습니다.
그리고 파리만 홀로 윙윙거리며
모두를 염려하는 사이에
말들이 한 걸음씩
평평한 길에 들어섰습니다.
파리가 말했습니다.

"이제야 신이 도와주시는군!
제자리에 앉으셔서
즐거운 여행을 하세요.
저는 이제 쉬어야겠습니다.
날갯짓도 겨우 할 것 같습니다."

―――

이 세상에는 자신들을
전혀 필요로 하지 않는데도 여기저기
얼굴을 내밀고 간섭하기를 좋아하며
분주하게 다니는 사람들이 많습니다.

18 독수리와 거미

독수리 한 마리가 구름을 박차고
까프까스 산맥[21] 정상으로 날아올랐습니다.
그러고는 100년 된 삼나무 위에 앉아서
밑으로 보이는 세상을
재미있게 지켜보았습니다.
독수리는 이곳에서 땅 끝까지
볼 수 있었는데
그곳은 강물이 초원을 휘감고 흐르고
숲과 초원은 완전히 봄옷으로
단장하고 있었으며
성난 카스피 해는
까마귀가 뒤덮인 듯

---
21 까프까스 산맥: 제1권 주 1 참조.

멀리서 검은빛을 띠고 있었습니다.
독수리가 제우스를 찬양했습니다.

"세상을 지배하는 제우스 님이시여,
당신을 찬양합니다.
당신 덕분에 내가 날 수 있고
내가 오르지 못할 만큼
높은 곳은 이 세상에 없지요.
그래서 나는 어느 누구도
날아올 수 없는 이곳에서
세상의 아름다움을 바라보고 있습니다."

이때 거미가 나뭇가지에서 대답했습니다.

"보자니까 꽤나 거드름을 피우는군!
이보게 친구,
바로 아래에 내가 있는 게 안 보이나?"

독수리가 쳐다보자
정말로 거미 한 마리가
바로 자기 밑에서 거미줄을 치면서
나뭇가지에서 바쁘게 일하고 있었습니다.
독수리는 자신이 햇빛을 가려서
거미줄을 짜는 데

방해가 되었나 보다 생각했습니다.
독수리가 물었습니다.

"네가 어떻게 여기까지 올라왔지?
우리야 아주 용감히 날아오르며
이곳에서 떨어지지도 않지만,
너는 날개도 없고
그럴 만한 용기도 없었을 텐데.
어떻게 여기까지 기어 올라왔니?"
"물론, 그렇게 오진 않았지."
"그럼 어떻게 네가 여기 있을 수 있지?"
"나는 네 몸에 착 달라붙어 있었지.
밑에서 너의 꼬리에 붙어 있었더니
네가 나를 여기까지 실어다주더군.
그렇지만 이젠 여기서 너 없이도 잘살아갈 수 있어.
그러니 내 앞에서 그렇게 잘난 척하지 말라고.
알아둬, 나는 말야……"

그때 어디선가 회오리바람이 일어
거미를 가장 낮은 곳으로
다시 떨어뜨려버렸습니다.

―――

여러분이나 나는
이런 거미와 같은 사람들을 종종 보지요.
생각이나 노력도 없이
대귀족의 옷자락에 매달려
윗자리에 도달해서는
마치 신이 그들에게
독수리와 같은 힘을 준 것인 양
허파에 바람이 들어서 거들먹거립니다.
바람이 불기만 해도
거미집과 함께 날아가버릴 텐데도 말입니다.

19 암사슴과 회교 수도사

사랑하는 자식을 잃고
아직도 젖이 넘쳐
무겁게 부풀어 있는 젊은 암사슴이
숲에서 어린 늑대 새끼 두 마리를 발견해서는
신성한 어머니로서의 의무를 수행하면서
자기 젖으로 늑대를 길렀습니다.
암사슴과 함께 숲에서
홀로 살아가던 회교 수도사가
사슴의 행동에 놀라서 말했습니다.

"이런, 생각 없이!
너는 누구에게 사랑을 베풀고
누구에게 너의 젖을 낭비하고 있는 것이냐?
그들이 너에게 고마워할 거라고 기대하느냐?

(아니면 그들이 악하다는 걸
모르고 있는 것이냐?)
아마, 언젠가 그들은 너의 피도 빨아 먹을 것이다."

이 말을 듣고 암사슴이 대답했습니다.

"아마 그럴지도 모르지요. 하지만 나는
그 점에 대해선 생각해보지 않았고
생각하고 싶지도 않습니다.
지금 나에게 일고 있는 모성애가 있고
만약 내가 그들을 먹이지 않는다면
나의 젖은 부풀어 올라
나를 더욱 괴롭게 할 것입니다."

―――

이렇게 진정한 사랑은
대가 없이 선을 베푸는 것이지요.
착한 사람은 자신의 것을 주변과 나누지 않는다면
자신의 풍족함을 부담스럽게 느낍니다.

20 개

어느 지주에게 말썽꾸러기 개 한 마리가 있었습니다.
이 개에게는 그 무엇도 부족할 것이 없어서
다른 동물이라면 그런 생활에
만족하고 행복하여
훔친다는 것은 생각도 못 했을 텐데!
그런데 이 개에게 그런 욕심이 생겼습니다.
이 개는 고기가 부족하다 싶으면
즉시 훔치는 것이었습니다.
그의 친구가 나서서
충고해주기 전까지는
아무리 때려도
주인은 개를 길들일 수 없었습니다.
그래서 그 친구는 이렇게 말했습니다.

"들어보게, 자네는 엄해 보이긴 하지만
오히려 개에게 훔치는 것을 부추기고 있구먼.
다음엔, 개가 훔쳐 가는 고깃덩어리만큼을
개에게 매일 주어보게.
그리고 매질하는 것을 줄이게.
그러면 개의 못된 버릇을 바로잡을 수 있을 걸세."

이 친구의 충고가 타당하다는 것을
개 자신도 스스로 느낄 수 있었습니다.
그 개가 훔치는 것을 그만두었기 때문입니다.

21 독수리와 두더지

누군가의 충고를 무시하지 말고
우선 들어보십시오.

―――

먼 곳에서 밀림으로 날아든
독수리 부부 한 쌍이
한평생 이곳에 머물 것을 결심하고는
여름에 새끼들을 키우게 될 것을 기대하며
울창하고 우뚝 솟은 참나무를 골라
그 꼭대기에 보금자리를 마련했습니다.
두더지가 이것을 듣고는
용기를 내어 독수리에게
이 참나무는 뿌리가 거의 다 썩어서 그들이 살기에 좋지 않으며

곧 쓰러질지도 모르기 때문에
둥지를 틀지 말라고 충고해주었습니다.
그러나 과연 땅굴 속에 사는 두더지가 하는 충고를
받아들이겠습니까!
높은 곳에서 땅 속 두더지를 볼 만큼
독수리의 눈이 좋았겠습니까?
그리고 무엇 때문에 새들의 제왕이 하는 일이
두더지에 의해 감히 방해를 받겠습니까!
두더지와 그리 많은 이야기를 하지 않고
조언자를 무시하며 독수리는 일을 서둘렀고
제왕의 새 집은 곧 여왕을 위해
완성되었습니다.
모두 행복했습니다.
이제 독수리 부부에게는 새끼 새들도 태어났습니다.
그렇지만?
어느 날 동틀 무렵
독수리가 사냥에서 잡은 풍성한 아침거리를 가지고
하늘 위에서 집으로 돌아왔는데
그의 참나무가 쓰러져 있고
나무 밑에 엄마 독수리와 그의 새끼들이 깔려 있는 것을 발견했습니다.
슬픔으로 정신이 아득해져서 독수리가 말했습니다.

"이렇게 불행할 수가!

지혜로운 충고를 듣지 않았던 나의 자만심 때문에
운명이 나를 잔인하게 벌주었어.
그렇지만 보잘것없는 두더지가
선의의 충고를 하는 것을
나는 과연 참을 수 있었을까?"

그러자 땅굴 속에서 두더지가 말했습니다.

"만약 당신이 나를 경멸하지 않았다면
내가 나무뿌리 근처에서
땅굴을 파기 때문에 나무가 건강한지 확실히 알고 있다는 것을
기억해냈을 것입니다."

제4권

1 사중주단

장난꾸러기 원숭이,
당나귀,
염소
그리고 안짱다리 곰이
사중주를 연주하려고 계획을 세웠습니다.
악보를 구하고
베이스와 비올라, 두 개의 바이올린까지 갖추고는
풀밭 보리수나무 밑에 앉아서
자신들의 예술로 세상을 사로잡으려고 했습니다.
사중주를 시작했지만 박자는 맞지 않고 엉망이었지요.
원숭이가 소리쳤습니다.

"애들아! 멈춰, 멈추라고! 잠깐만 기다려봐!
이게 무슨 음악이야? 너희들이 그렇게 앉아서는 안 되겠어.

곰돌아, 넌 베이스를 맡아서 비올라 맞은편에 앉고,
난 제1바이올린을 들고 제2바이올린 반대편에 앉으면
음악이 훨씬 나아질 거야.
숲과 산이 울리도록 해보자!"

다시 자리를 잡고 사중주를 시작했는데
여전히 조화를 이루지 못했습니다.
그러자 당나귀가 소리쳤습니다.

"멈춰봐, 내가 비밀을 알아냈어! 우리가 붙어서
바로 옆에 앉으면 될 거야."

당나귀의 말을 듣고는 모두들 나란히 점잖게 앉았습니다.
그렇지만 사중주는 여전히 이루어지지 않았습니다.
그들은 전보다 더 많이 다투고
누가 어떤 자리에 앉아야 하는지에 대해서
옥신각신하는데,
그때 꾀꼬리 한 마리가 그 아수라장 속으로 날아들었습니다.
모두들 꾀꼬리에게 이 문제를 해결해줄 것을 부탁했습니다.

"제발 한 시간만 참고
우리 사중주단에 질서를 찾아줘,
여기 악보도 있고 악기도 다 있는데,
도대체 우리가 어떻게 앉아야 할지!"

그러자 꾀꼬리가 대답했습니다.

"음악가가 되기 위해서는 솜씨도 있어야 되고
섬세한 귀도 필요하지.
그런데 친구들, 어떻게 앉느냐 하는 것은
음악가에게 전혀 쓸모가 없는 것이지."

2 나뭇잎과 뿌리

어느 멋진 여름날,
계곡을 따라 그늘을 드리우고
나뭇잎들은 서풍과 속삭이며
자신의 울창한 녹음을 자화자찬하면서
자신에 대해 서풍에게 말했습니다.

"사실, 우리가 이 계곡의 자랑거리 아니겠어요?
우리 때문에 나무가 그토록 화려하고 울창하며,
가지를 뻗고 당당하게 서 있는 것 아닙니까?
나무에 우리 잎들이 없어봐요, 사실,
우리는 충분히 칭찬받을 만해요!
우리가 없으면 목동들과 나그네들을
어떻게 찌는 듯한 더위로부터 서늘한 그늘로 감싸줄 수 있겠어요?
아름다운 우리들 없이

어떻게 목동들을 춤추게 만들겠어요?
우리들 곁에서 여명과 저녁놀이 물들 때
꾀꼬리가 지저귀지요.
그래요. 서풍님도
한시도 우리 곁을 떠나지 않고 있잖아요."

그때 땅 아래쪽에서 온화한 목소리가 들려왔습니다.

"그럼 우리들에게도 고맙다고 말할 수 있겠군."
"정말 뻔뻔하고 오만하게 말하고 있군요!
거기 누구시죠?
우리에게 어쩜 그렇게 뻔뻔하게 굴 수 있지요?"

잎사귀들이 나무를 뒤흔들며 겨우 말을 하자 밑에서 나무뿌리가 대답했습니다.

"우리가 누구냐 하면,
여기 그늘 속을 뒤져서,
너희들을 먹여 살리는 존재야, 모르는 건 아니겠지?
우린 너희들이 피어 있는 나무뿌리라고.
맘껏 잘난 척해봐!
그렇지만 우리들에겐 차이가 있다는 것만 기억하거라.
새봄이 찾아오면 잎들은 다시 태어나겠지,
그런데 만약 뿌리가 말라버리면

나무도 너희들도 없어지는 거야."

3 늑대와 여우

우리가 할 필요는 없지만
기꺼이 친절을 베풀어드리겠습니다.
우화 한 편을 예로 들어 설명하면,
어떤 진리가 그럭저럭 반은 열리는 셈이지요.

———

닭고기를 배 터지게 먹고는
이 맛있는 먹이를 다음에도 먹으려고 숨겨놓았던 여우는
저녁에 잠깐 눈을 붙이고자 건초 더미 아래에 누웠습니다.
그런데 배고픈 늑대가 어슬렁거리며 찾아오는 것이 눈에 띄었습니다.
늑대가 다가와서 말했습니다.

"여우야, 이런 불행이 있을까!

뼈다귀 하나도 찾을 수가 없어.
나는 배가 고파서 죽을 지경이야.
개들은 악독하고 목동들은 잠도 안 자니
목이라도 매어 죽고 싶었다고!"
"설마?"
"참말이야."
"불쌍한 우리 늑대! 그래 건초라도 좀 줄까? 여기 건초 더미가 있어.
나는 언제나 늑대에게 봉사할 준비가 되어 있다고."

늑대는 건초가 아니라 고기를 원했던 것이지요.
그러나 여우는 남겨둔 닭고기에 대해서는 한마디도 없었습니다.
그리고 우리의 힘없는 기사 늑대는
여우의 감언이설에 깜빡 속아
저녁도 못 먹고 집으로 갔습니다.

4 종이연

구름 아래 높이 날고 있는
종이연이 오만하게 지켜보며
계곡의 나비 한 마리에게 소리쳤습니다.

"믿을 수가 없군! 눈에 보일까 말까 하네.
내가 이렇게 높이 날아오르는 걸 부러워서 쳐다보고 있다고 고백하시지."

그러자 나비가 대답했습니다.

"부러워? 천만에!
자신에 대해 그렇게 쓸데없는 환상을 품다니!
비록 높이 날고는 있지만 넌 줄에 묶여 있잖아.
그런 인생이란 내 사전엔

행복과는 거리가 멀단 말이지.
아, 사실 난 높이 날진 않지만
대신에
내가 가고 싶은 곳으로 날아가지.
그리고 너처럼 다른 쓸데없는 일에 장난삼아
한평생 지껄이진 않을 거야."

5 백조, 농어 그리고 게

친구들 사이에 화합이라는 것이 없을 때,
그들 사이에서 일은 조화롭게 처리되지 않고,
그리고 어떤 진전도 없이 고통만 따를 뿐입니다.

―――

어느 날 백조, 게 그리고 농어가
물건을 싣기 위해 마차를 빌렸습니다.
그리고 셋이서 한 수레 가득 짐을 실었습니다.
죽을힘을 다했는데 수레는 꼼짝도 하지 않는 것이었습니다!
그들에게 짐이 무거운 것이 아니었는데도 말입니다.
백조는 구름 속으로 날아오르려고 애쓰고,
게는 뒷걸음질치고 있었으며, 농어는 물속으로 끌고 가려 했습니다.
그들 중 누가 옳고 그른지, 심판하는 건 우리 몫이 아닙니다.

다만 수레가 아직 그 자리에 있다는 것입니다.

6 찌르레기

사람들마다 자신의 재능이 있기 마련입니다.
그러나 종종, 다른 사람들의 성공에 눈이 멀어
그들의 재능을 가지고 싶어합니다만
이건 전혀 득이 될 것이 없습니다.
이제 저의 충고를 드려야겠군요.
만약 일을 성공적으로 끝내고 싶다면
당신은 그 일에 쓸모 있는 사람이라는 것을 믿으세요.

―――

어떤 찌르레기 한 마리가 어려서부터
마치 자신이 방울새로 태어나기라도 한 것처럼
방울새처럼 노래하는 것을 배웠습니다.
들뜬 소리로 숲 전체를 즐겁게 해주었고,

모든 찌르레기들이 칭찬을 해주었습니다.
다른 찌르레기였다면 행복에 겨웠을 것입니다.
그러나 이 찌르레기는 꾀꼬리를 칭찬하는 소리를 듣고는,
불행하게도 꾀꼬리를 질투해서
이런 말을 했습니다.

"그만, 친구들,
나는 꾀꼬리의 노래보다
더 잘 부를 거야."

그러고는 정말로 아주 특별한 방식으로만
노래했습니다.
쥐어짜는 듯이 노래하다가, 목쉰 소리를 내기도 하고,
새끼 염소처럼 우는가 하면,
이도 저도 아니라
새끼 고양이같이 야옹야옹 울기까지 합니다.
다시 말해 자기 노랫소리로 모든 새들을 쫓아버렸습니다.

우리의 사랑스러운 찌르레기여, 그게 다 무슨 소용이 있겠니?
어설픈 꾀꼬리 흉내보다
차라리 자신 있는 방울새 소리로 노래하는 것이 더 좋을 것 같구나.

7 연못과 강

연못이 이웃한 강에게 말했습니다.

"이것 참, 너의 물들이 모두 흘러가는 것을 좀 봐라!
피곤하지도 않니, 친구야?
뿐만 아니라, 내가 매일 보다시피 하는데,
보트와 통나무배는 제쳐두고서라도
너는 짐을 잔뜩 실은 수많은 배들과
긴 뗏목의 행렬을 실어 나르고 있어.
끝이 없군! 언제쯤 그런 생활을 그만둘래?
사실 내가 근심으로 말라버릴 지경이야.
너와 비교해보면 내 운명이 얼마나 멋진지!
물론 나는 유명하지도 않고
지도의 한쪽을 채울 만큼 넓지도 않으며
어떤 음악가가 나를 칭찬해서 음악을 연주하지도 않지.

그러나, 사실 그 모든 게 공허하지!
대신 나는 진흙으로 덮인 부드러운 해안가에서
마치 깃털 이불을 덮고 있는 귀부인처럼
유유자적하며 누워 있어.
여기서 나는
화물선이나 뗏목들뿐만 아니라
그 누구를 위해서도 일할 필요가 없어.
통나무배가 얼마나 무거운지 알지도 못해.
그리고 만약
내 수면 위로 나뭇잎이 아주 살짝만 움직여도
금방 물결이 일 정도라니까.
그런 태평한 인생보다 좋은 게 어디 있겠어?
나는 흘러가지 않으면서도
사방에서 불어오는 바람을 따라
세상의 일들을 볼 수 있고
꿈을 꾸면서 사색을 하지."

그러자 강이 대답했습니다.

"그런데 네가 사색을 한다니 말인데, 자연의 법칙을 이해하고는 있겠지?
흐르는 물이 썩지 않는다는 것을 알고는 있니?
그리고 만약 내가 큰 강이 된다면,
그것은 내가 무사안일을 던져버리고

고난을 겪었기 때문이야.
대신 해마다
나의 물은 점점 깊어지고 깨끗해지며
누구에게나 도움을 주어 명예와 영광을 얻게 될 것이지만
아마, 한 세기쯤 더 지나면
너는 추억 속에서도 잊혀져서
아무도 너에 대해 이야기하지 않게 될 거야."

강의 이 말은 그대로 들어맞았습니다. 강은 오늘도 흐르고 있지만
불쌍한 연못은 나날이 황폐해지더니
수초가 연못 전체에 깊숙이 뒤덮였고
갈대들이 무성해지더니
마침내는 완전히 말라버렸습니다.

―――

이렇게 세상에 아무 도움이 안 되는 재능은 시들어
하루하루 약해지다가
나태해지면
더 이상 활동하지 못하게 됩니다.

8 뜨리쉬까의 농민 외투

어느 날 뜨리쉬까가 입은 외투의 팔꿈치가 뜯어졌습니다.
뭐 오래 생각할 것 있나요?
소매의 4분의 1을 잘라서
곧 바느질을 했습니다.
그러자 팔꿈치가 고쳐졌습니다.
팔이 4분의 1 정도 드러났을 뿐
다시 외투는 원래대로 되었습니다.
여태까지 뭘 고민했지?
그런데 모두들 뜨리쉬까를 비웃었습니다.
그러자 뜨리쉬까가 말하였습니다.

"난 그렇게 바보가 아니야.
지금 당장 가서 고칠 거야.
이전보다 더 길게 소매를 이어서 붙일 거야."

아, 어리석은 우리의 뜨리쉬까, 일은 그렇게 단순하지 않은 거야!
그는 뒤쪽 소맷자락과 앞섶도 잘라서는
소매를 이었고, 즐거워진 우리의 뜨리쉬까는
다 고친 외투를 입었습니다.
속옷이 다 드러나도록 짧은 외투를 말입니다.

―――

저는 이런 식으로 행동하는 다른 신사들을
종종 만나기도 했습니다.
그들은 일을 뒤죽박죽으로 처리하지요.
한번 보십시오.
뜨리쉬까의 외투를 입고 거들먹거리는 것을 말입니다.

2 기계 전문가

어느 한 젊은이가
큰 집을 샀는데,
그 집은 사실 오래되기는 했지만
매우 잘 지어진 것이었습니다.
튼튼하고 안락하며
모든 것이 갖추어진 집이어서
이 젊은이의 마음에 쏙 들었는데,
단지 하나 부족한 것이 있었습니다.
그 집이 물이 있는 곳에서
약간 멀리 떨어져 있었던 것입니다.
그는 곰곰이 생각했습니다.

"그래, 나는 내 재산에 대해 권리가 있지.
이 집은 내 것이니까.

기계들을 조종해서 강가로 옮겨야겠어.
(이 젊은이는 기계에 대해 매우 잘 알고 있었던 것 같습니다!)
집 밑에서부터 안으로 파들어가면서
썰매만 그 밑에 끌어다 놓으면,
집은 이미 그 위에 얹혀지게 되고
마치 내 손으로 직접 옮기는 것처럼
트랙터로 내가 원하는 곳에 이 건물을 세울 수 있을 거야.
그러면 이 세상에 다시없는 모습이 펼쳐지겠지.
내 집이 그곳으로 옮겨 가면
친구들과 함께 그 집에서 음악을 울리며
거대한 성찬을 즐기고
나는 사륜마차를 타고 새집으로 이사 갈 거야."

이런 허무맹랑한 생각에 빠져서
우리 기계 전문가는 바로 일을 시작했습니다.
일꾼들을 고용해서 집을 파고 또 파고
돈도 아끼지 않고 그 일에만 마음을 썼습니다.
그런데 그는 집을 옮길 수 없었답니다.
단지 얻은 것이라곤
집이 그를 망하게 했다는 것입니다.

―――

사람들은 이렇게

위험하면서도 어리석은
무모한 계획을 많이 세운답니다.

10 불과 다이아몬드

작은 불씨가 큰불로 번져
불길이 격렬하게 타오르면서
인기척 없는 한밤중에 건물을 타고 번졌습니다.
모두들 부산을 떠는 동안
다이아몬드가 떨어져
길가로 굴러 나와 먼지 속에서 아주 희미하게 빛나고 있었습니다.
그때 불이 말했습니다.

"정말 장난감 같구나, 내 앞에서는 보잘것없어!
내 빛이 비치거나 태양이 빛날 때
단순한 유리나 물방울과
너를 구별하려고 해도
눈이 아주 좋아야겠어!
그렇지만 나는 이런 말은 하지 않겠어.

이런 말은 하고 싶지 않지만

너는 참 안됐구나.

그 무엇도 네게는 어울리지 않을 거야.

그저 시시한 리본 조각이나 맞을까.

너의 빛을 흐리게 하는

가는 끈 하나가 너의 주위에 둘러지겠지.

그렇지만 나의 빛을 흐리게 하기란

쉽지 않을 거야.

나는 맹렬하게 타올라

이 건물을 삼켜버릴 거야.

봐라. 나는 이 불길을 잡으려는

사람들의 모든 노력을 경멸한다.

내가 접하게 될 모든 잡동사니를 다 태워버릴 거야.

그리고 나의 불빛은 구름을 물들이며

주위에 공포를 불러일으킬 것이다!"

그러자 다이아몬드가 대답했습니다.

"나의 빛이

너의 것에 비해 보잘것없지만,

적어도 나는 해를 끼치지는 않아.

아무도 나의

반짝임을 원망하거나

질투조차 하지 않지.

그런데 너는 파괴해버림으로써 빛을 발하지.
너를 완전히 꺼버리기 위해
모두 힘을 모아 애쓰는 것을 봐.
어쩌면 너의 종말이 더 가까이 와 있는지도 모르지."

그때 사람들이 힘을 모아 화재를 진압했습니다.
아침이 되자 한 줄기 연기와 악취만이 남았습니다.
다이아몬드는 곧 눈에 띄었고
너무나 아름다웠기 때문에 황제의 왕관에 장식되었습니다.

11 고독한 사람과 곰

필요할 때 받는 도움은 값진 것이지만
모든 사람들이 다 도움을 줄 수 있는 것은 아닙니다.
신이시여, 바보를 친구로 삼지 않게 하소서!
봉사 정신이 강한 바보는 적보다 더 위험한 법입니다.

———

가족도 없는 어떤 사람이 외롭게
산골에서 혼자 살고 있었습니다.
아무리 달콤하게 묘사해도 인생은 고독한 것인데
외롭게 사는 것을 즐기는 사람은 없을 것입니다.
우울함도 기쁨도 함께 나누는 것이 좋습니다.
사람들은 고독한 사람에게 말했습니다.

"당신은 초원과 어두운 참나무 숲, 언덕,
시냇물과 비단 같은 잔디들을
즐기지 않습니까?"
"말로는 멋지지요!
그런데 함께 말할 사람이 없으니 다 지루해요."

그렇게 고독한 사람은
너무나도 외롭게 살아온 것입니다.
어느 날 이 사람은 아무 이웃이라도
사귀려고 숲으로 들어갔습니다.
숲에서 그가
늑대와 곰을 제외하고 누구를 만나게 되겠습니까?
정말로 그는 큰 곰과 만나게 되었지만
아무 일도 일어나지 않았지요.
그저 모자를 벗고, 친근한 이웃에게 인사를 했습니다.
곰도 손을 내밀고
말이 오가는 사이에 통성명을 하게 된 그들은
친구가 되어
더 이상 헤어질 수 없는 사이가 되어서
하루 종일 붙어 다녔습니다.
우화나 어떤 우스갯소리이든 간에
무엇에 대해, 어떻게
이야기를 나누었는지
지금까지도 잘 모르겠습니다.

고독한 사람은 말을 하지 않았고
곰도 천성적으로 과묵했습니다.
그래서 싸움도 하지 않았지요.
하여튼, 신이 그에게 좋은 친구를 보내주어서
이 고독한 사람은 매우 기뻤습니다.
그는 곰을 따라 어디든지 갔으며
곰이 없으면 우울해했고
곰을 끝없이 칭찬했습니다.
어느 무더운 날 이 두 친구는
숲과 언덕을 따라
산 곳곳을 다녀보자는 생각을 하게 되었습니다.
그런데 사람은 곰보다 약하기 때문에
우리의 고독한 사람은
곰보다 빨리 지쳤고
친구인 곰보다 뒤처지게 되었습니다.
이를 본 곰은 분별력 있게도 이렇게 말했습니다.

"친구야, 좀 쉬어라.
자고 싶다면 그렇게 하렴.
쉬는 동안 내가 여기서 너를 지켜줄게."

고독한 사람은 온순한 사람이었습니다.
누워서 하품을 하고는
즉시 잠이 들었습니다.

곰은 몇 시간이고 아무 일 없이
그 자리에 있었습니다.
그런데 친구의 코에 파리가 앉았습니다.
곰은 친구에게 부채질을 하고
살펴보았는데
파리가 뺨으로 옮겨 갔습니다.
파리는 쫓아내면 다시
친구의 코에 앉고
계속해서 성가시게 구는 것이었습니다.
곰은 아무 말도 없이
무거운 돌덩이를 두 팔로 안고 와서
몸을 굽히며 생각했습니다.

"가만 있어, 내가 이 성가신 것을!"

그리고 파리가 친구의 이마에 앉자
있는 힘껏 이마에 돌덩어리를 던져버렸습니다!
그 공격은 아주 정확해서 친구의 두개골이 조각나버렸고
곰의 친구는 영원히 그 자리에 드러누워 있게 되었습니다!

12 생화와 조화

화려한 방의 활짝 열린 창문턱에,
그림이 그려진 도자기 꽃병에,
생화와 조화가 함께 꽂혀 있었는데,
조화들은 철사 줄 위에 얹혀
조잡하게 흔들어대면서
모두에게 자신의 아름다움을 멋들어지게 뽐내고 있었습니다.
이때 빗방울이 떨어지기 시작했습니다.
호박단으로 만든 조화들이 제우스에게 간청했습니다.

"제우스님이시여!
비를 멈추어주세요.
비가 내린들 아무짝에도 쓸모 없습니다.
이 세상에서 비보다 더 나쁜 것이 또 있을까요?
길거리에 나다닐 수도 없습니다.

여기저기 진창과 웅덩이들이 생길 뿐이지요."

그런데 제우스는 이 엉터리 기도에
주의를 기울이지 않았고
비는 계속해서 내렸습니다.
무더위를 씻어 내린 비는
공기를 시원하게 해주었고
만물이 생동감 있게 피어나서
녹음이 더욱 짙어졌습니다.
그때 창문턱에 있던 생화들은
모두 저마다의 아름다움을 만방에 알렸으며
비를 맞아 더욱 향기롭고
생생하고도 풍성해졌습니다.
그런데 불쌍한 조화들은 그때부터
아름다움을 잃고 쓰레기처럼
마당에 버려졌습니다.

―――

참된 명장은 비평을 들어도 의연합니다.
호된 비평은 그들의 뛰어남을 해칠 수 없습니다만
조화는 한 방울의 비만 내려도 무서워 떨게 됩니다.

13 농부와 뱀

뱀이 농부의 집으로 찾아와서는
일없이 헛되이 살지 않도록
농부의 아이 돌보는 일이라도 시켜달라고 부탁했습니다.
일해서 번 빵이 더 달콤한 법이지요!
뱀이 말했습니다.

"당신 인간들이 뱀에 대해서
성질이 악하다고
나쁜 말을 하고 있다는 것을 압니다.
감사할 줄 모르고 친구도 부모도 모르며
심지어 자기 자식까지 잡아먹어버린다는
평판이 예로부터 있어왔지요.
다 그럴 수 있습니다만 나는 다릅니다.
나는 한 번도 누구를 물어본 적도 없고

악을 싫어하며
만약 내가 혀 없이도
살 수 있다는 것을 알았더라면
혀를 날름거리지도 않았을 것입니다.
그리고 하는 말이지만, 나는 뱀 중에서
가장 착하답니다.
당신의 자식들을 내가 얼마나 아껴줄지
판단해보기 바랍니다!"

그러자 농부가 대답했습니다.

"만약 이것이 거짓이 아니라도
나는 널 받아들일 수가 없어.
우리가 사이좋게 지내게 된다면
착한 뱀 한 마리 때문에
수많은 악한 존재가 기어 들어와서
이곳에 어린애들은 남아나지도 않을 테니까.
내 친구여,
그래서 나는 가장 착한 뱀인 자네와
친하게 지낼 수 없고
너와 친해봤자 아무 쓸모도 없는걸."

———

이 세상의 아버지들이여,
내가 여기서 무엇을 암시하고 있는지 이해하시겠지요?

14 농부와 강도

한 가족의 가장인 농부가
시장에서 우유통과 암소를 사서
참나무 숲을 가로지르며
시골길을 터덜터덜 걸어 집으로 가는데,
갑자기 강도가 그 앞에 나타났습니다.
이 강도는 농부가 가진 모든 것을 남김없이 빼앗았습니다.
농부가 울면서 말했습니다.

"제발, 나는 이제 끝장났습니다.
당신은 아주 나를 죽이는군요!
일 년 동안 암소를 사려고 벼르다가
이제야 겨우 그날이 왔는데."

농부를 조금 불쌍하게 여긴 강도가 말했습니다.

"이봐, 내 앞에서 울지 마.
그럼 이렇게 하지.
나는 암소 젖을 짜진 않을 테니
우유통은 도로 가져가."

15 호기심

두 친구가 만났습니다.

"이보게 친구! 그래, 어디에 있었나?"
"꾼츠까메라 박물관[22]에 있었지, 친구! 세 시간이 훌쩍 지났지 뭔가.
놀라움에 가득 차서 모든 것을 보고 살폈지.
믿지 못하겠지만
자네에게 다시 이야기해줄 능력도 힘도 없다네.
그곳은 말 그대로 불가사의한 곳이야!
부자연스러운 기괴함이 펼쳐져 있는 곳이지!
나는 거기서 어떤 짐승도 새들도 보지 못했네!
나비, 곤충,
딱정벌레, 파리, 바퀴벌레!

---
22 꾼츠까메라 박물관: 희귀본 박물관. 뾰뜨르 대제 시대에 만들어진 러시아 최초의 박물관.

어떤 것은 에메랄드 같고, 어떤 것은 산호와 같이 값지더군!
그렇게 작은 딱정벌레라니!
사실 좁쌀보다 더 작았네!"
"그래, 코끼리는 없던가? 정말 눈도 좋군!
자네가 산만 한 코끼리를 봤을 것 같은데?"
"정말 그런 코끼리가 거기 있나?"
"거기 있지."
"이런, 이보게 잘못했군.
난 보통 코끼리도 못 봤지 뭔가."

16 사냥에 나선 사자

개, 사자 그리고 황소, 여우가
어찌 된 일인지 이웃에 살았고
그들 사이에
다음과 같은
약속이 이루어졌습니다.
같이 사냥하고
잡은 것을 모두 똑같이 나누기로 한 것입니다.
일이 어떻게 그렇게 되었는지는 모르지만, 아는 바로는 처음에
여우가 사슴을 잡았고
이 맛있는 먹이를 나누기 위해
친구들에게 연락했습니다.
사냥감은 정말이지 꽤 좋은 것이었으니!
모두들 왔습니다. 사자도 그곳에 도착했습니다. 그는 발톱을 문지르며
친구들을 죽 훑어보며

몫을 나누어주며 말했습니다.

"형제들, 우리는 모두 네 명이야.
지금 나누자! 여길 봐, 친구들,
이 부분은 내 것이야.
우리 약속에 의하면
내가 우리 중에서 제일 강하기 때문에
말할 필요도 없이 이 부분이 바로 나, 사자의 몫이란 말이야.
그리고 너희들 중에 여기에 조금이라도 손을 대면
곧바로 살아서 일어날 수 없게 해주지."

그리고는 사자가 사슴을 4등분해서 나누었습니다.

17 말과 기수

어떤 기수가 자기가 원하는 것은
무엇이든 할 수 있도록 말을 훈련시켰습니다.
말고삐를 거의 움직이지 않아도
말은 기수가 원하는 대로 행동하게 되었습니다.
한번은 기수가 이렇게 말했습니다.

"그런 말들을 훈련시키는 것은 쓸데없지.
옳지, 나에게 멋진 생각이 떠올랐어!"

그러고는 말에게서 굴레를 벗기고, 들판으로 데리고 나갔습니다.
해방감을 느낀 말은
처음엔 몇 발자국
조심조심 걸었고,
곧 머리를 위로 쳐들고 갈기를 흔들어대더니

들뜬 몸짓으로 내달렸으며,
주인은 잠시 흥분했지만
이내 자신이 지나치게 방심했음을 깨닫고
곧 이 준마를 제지시켰습니다.
말은 피가 들끓고 눈길은 불타올랐습니다.
이제 더 이상 기수의 말을 듣지 않고
넓은 들판을 가로질러
전속력으로 달렸습니다.
우리의 불행한 기수는 허망하게
떨리는 손으로
말의 굴레를 다시 씌우려고 했습니다.
그러나 말은 더욱 성내며 날뛰더니
마침내 기수를 자기 등에서 떨어뜨렸습니다.
그렇게 질풍노도와 같이 돌진하던 말은
빛도 길도 보지 못하고
온 골짜기를 내달리던 중
상처를 입고 죽게 되었습니다.
슬픔에 잠긴 기수가 말했습니다.

"나의 불쌍한 말아, 네가 죽은 것은
내 죄다!
내가 너에게서 굴레를 벗겨내지 않았다면
너를 잘 다룰 수 있었을 텐데.
네가 나를 떨어뜨리지 않았더라면

불쌍하게 다쳐서 죽지도 않았을 텐데!"

―――

아무리 자유가 유혹적이라도
사람들이
그것을 감당할 이성을 지니지 못한다면
적지 않은 파멸을 초래하게 됩니다.

18 농민과 강

강과 개울이 흘러넘쳐 생긴
피해 때문에
농민들은 울화통을 터트리며,
시냇물과 작은 강줄기가 모여드는
강에게 호소하러 갔습니다.
그런데 그곳에는 많은 것들이 떠내려와 있었습니다.
가을에 추수한 작물,
방앗간에서 찧고 나서 씻어낸 것들,
익사한 가축 등 생각지도 못했던 것들이었습니다!
강은 조용히 그리고 유유히 흐르고 있었습니다.
강가에는 큰 도시들이 서 있었지만
결코
지금까지 그런 일은 없었습니다.
틀림없이 강이 이 사태를 진정시킬 것이라고

농민들은 생각했습니다.
달리 무슨 수가 있겠습니까?
강으로 가까이 다가가서 그들은
그들 재물의 반이 강가로 옮겨졌다는 것을 알게 되었습니다.
농민들은 자기 눈으로 확인했습니다.
그러고는 서로 쳐다보며
고개를 저으면서
집으로 돌아갔습니다.
그곳을 떠나면서 말했습니다.

"무엇 때문에 우리 시간을 낭비하겠나!
우리 늙은이들과 절반씩 나누게 될
저곳의 젊은이들과 부딪치지 않기로 하지."

19 착한 척하는 여우

봄날에 어느 사냥꾼이 꾀꼬리를 쏘아 죽였습니다.
불행은 여기서 그만 끝났으면 좋으련만
그런 일은 없는 법이라,
세 마리의 아기 새가 위험에 처하게 되었습니다.
사냥꾼은 이 불쌍한 아기 새들을 고아로 만들어버렸던 것입니다.
이제 막 껍질을 깨고 나와 이성도 힘도 없는
아기 새들은 배고픔과
추위를 참으며
부질없이 엄마를 부르며 빽빽 울어대고 있었습니다.
그러자 여우가 아기 새의 둥지 맞은편 돌 위에 앉아서
다른 새들에게 말했습니다.

"이 어린 새들을 보고
어떻게 아무 일도 하지 않을 수가 있지?

그들이 불쌍하지도 않나?
어린 것들을 저대로 내버려두어서는 안 돼.
불쌍한 아기 새들에게 뭐라도 가져다주고
그들의 둥지에 지푸라기라도 깔아주어야지.
그들을 보살펴주어야 해.
착한 행동에 복이 있을 거라고!
봐라, 뻐꾸기야, 네가 털갈이를 할 때
쓸모 없이 흘려버리기보다는
털을 조금 뽑아서 침대에 깔아준다면 더 좋지 않겠니.
종달새야, 너는 저 높이
공중제비 돌듯이 날아오르지 말고
밭이나 초원에서
이 고아들에게 나누어줄 먹이나 찾으렴.
산비둘기야, 이제 너의 자식들은 다 자라서
자기 힘으로 먹이를 구할 수가 있잖니.
너의 둥지에서 벗어나
엄마를 대신해서 어린 고아들과 함께 살고
너의 새끼들은 그만
신의 보호 아래 놓아주렴.
제비야, 너는 작은 벌레라도 잡아서
부모 없는 이 아기들에게 먹이렴.
아, 사랑스러운 꾀꼬리 너는,
너도 알다시피 모두들 너의 목소리에 매혹되는데
서풍이 그들의 둥지를 흔드는 동안에

너의 목소리로 아기 새들에게 자장가를 불러주렴.
아기 새들의 쓰디쓴 비애를
너희들의 그 부드러움으로 대신하리란 것을 굳게 믿는다.
네 말대로 이 숲 속에
선량한 마음이 있다는 것을 증명해보자…….″

여우가 이렇게 말을 늘어놓는 동안
불쌍한 세 마리 아기 새는
배고픔으로 평온하게 앉아 있지 못하고
여우가 있는 아래쪽으로 떨어져버렸습니다.
그럼 여우는 무엇을 했을까요? 바로 그들을 잡아먹고는
더 이상 교훈들을 늘어놓지 않았지요.

―――

독자 여러분, 놀라지 마십시오!
진정한 선은 말로 되는 것이 아니라
침묵 속에서 그 선을 행하는 것입니다.
누군가 선한 일에 대해서 모두의 귀에 대고 떠들어댄다면
그것은 다른 속셈이 있는 선일 뿐,
그렇기 때문에 그 어떤 손해날 것은 없는 것입니다.
실제로 그런 사람들은 모두들
바로 여우와 같은 종류이지요.

20 공정한 회의

어떤 제도도 무모하다고 할 수는 없지만
만약 양심이 없는 사람들 손으로 처리된다면,
그들은 항상 그들이 원하는 곳에서
수완을 발휘하기 위해
간계를 꾸미게 됩니다.

―――

늑대가 암양들의 우두머리로 임명해달라고 사자에게 부탁했습니다.
친구 여우들은 애를 써서
사자에게 늑대를 지지하는 말을 올렸습니다.
그런데 늑대들에 대한 세상의 평가는 나빴고
분명히 사자가 그들의 됨됨이를 알고 있는 터라
전체 동물들을

공동 회의에 소집하고

다른 이에게 늑대가 선한지 악한지를 알아보라고 명령했습니다.

그 명령대로 모든 짐승들이 모였습니다.

회의장에서 관리들은 점잖게 투표를 했습니다.

그렇지만 늑대를 반대하는 동물은 아무도 없었고

늑대는 양 우리에 배치되었습니다.

그럼 양들은 뭐라고 말했을까요?

회의에 그들이 참석하기나 했을까요?

아닙니다! 모두들 양을 잊어버린 것이었습니다!

무엇보다 양들에게 먼저 물어봐야 했는데 말입니다.

제5권

1 제미안의 생선 수프

제미안이 친구 포까에게
생선 수프를 대접하고 있었습니다.

"이보게, 친구!
제발 어서 들게."
"이보게, 나는 목까지 꽉 차도록 먹었어."
"그럴 필요 없어,
여기 한 접시 더 있네, 들어보게.
생선 수프가 참 잘됐네, 쭉 들게!"
"나는 세 접시나 먹은걸."
"먹고 싶은데 뺄 것 뭐 있나,
그러니 제발 다 들게나!
참으로 좋은 생선 수프로군!
참으로 기름지군!

투명한 호박 보석이 얇게 덮인 것 같네.
땀을 흘리는군, 이 친구!
여기 쥐노래미와 내장이 있고
또 철갑상어 토막도 있어!
한 숟가락이라도 더 들게!
여보, 더 권해보구려!"

그렇게 제미안은 이웃 사람 포까에게
쉴 사이도 주지 않고 수프를 대접했습니다.
그런데 포까는 이미 땀을 비 오듯이
줄줄 흘리고 있었습니다.
그렇지만 또 한 접시를 집어 들고
마지막 힘을 끌어 모아 말끔히 비웠습니다.
그러자 제미안이 소리쳤습니다.

"이래서 난 자네가 좋다니까!
나는 체면 차리는 사람은 못 참겠어.
여기 한 접시 더 먹게나, 친구!"

우리의 가엾은 포까는
생선 수프를 좋아하지도 않았는데
제미안 때문에 견디기 어렵게 되어
허리띠와 모자를 양손에 쥐고는
서둘러 정신없이 집으로 돌아간 뒤

다시는 제미안 집에
발걸음도 돌리지 않았습니다.

―――

작가들이여,
직선적으로 이야기할 수 있어 행복하겠지만
입을 다물어야 될 때를 몰라서
가까운 사람들의 귀를 괴롭힌다면
그때는 당신의 이야기도, 시도
제미안의 생선 수프보다
더 역겨운 것으로 바뀐다는 것을 아십시오.

2 쥐들의 대화

쥐 한 마리가 뛰어가며
친구 쥐에게 말했습니다.

"이봐, 그 소문 들었어?
고양이가 사자에게 잡혔다고
모두들 말하던데 못 들었어?
이제야 우리에게 쉴 수 있는 때가 왔어!"

그러자 친구 쥐가 대답했습니다.

"친구, 너무 좋아하지 말고
헛된 기대는 버리게!
만약 고양이가 사자의 발톱까지 다가갔다면
아마 사자는 살아 있진 못할 거야.

고양이보다 더 센 동물은 이 세상에 없어!"

―――――

나는 몇 번이나 이런 점을 주목해서 보았습니다.
겁쟁이가 누군가를 두려워할 때
이 세상도 자기와 같은 눈으로
그 대상을 바라본다고 생각합니다.

3 검은방울새와 비둘기

검은방울새가 단단한 덫에 걸렸습니다.
이 불쌍한 새는 기를 쓰고
빠져나오려고 몸부림치는데
어린 비둘기가 방울새를 놀려댔습니다.

"환한 대낮인데 덫에 걸리다니
부끄럽지도 않니!
내가 장담하건대
나는 그렇게 속아 넘어가지 않을 거야."

그런데, 바로 그 비둘기가
올가미에 걸려들었습니다.
정말로 걸려든 것입니다!

―――

비둘기야,
다른 사람의 불행을 비웃지 말거라.

4 잠수부들

옛날에 어떤 황제가
지독한 의혹에 빠졌습니다.
학문은 이로움보다는 해로움이
더 많지 않을까?
학문이 학자의 심장도 손도
약하게 만들고 있지 않을까?
그러니 모든 학자들을
왕국에서 쫓아내버린다면
황제로서 더 현명하게
행동하게 되지 않을까?
그러나 자신은 황제의 자리에 있으면서
백성들의 행복을 위해
온 마음을 바쳐 걱정했고
그 행복을 위해

어떤 변덕스러운 행동이나
편견에 치우친 행동은
하지 않았기 때문에
황제는 위원회를 열도록 명령했고
그 위원회의 위원들은
비록 화려하지 않은 문장이지만
그 의미가 명백히 드러나도록
그렇다 혹은 아니다, 라고
자신의 의견을 나타냈습니다.
학자들을 이 왕국에서
모두 쫓아내버릴 것인가
아니면 지금처럼 그대로 남겨둘 것인가?
그런데 어떤 이는 자신이 직접 주장했고
누군가는 대변인을 시켜 의견을 나타내는 등
위원회의 논의는 오히려
상황을 더욱 애매하게 만들어
황제의 이성은 더욱 혼란스러워져
주저하게 되었습니다.
어떤 이들은
인간이 말 못 하는 동물들보다
무지하기를 신께서 원했다면
신이 우리들에게
천상의 일을 이해하는 이성도 어떤 재능도
주지 않았을 것이지만,

학문은 전적으로 신의 뜻에 따라 이루어진 것이며
사람들을 행복으로 인도할 것이라고 했습니다.
반면에 다른 이들은 학문으로 인해
사람들이 더 나쁘게 되어버렸다고 확신했습니다.
즉 학자들의 모든 헛소리 때문에
성격만 나빠지고
계몽에 힘쓰다가는
세상에서 가장 강한 왕국도
망한다고 말했습니다.
간단히 말해서 양쪽 모두
실제로 무의미한 말만 해대며
비판적인 의견만 개진하는 바람에
학문에 관한 논쟁은
결론을 맺지 못했습니다.
황제는 더욱더 많은 일을 했습니다.
도처에서 현자들을 불러 모아
모임을 만들었고
학문에 대한 논쟁은
그들에 의해 재판대에 올려졌습니다.
그러나 이 방법도 별로 신통치 않은 것이어서
황제는 그들에게 헛되이 많은 봉급만 주게 되었습니다.
서로간의 불협화음은
그들을 위한 진정한 보물이 되었고
만약 그럴 의지가 있었다면

오늘날까지도 회의를 하면서
수당을 받았을 것입니다.
그러나 황제는 공공연히
국고를 낭비하는 사람이 아니었기 때문에
그것을 깨닫고는 모임을 곧 해산시켰습니다.
그사이에 황제는
더욱더 의심에 빠져들었습니다.
고민으로 하루하루를 지새다가
황제는 들판에 나가게 되었고
그때 큰 책을 든
흰 수염의 은둔자가
앞에 있는 것을 발견했습니다.
은둔자는 눈매가 엄해 보였지만
불쾌해 보이지는 않았습니다.
좋은 인상과 선한 미소가
그의 입 주위를 맴돌았고
이마의 깊은 주름은 지혜를 보여주었습니다.
황제는 은둔자와 대화를 시작하게 되었고
은둔자의 무한한 지식을 간파하고는
중요한 그 문제를 해결해달라고 부탁했습니다.

"학문이 이로운 것이겠는가, 해로운 것이겠는가?"

그러자 은둔자가 대답했습니다.

"황제 폐하!
제가 여러 해 동안 깊이 생각하고 있는
간단한 우화 한 편을 들려드리겠습니다."

그러고는 은둔자는 생각을 가다듬고
이야기를 시작했습니다.

"인도의 한 어부가
바닷가 근처에서 살고 있었습니다.
오랫동안 가난과 고난을 겪다가
어부는 죽게 되었고
세 명의 아들이 남았습니다.
그러나 이 아들들은
고기잡이를 했기 때문에
가난하게 살았다고 여기고
가업을 잇지 않고
바다에서 고기가 아니라 진주를 캐어서
더 부자가 되려고 했습니다.
그들은 수영도 잠수도 할 줄 알았기 때문에
진주를 캐는 일에 직접 나섰습니다.
그런데 이 세 명의 결말은 각각 달랐습니다.
다른 두 형제보다 게으른 한 아들은
항상 해변가를 어슬렁거렸고

심지어 자기 발은 바닷물에
적시려고도 하지 않으므로
파도가 실어다 놓은
진주만 겨우 줍고는
그렇게 게으르게
겨우겨우 생계를 꾸려나갔습니다.
다른 한 아들은
어려움을 조금도 두려워하지 않고
자기 힘으로 깊은 곳을
찾아다니며
많은 진주를 바닥까지 샅샅이 뒤져
계속 부자로 살았습니다.
그런데 세번째 아들은
재물에 대한 탐욕이 강해서
자신이 직접 판단했습니다.

'가까운 해안가에서
진주를 찾을 수도 있지만
그런 횡재를 한다는 보장이 없으니
가장 깊은 바다 속까지 들어가면
얻을 수 있지 않겠어?
그곳에 산호, 진주, 보석들이
이루 헤아릴 수 없이
산처럼 쌓여 있을 테니까

도착하기만 하면
그것을 손에 넣을 수 있을 거야.'

이런 생각에 현혹되어
어리석은 이 아들은
시커멓게 펼쳐진 바다 깊은 곳을 찾아서
곧장 들어갔습니다.
순식간에 바다에 빨려 들어가
그 허황된 생각 때문에
바닥에 닿지도 못하고
자기 목숨을 바쳤습니다."

이야기를 마친 현자가
덧붙여 말했습니다.

"아, 황제시여!
비록 우리가 학문에서
많은 선한 동기를 보고 있지만
악한 이성은 그 심연에서
자신을 파멸로 이끌고,
차이는 있겠지만
종종 자신과 함께 다른 사람까지
재난으로 끌어들이고 맙니다."

5 늙은 여주인과 두 명의 하녀

몹시 꼼꼼하고
극성스러우며 불평만 해대는
늙은 여주인에게
두 명의 하녀가 있었는데
아침부터 밤늦게까지
손이 쉴 틈도 없이
실을 잣고 있었습니다.
불쌍한 어린 하녀들은
다른 도리가 없었습니다.
평일에도 명절 때도 마찬가지였습니다.
늙은 여주인은 참을성이 없었습니다.
낮에 그녀는 실을 잣는 일을 시키며
숨 쉴 틈도 주지 않았습니다.
모두가 잠자는 이른 새벽일지라도

하녀들은 물레를 돌리고 있어야 했습니다.
가끔 늙은 여주인이 늦잠을 잘 수도 있다지만
이 집에는 저주받을 수탉이란 놈이
살고 있었습니다.
수탉이 울면 주인은
일어나 짧은 모피 외투를 걸쳐 입고
모자를 쓴 후에
불타고 있는 난로 가에서 중얼거리고 나서
곤히 자고 있는 하녀들에게로 걸어와
뼈만 앙상한 손으로 그들을 재촉하고
지팡이를 두드리며
하녀들에게서 새벽의 달콤한 꿈을 쫓아버립니다.
늙은 여주인과 무엇을 할 수 있겠습니까?
가엾은 하녀들은 얼굴을 찌푸리고
하품을 하며 몸을 움츠리고
비록 원하는 바는 아니지만
따뜻한 침대에서 내려옵니다.
수탉이 울어 또다시
새로운 날이 시작되어
여주인과 하녀들의
똑같은 일상이 반복됩니다.
여주인은 하녀들을 깨우고
실 잣는 일로 괴롭힙니다.
실 잣는 하녀들은

입 속으로 수탉에게 중얼거립니다.

"잘 잤지, 이 악마야!
네 놈의 노래가 없었다면
아마 더 잤을 텐데.
네 놈이 화근이야!"

그러고는 기회를 잡자
동정심도 없이
하녀들은 수탉의 모가지를
비틀었습니다.
어떻게 되었을까요?
하녀들은 좀더 일이
수월해지기를 기다렸지만
사실 그 반대로 되어
완전히 예상을 빗나갔습니다.
사실 수탉은 더 이상 울지 않으니
그들을 괴롭히는 악당이 없어진 셈이지만
늙은 여주인은 시간을 낭비하는 게 두려워서
눕자마자 눈 붙일 틈도 주지 않고
이른 새벽에 매번 하녀들을 깨웠는데
수탉은 전에 한 번도 그렇게는 하지 않았지요.
뒤늦게서야 하녀들은 작은 불씨로
큰 불길을 일으켰다는 것을 깨달았습니다.

이렇게 성가신 일을 벗어던지기 위해
종종 이와 같은 행동을 하곤 합니다.
손에서 하나를 쫓아내려고 하자마자
다른 큰 재난을 초래하고 말았습니다!

6 돌과 애벌레

밭에 박혀 있는 돌이
비에 대해 이야기했습니다.

"여기서 이렇게 시끄럽게 굴다니!
버릇없는 것들 같으니라고!
비가 내리니까 모두들 기뻐하다니!
반가운 손님인 양 그렇게 기다리던데
도대체 비가 무슨 일을 했는지 알겠니?
겨우 두세 시간 내렸을 뿐인데.
나에 대해서나 이것저것 물어봐!
나야말로 평생을 여기에서 살았지.
항상 조용하고 겸손하게 말이야.
나를 어디로도 던지지 않아서
나는 얌전히 누워 있었는데

내게는 고맙다는 말이
결코 들려오지 않았어.
사실 사람들이 세상을
욕하는 데는 이유가 있지.
세상에서 나는 공정함이라고는
본 적이 없어."

그러자 애벌레가 말했습니다.

"조용히 해!
그 비가 아무리 잠깐 내렸다 해도
가뭄을 가시게 하고
밭을 흠뻑 적셔주어서
농부에게 희망을 일깨워주었는데
너는 쓸데없이 밭만 내리누르고 있잖아."

―――

어떤 사람은 40년 동안 일해온 것을
자랑이라고 말하지만
이 돌과 마찬가지로
전혀 쓸모 없는 존재입니다.

7 벌꿀을 훔친 곰

어느 봄날 동물들은
곰을 벌집 감시인으로 임명했습니다.
꿀을 몹시도 좋아하는 곰 대신에
보다 더 믿음직한
다른 동물을 뽑을 수 있었다면
후회하지 않았을 텐데.
그러니 동물들에게
그 저의나 한번 물어보십시오!
아무리 벌집 지키는 일을 부탁해도
모두 거절해서 물리쳤는데
우습게도 곰이 그 자리에
앉게 된 것입니다.
그러나 죄는 드러났지요.
우리의 곰은 꿀을 모두 훔쳐

자기 굴로 가져갔습니다.
모두들 이것을 알아차리고
비상이 걸려
절차에 따라 재판이 열리게 되었고
곰은 자리에서 쫓겨났으며
겨울 동안 굴속에서 누워 지내라는
명령을 받았습니다.
그 명령은 곧 실행에 옮겨졌지만
그러나 꿀을 전부 되돌려 받지는 못했습니다.
하지만 곰은 조금도 개의치 않습니다.
곰은 세상과 이별하고
따뜻한 굴에 들어앉아
꿀을 손가락으로 빨면서
봄을 기다리고 있으니까요.

8 거울과 원숭이

원숭이 한 마리가 거울에 비친
자신의 모습을 보면서
조용히 곰에게 손짓하고는 말했습니다.

"좀 보렴, 착한 내 친구야!
저기 저 추한 얼굴이 뭐지?
얼마나 찡그리고 울퉁불퉁한 얼굴인지!
내가 저 얼굴을 조금이라도 닮았다면
상심해서 죽고 말았을 거야.
내 친구들 가운데 저렇게
찌푸린 얼굴을 가진 원숭이가
솔직히 대여섯 정도는 있지만
저렇게 생긴 원숭이는
손가락으로 꼽을 정도야."

그러자 곰이 원숭이에게 대답했습니다.

"어렵게 세지 말고
너 자신을 보는 게 더 낫지 않을까?"

그러나 곰의 충고는
부질없는 것이 되고 말았습니다.

―――

세상에 그런 일들은 많습니다.
어느 누구도 자신의 본질을
알고 싶어하지 않습니다.
나만 해도
어제 끌리므이치의 손이
더럽다는 것을 보았고
모두들 끌리므이치가
뇌물을 받았다고 여기고 있지만
정작 그는 뽀뜨르에게
죄를 떠넘겼습니다.

9 모기와 목동

개들이 감시해줄 것을 믿은 목동은
그늘 아래에서 잠이 들었습니다.
뱀이 풀 덩굴에서 나와
목동이 있는 쪽으로
혀를 낼름거리며 기어가고 있었습니다.
모기가 목동을 가엾게 여겨
있는 힘을 다해
이 잠꾸러기를 깨물지 않았다면
목동은 아마 죽었을 것입니다.
잠에서 깬 목동은 뱀을 잡아 죽였습니다.
그러나 그보다 먼저 목동은 잠결에
불쌍한 그 모기를 잡아서
흔적도 없이 눌러버렸습니다.

―――

그런 예가 적지 않지요.
강자가 약자를,
활동적인 사람이 보통 사람을
정의에 눈뜨게 하려고 시도할 때
바야흐로 모기에게 일어났던 일이
그에게도 일어날 것입니다.

10 농부와 죽음

가난에 찌들리고 일에 지쳐
몹시 여윈 한 노인이
추운 겨울날 나뭇가지를 주워 모아
무거운 짐을 진 채 끙끙거리며
한숨을 쉬면서
자신의 오막살이집으로
느릿느릿 걸어가고 있었습니다.
짐을 지고 가다가 지쳐서
그는 멈추고는
나뭇단을 어깨에서 벗어
땅 위에 내려놓고
그 위에 걸터앉아 한숨을 쉬며
이런 생각을 했습니다.

'신이시여!
나는 왜 이리 가난한지요!
모든 것이 부족합니다.
게다가 또 아내와 아이들이 딸려 있고
인두세에, 부역, 소작료 등…….
이 세상에서 내게 언제
단 하루라도 기쁜 날이 있었습니까?'

아주 의기소침해져서
그는 자신의 운명을 탓하며
죽음을 불렀지요.
죽음은 산 너머 멀리 있는 것이 아니라
바로 우리 어깨 뒤에 있습니다.
죽음이 순식간에
모습을 드러내며 말했습니다.

"어째서 나를 불렀나, 할아범?"

불쌍한 노인은 죽음의 잔혹한 태도에 놀라서
멍한 상태로 간신히 중얼거릴 뿐이었습니다.

"만약 당신이 화내지 않는다면
내 나뭇짐을 들어주면
안 될까 하고 불렀습니다."

―――

이 우화에서 우리는
사는 것도 괴롭지만
죽는 것은 더 힘들다는 것을
알 수 있을 것입니다.

11 기사

옛날에 한 기사가
큰 모험에 나설 결심을 한 후
마법사에게 대항하고
유령을 물리치기 위한
싸움 준비를 했습니다.
기사는 갑옷을 입고 나서
현관 계단 쪽으로
말을 끌고 오라고 하인에게 명령했습니다.
말등에 오르려다가 그는
문득 말에게 다음과 같은 말을
해주어야겠다고 생각했습니다.

"듣거라, 부지런하고 충성스러운 말아,
들판과 산을 넘어 참나무 숲을 통과하여

너의 눈길이 가는 곳으로 달리거라.
그리고 기사도에 따라
영광의 사원으로 이르는 길을 찾거라!
내가 악한 적들을 물리치면
중국의 공주와 결혼하게 될 것이고
두세 개의 나라를 정복하게 되면,
내 친구야, 너의 노력을 잊지 않으마.
모든 영광을 너와 함께 나눌 것이다.
너를 위해 거대한 궁전 같은 마구간을
지어주라 명령하고
여름에는 너에게 물기를 머금은
목초지를 할당해줄 것이다.
지금은 귀리로 연명하고 있지만
우리에게 모든 것이 풍요로워질 때는
보리를 먹여주고
꿀물을 실컷 마시게 해주마."

그리고 기사가 말안장에 뛰어올라
말고삐를 내리치자
말은 현명하게 어디로도 가지 않고
바로 마구간으로 달려 들어가버렸습니다.

12 그림자와 사람

장난을 좋아하는 한 사람이
자기 그림자를 잡으려고 했습니다.
그가 그림자 쪽으로 다가가면
그림자는 더 물러나고
한 발자국 내디딜수록
그림자는 저만치 달아나버립니다.
마침내 이 사람은 달려갑니다.
그러나 그가 달리면 달릴수록
그림자는 더 빨리 도망가고
금은보화라도 얻으려는 것처럼
그림자를 잡으려는 그 시도는
완전히 실패했습니다.
그때 우리의 이 기이한 사람은
갑자기 뒤로 물러났습니다.

주위를 둘러보자 그림자는
뒤에서 자신을 뒤쫓고 있었습니다.

―――

여러분, 저는 이런 일을 여러 번 들었습니다.
여러분은 어떤 생각을 하고 있습니까?
아닙니다.
사실 문제는 당신에게 있는 것이 아니라
그림자를 잡을 수 있는 행운이
우리에게 찾아오지 않는다는 데 있습니다.
어떤 이는 그림자를 따라잡으려고
있는 힘을 다해 노력하면서
시간과 노력을 허비합니다.
또 어떤 사람은 그림자로부터
완전히 달아나는 것 같지만
오히려 그림자가 그를 쫓아옵니다.

13 농부와 도끼

오두막을 짓고 있던 한 농부가
자기 도끼에게 화를 냈습니다.
그 남자는 도끼가 낡았다고 욕을 했습니다.
그 자신이 엉터리로
도끼질을 하고 있으면서
모든 죄를 도끼에게 덮어씌웠습니다.
욕을 해대며
그 원인을 추궁했습니다.
어느 날 그가 소리쳤습니다.

"쓸모 없는 것 같으니라고!
이 순간부터 너는 내 집에서
말뚝을 평평하게 깎는 일을
하게 될 것이다.

이제 나는 너 같은 도끼는 쓰지 않고도
내 지식과 내 힘만 가지고도
편하게 일할 수 있다.
보통 칼로 집을 지었으면 지었지
너 같은 도끼로는 어떤 것도 베지 않을 테다."

농부의 악담에 도끼가
온순하게 대답했습니다.

"나의 의무는 당신이 지시하는 대로
베는 것입니다.
나의 거룩한 주인님,
저는 뭐든지 당신에게
봉사할 준비가 되어 있습니다.
다만, 나중에 슬퍼하지 않으려면
잘 생각해보십시오.
당신은 나를 헛되이
휘둘러대고 있지만
칼을 가지고는 어떻게 해서도
집을 지을 수가 없을 것입니다."

14 사자와 늑대

사자가 아침거리로
어린 양을 잡았는데
개가 그 주변을 돌다가
사자의 발톱에서
먹이를 빼앗아 갔습니다.
그러나 동물의 왕인 사자는
조금도 노여워하지 않고 참았습니다.
그 개는 멍청하고
아직 어렸으니까요.
이를 본 늑대는
사자가 힘이 약하다고
당연히 생각하게 되었고
사자가 그렇게 온순한 이상
늑대도 어린 양이 있는 쪽으로

발을 뻗었습니다.
그러나 늑대에게는
나쁜 일이 일어났습니다.
늑대 자신이 먹잇감으로
사자에게 잡힌 것입니다.
사자는 이렇게 중얼거리며
늑대를 갈기갈기 찢어 죽였습니다.

"이봐! 개를 보고
내가 너도 눈감아줄 거라 생각했겠지.
개는 아직 멍청하지만,
너는 이미 풋내기가 아니라서 말이야!"

15 개, 사람, 고양이 그리고 매

개, 사람과 고양이 그리고 매가
어느 날 영원하고,
아부하지 아니하며,
진실하고 순수한 우정을
서로에게 맹세했습니다.
그들은 공동의 집이 있었고
식탁도 거의 같이 사용할 정도입니다.
그들은 기쁨도 슬픔도 함께 나누고
서로서로 도우며
서로서로 보살펴주자고 맹세했습니다.
그리고 만일 필요하다면
서로를 대신해 죽을 수도 있다고 서약했습니다.
어쩌다가 그들은 함께 사냥에 나섰는데
우리 친구들은

집에서 멀리 떨어진 곳에서
지치고 힘이 들어서
시냇가에서 쉬려고 자리를 잡았습니다.
모두들 눕거나 앉아서
잠시 졸았는데
갑자기 숲에서
곰이 입을 크게 벌리며
그들에게로 다가왔습니다.
이 위기를 알아챈
매는 하늘로,
고양이는 숲으로 도망가고,
사람은 곰에게 살려달라고
빌어야 될 신세가 되었지만
충실한 개가
사나운 곰을
물고 늘어지며 싸웠습니다.
곰이 개를 아무리 심하게 때릴지라도
개는 아픔과 악에 받쳐 울부짖으면서도
곰을 뼛속까지 물어뜯으며
온 힘이 다할 때까지 목숨을 걸고
매달려서 입을 벌리지 않았습니다.
그런데, 사람은 어떻게 되었을까요?
부끄럽게도 우리들 중 어떤 사람도
충성심에 대해서는

개와 비교할 만한 사람이 없습니다!
개가 곰과 싸울 동안,
사람은 자기 무기를 움켜쥐고서
정신없이 집으로 도망쳐버렸습니다.

―――

말로는 충실하거나 봉사하기가 쉽습니다.
그러나 곤경에 처했을 때
참다운 친구를 알아볼 수 있습니다.
그런 친구는 아주 드물지요!
그리고 내가 종종 본 대로 이야기하자면
어떤 이들은
이 우화에 등장한 충실한
개와 같은 다른 이의 도움으로
걱정거리로부터 구출되고
벗어나게 되지만
정작 도와준 사람을
재난 속에 내버리고
그 사람을 험담하며
다니기까지 합니다.

16 손발의 통풍과 거미

바로 지옥이 손발의 통풍(通風)과 거미를

세상에 태어나게 한 장본인입니다.

라퐁텐[23]은 이 소문을 세상에 퍼뜨렸습니다.[24]

그것이 얼마만큼 사실인지,

어떻게 그런지,

이유가 무엇인지를

가늠해보거나

---

23 Jean de La Fontaine(1621~1695): 프랑스의 우화 작가로 그의 대표작은 12권으로 이루어진 『우화시집』이다. 약 240편의 우화시가 묶여져 있는데 예지와 교묘한 화술로 폭력을 제압한 고대의 노예 이솝에 대한 공감과 우화 장르로서의 가능성에 대한 흥미에서 출발하여 이솝·동양 우화를 비롯한 다양한 소재를 독창적 수법으로 다루었을 뿐 아니라 서정·풍자·경묘(輕妙)한 대화·콩트 풍 등 모든 패턴을 구사하며, 일종의 자유시형으로 노래하였다. 시구(詩句)의 거의 완벽한 음악성 및 동물을 의인화하여 인간 희극을 부각시키는 절묘함 등은 후세의 모방을 불가능하게 하였으며 오늘날에도 어린이들에게까지 친숙한 우화 작가로 알려져 있다.
24 라퐁텐은 이 소문을 세상에 퍼뜨렸습니다: 이 말은 라퐁텐의 같은 제목의 우화를 지칭한다.

재어보지는 않을 것입니다.
게다가 의심스럽지만
우화들에 대해서는
그를 믿을 수 있을 것도 같았습니다.
그리고 사실 지옥에 의해서
통풍과 거미가 태어났다는 말이
그리 의심스러운 것도 아니었습니다.
그들은 자라났으며
임무를 주어야 할 시기가 왔기에
(책임감 있는 아버지들에게 있어
일거리가 없는
장성한 자식들은 부담입니다!)
그들을 세상에 내보내며
아버지가 그들에게 말했습니다.

"애들아, 너희들은 세상으로 나아가
영토를 나누어 가지거라!
너희들에게 큰 희망이 있으니
모두들 그곳에서 명예를 지키고
사람들을 골고루 괴롭게 하거라.
보아라, 너희들 중 누가
저 앞에 있는 영지를 가지겠느냐?
화려한 방이 저곳에 있지?
그리고 초라한 오막살이도 저기 보이지?

한 곳은 매우 아름다운 공간이지만
다른 곳은 비좁고
고난에 찬 가난한 곳이다."

이때 거미가 말했습니다.

"저는 오막살이는 필요 없어요."

그러자 통풍이 말했습니다.

"제게는 화려한 방이 소용없어요.
저 화려한 방에는 거미 오빠를 살게 해주세요.
약국에서 멀리 떨어진 시골에서는
기꺼이 제가 살겠어요.
부잣집 대저택에서는
의사들이 나를 몰아낼 거예요."

이렇게 애원하면서 남매는
세상으로 나가서 모습을 드러냈습니다.
거대한 아파트에
거미는 자기 구역을 정했습니다.
두껍고 화려한 비단과
금도금을 한 창문틀을 따라
거미집을 넓혔고

파리를 실컷 잡았으면 좋았겠지만
새벽녘에야 겨우 집 짓는 일을 끝냈는데
하인들이 솔로 모두 쓸어버렸습니다.
우리 거미는 참을성이 있습니다.
거미는 난로 가로 옮겨 갔는데
거기서는 빗자루가 쓸어버립니다.
이리저리 옮겨 다니던 불쌍한 거미!
어디든 새로 거미집을 지으려 하면
솔이나 먼지떨이가 여기저기에서
거미를 쫓아내고
거미집을 남김없이 찢어버리며
거미집과 함께 거미도
매번 쓸어버립니다.
거미는 절망에 빠져 누이를 만나러
도시를 벗어났습니다.
그리고 혼자서 말했습니다.

"아마 누이는 시골 사람들 속에서
여왕처럼 살고 있을 거야."

거미가 도착해보니 불쌍한 여동생은
한 농부에게 달라붙어
세상의 어떤 거미보다
불쌍한 처지에 놓여 있습니다.

통풍에 걸린 주인은 풀을 베고
장작을 패며 물을 길어 나르고 있었습니다.
평범한 사람들에게는
통풍은 괴롭힐수록 곧
거기서 벗어날 수 있다는
특징이 있습니다.
통풍이 말했습니다.
"아니야, 오빠, 이건 사는 게 아니야!"

그런데 오빠는 그것이 오히려 다행이었습니다.
그는 여동생과 거주지를 바꾸었습니다.
농부가 사는 농가로 들어가
자리를 잡고
솥도, 먼지떨이도 두려워하지 않으며
천장, 벽, 구석구석마다 마음껏
거미집을 짜내었습니다.
그때 통풍도 시골과 작별하고
길을 떠났습니다.
수도에 도착해서
가장 화려한 집에 사는
머리가 희끗희끗한 장군의 발에
눌어붙었습니다.
통풍에게는 천국이었습니다!
노인 옆에서 여생을 보냈습니다.

노인과 함께 있는 통풍에게는
깃털 이불이 떠날 날이 없습니다.
그 이후로 남매는
더 이상 만나지 않았습니다.
저마다의 구역에 남아서
운명에 똑같이 만족했습니다.
거미는 더러운 오막살이마다
통풍은 부자며 신분이 높은 이들에게만
붙어 다녔습니다.
둘 다 영리하게 행동하고 있는 것입니다.

17 사자와 여우

사자를 만난 적이 없던 여우가
사자에게 잡혔다가
간신히 살아났습니다.
그뒤에 여우가 사자에게
또다시 잡혔지만
여우는 이제 더 이상 사자가
그렇게 무섭지 않았습니다.
그뒤에 세번째로 여우가 붙잡혔을 때
여우는 사자와 대화를 하기에 이르렀습니다.

———

우리가 익숙해지지 않는 동안에만
타인이 무서운 법입니다.

18 호프

호프가 울타리 옆에서 자라서
금방 마른 말뚝을 감고
올라가기 시작했습니다.
그리고 어린 참나무가
근처 들판에 서 있었습니다.
호프가 참나무에 대해서
말뚝에게 떠들어댔습니다.

"저 못난 나무가
무슨 이로움을 주며
그와 비슷한 종자들도
무슨 이익을 줄 수 있을까?
어떻게 참나무를 너와 비교하겠니?
너의 곧은 자태만 봐도

참나무에 대면 귀부인과 같고
참나무가 비록 잎사귀를 가지고 있다지만
그 뻣뻣함과 꽃을 봐!
무엇 때문에 땅은 참나무에게
양분을 주는 거지?"

그후 이 주일이 지나자
주인이 장작을 만들기 위해 말뚝을 패고
울타리 옆에 참나무를 옮겨 심었습니다.
그 노력은 큰 결실을 맺었습니다.
참나무가 뿌리를 내리고
싹을 틔웠기 때문입니다.
이제 우리의 호프가
참나무를 타고 감고 올라가는 것과
열성을 다해 참나무에게
칭찬을 늘어놓는 것을 보십시오!

———

아첨쟁이의 행실이
다 그렇다는 것은 사실입니다.
아첨쟁이는 당신에게
밑도 끝도 없는 헛소리를
무수히 실어 나를 것입니다.

당신이 원한다면 들어주십시오.
하지만 아첨쟁이에게서 좋은 일은
하나도 기대하지 마십시오.
기회가 생기기만 하면
그가 맨 먼저 돌아서게 될 것입니다.

19 총애를 입은 코끼리

어느 날 코끼리가 사자와
정다운 친구가 되었습니다.
순식간에 온 숲에
그 소문이 퍼졌습니다.
언제나 그렇듯이
어떻게 코끼리가 사자에게
신임을 얻었는지
모두들 짐작하기 시작했습니다.
코끼리는 아름답지도 않고
재미있지도 않습니다.
모든 짐승들이 서로서로 떠들어댑니다.
뭔가 방법이 있었을 거야!
여우가 꼬리를 흔들며 말했습니다.

"만약 코끼리에게 이렇게 화려한 꼬리가 있다면
내가 그리 놀라지 않았을 텐데."

그러자 곰이 말했습니다.

"아니면, 이보게,
코끼리가 발톱이 있어서 명성을 날렸다면
어느 누구도 이상하게
생각하지 않았을 거야.
코끼리는 잘 알려진 대로
발톱도 없으니,
설마 송곳니를 사용해서 사랑을 받았겠나?"

늑대가 그들의 대화에 끼어들었습니다.

"코끼리들은 상아가 있잖아?"

멍하니 듣던 당나귀가 말했습니다.

"코끼리가 무슨 수로
사자의 마음에 들어서
총애를 받게 되었는지 모르니?
나는 이렇게 생각해.
코끼리에게 긴 귀가 없었다면

그 모두가 불가능했을 거라고."

─────

종종 우리는 비록 의도한 바는 아니지만
다른 사람들보다 자신을
기꺼이 치켜세우게 됩니다.

20 먹구름

거대한 먹구름이
무더위로 지쳐버린 땅 위로
재빠르게 지나갔습니다.
무더위를 조금도 가시게 하지 않은
먹구름은 바다에 도착해서야
큰비를 뿌렸습니다.
그리고는 자신의 대범함을
산에게 자랑했습니다.
그러자 산이 대답했습니다.

"너는 그런 대범함으로
어떤 좋은 일을 했니?
그것을 보고도 괴로워하지 않다니!
만약 네가 비를 들판에 내려주었다면

그 땅 전체를 배고픔에서
구해주었을 거야.
그런데 친구야,
바다에는 너 없어도 물이 흘러넘친단다."

21 험담꾼과 뱀

악마들은 규칙이라고는 모른다고
공공연히 떠들어대지만
그들도 가끔 규칙을 지키기도 합니다.
제가 그 예를 들어보겠습니다.

―――

어떤 우연으로 뱀이
험담꾼과 함께
지옥의 장엄한 입구에서
서로 먼저 들어갈 권리를
빼앗기지 않으려고
소란을 일으켰는데
그들 중 누가 먼저

들어가는 것이 합당할까요?
그런데 지옥에서 우선권이란
더 많은 죄를 지은 사람이
가져간다고 알려져 있습니다.
그리하여 격렬하고 대단한 그 논쟁에서
험담꾼은 뱀에게
자신의 험담을 과시했고
뱀은 자기 혀를 자랑했습니다.
뱀은 조금도 화를 참지 않고 투덜거리며
험담꾼을 넘어가려고 했습니다.
험담꾼이 정신을 차려보니
자신이 뱀 뒤에 있었습니다.
그러나 마왕은 그것을 봐주지 않았습니다.
고맙게도 마왕이 직접
험담꾼의 편을 들어
이런 말을 하며
뱀을 그 뒤에 세웠습니다.

"내가 너의 행실을 알고는 있지만
규칙에 따라서 우선권은
험담꾼에게 줄 것이다.
너는 그 치명적인 혀 때문에 나쁘고,
또 이유 없이 물어대니
(그것도 자주!)

가까이 있으면 위험하지만
산과 바다 너머에서도
비껴갈 수 없는
험담꾼의 악한 혀처럼
멀리 떨어진 곳에서는
상처를 낼 수 없지 않느냐?
그래서 험담꾼이
너의 앞에 서게 된 것이다.
너는 그 뒤에서 기면서
앞으로는 온순해지도록 해라."

그때부터 지옥에서 험담꾼이 뱀보다
더욱 존경을 받았습니다.

22 행운과 거지

닳아빠진 낡은 가방을 멘
불쌍한 거지가
자신의 운명을 한탄하며
창문 밑을 배회하다가
부유한 대저택에 살고 있는 사람들이
부귀와 만족, 유쾌함을 모두 지닌 것을 보고
놀라곤 했습니다.
어째서 그들의 주머니는 채워도
끝이 없는지!
그리고 끝없는 욕심 때문에
부를 얻기도 하지만
심심찮게 자기가 가진 것을
몽땅 잃어버리기도 합니다.

———

그 예로 바로 앞서 나왔던 집주인도
행복하게 장사를 하러 나섰습니다.
그리고 모든 물건을 다 팔았습니다.
그가 여생을 조용히 살기 위해서
장사를 그만두고
자기 일을 다른 사람에게
물려주었으면 좋았을 것을,
봄에 바다로 배를 내보내
산더미 같은 황금을 원했지만
배는 부서지고
그의 재산은 바다가
모두 삼켜버렸습니다.
지금 그의 재산은
깊은 바다 속으로 가라앉아버렸고
그는 부자가 된 자신을
꿈에서나 보게 되었습니다.
또 다른 남자는 독점 판매를 해서
백만 루블을 벌었지만
성이 차지 않았습니다.
그는 재산을 두 배로
늘리기를 원했지만
도가 지나쳐서 완전히

파산해버렸습니다.
즉 그런 예들은 무수히 많습니다.
그것은 당연한 결과입니다.
사람은 양심이 있어야 합니다!
갑자기 거지에게 행운이
모습을 드러내고 말했습니다.

"듣거라, 오랫동안 너를 도와주고 싶었다.
내가 금화 한 무더기를 찾아냈는데
네 가방에 담거라.
내가 금화들을 주겠지만 조건이 있다.
가방으로 들어가는 모든 것은 금이지만
가방에서 마룻바닥으로 떨어져 나오게 되면
모두 먼지로 변해버릴 것이다.
내가 먼저 경고를 했으니 주의하거라.
우리의 조건을 엄격하게 지키도록 할 것이며
네 가방이 낡았으니
그 가방이 견딜 수 없을 만큼
금화를 지나치게 넣지는 말거라."

거지는 숨도 제대로 쉬지 못하고
정신 못 차릴 정도로 기뻐했습니다!
자기 가방을 열고 주저 없이
금화를 황급히 던져 넣었습니다.

가방은 이미 무거워졌습니다.

"다 되었느냐!"
"아직 부족합니다."
"가방이 찢어지겠구나."
"걱정 마십시오."
"너는 엄청난 부자가 되었어."
"아니요, 아직도 적습니다.
한 주먹이라도 더 넣어야지요."
"아니, 가득하잖아!
가방이 갈기갈기 찢어질 것 같구나."
"한 주먹만 더."

그러나 가방은 찢어졌고,
그의 재산은 흩어져 흔적도 없이
먼지 속으로 사라져버렸습니다.
행운은 모습을 감추었습니다.
가방만 눈에 띌 뿐
거지는 예전처럼 가난뱅이가 되었습니다.

23 개구리와 제우스

산 아래 늪지대에 살고 있던
개구리가 봄에 산으로
이사를 갔습니다.
진흙이 덮인 저지대의
한 귀퉁이를 발견하고
그늘진 덤불 밑 풀들 사이에
관람석과 비슷하게 집을 지었습니다.
그런데 개구리가 그 집에서
즐겁게 산 기간은 그다지 길지 않았습니다.
여름이 되고 무더위가 덮치자
개구리의 별장은 건조해져서
발도 담글 수 없게 되고
파리가 들끓었습니다.
개구리는 자기 집에서 애원했습니다.

"신이시여!
불쌍한 저를 괴롭히지 마시고
내 집에서 절대로
물이 마르지 않도록
산이 잠길 정도로
비를 내려주십시오!"

개구리는 쉴 새 없이 울어대더니
마침내 제우스를 원망하며
그에게는 동정심도 없고
이해심도 없다고 소리쳤습니다.
제우스가 말했습니다.

"어리석구나!
(그래도 그때 제우스는
화를 내지 않았습니다.)
그렇게 쓸데없이 울어대다니!
내가 너의 소망을 들어주려고
사람들을 익사시키기보다는
너를 산 밑의 늪지대로
돌려보내는 것이 더 낫지 않겠느냐?"

―――

세상에서 우리는 자신 이외에는
모두 하찮게 여기고
나만 좋으면
세상을 다 없애버려도 상관없다는
사람들을 많이 보게 됩니다.

24 건축가 여우

닭을 매우 잘 잡는
어떤 사자가 있었습니다.
그런데 사자가 잡은 닭들은
잘살고 있지 못했습니다.
이상할 것 없습니다!
도둑들이 아무런 어려움 없이
닭들에게 접근해서는
그것들을 훔쳐가고
닭 스스로 도망가기도 했기 때문입니다.
이 손해와 슬픔을 극복하기 위해서
사자는 큰 닭장을 만들어서
도둑들이 들어오지 못하도록
자물쇠를 달고 정리정돈을 하면
닭들은 그 속에서 만족스럽고 자유롭게

살게 될 것이라고 생각했습니다.
그러자 모두들 여우가
뛰어난 건축가라고 추천해주어서
사자는 여우에게 그 일을 맡겼는데
매우 성공적이었습니다.
여우는 부지런하고 영리하게
그 일을 위해 노력했습니다.
보고 또 보아도 건물이
얼마나 아름다운지!
코밑에 먹이가 있고
여기저기 고정된 횃대,
추위와 더위를 막아줄 보금자리,
어미 닭을 위한 한적한 장소 등,
더 이상 물어볼 필요도 없이
다 갖추어져 있었습니다.
모든 영광과 명예를 여우에게!
많은 상금이 여우에게 내려졌고
동시에 새로운 거주지로
닭들을 신속히 옮기라는
명령도 내려졌습니다.
그러나 그 변화가 무슨 소용이 있었을까요?
굳건한 닭장은 아닌 것 같습니다.
튼튼하고 높은 울타리도 소용없는 듯
닭들은 시시각각 줄어들었습니다.

무슨 이유로 재난이 일어나는지
사자는 생각해낼 수가 없었습니다.
하지만 사자는 감시하라고 명령했습니다.
숨어서 기다린 것은 누구였을까요?
그것은 못된 여우였습니다.
여우가 그 누구도 도둑질하지 못하도록
닭장을 지었던 것은 사실이지만
정작 자신을 위해서는
빠져나갈 구멍을 남겨두었던 것입니다.

25 누명

우리는 종종 무엇인가 나쁜 일을 하면서
그 죄를 다른 사람에게 돌리고
이렇게 말합니다.

"그가 아니었다면
저는 나쁜 생각을 하지 않았을 것입니다!"

그리고 악마가 전혀 보이지 않더라도
사람이 궁지에 몰리면
악마를 탓합니다.
그런 예가 많습니다.
여기 그중 하나를 들려드리겠습니다.

동방의 어느 나라에
바라문 승려[25]가 있었는데
말로는 열렬히 신을 믿었지만
실제 삶에서는 그렇지 못했습니다.
(바라문 승려들 중에서도
위선자는 있습니다.)
이것은 제쳐두고라도
문제는 공동생활을 하면서
다른 사람들은 성스러운 삶을 살았던 반면
그 혼자만이 그러한 생활을 못 견뎌 했으며
무척 엄했던 그들의 사제장이
어떠한 경우라도 규칙을 어겨서는
안 된다라고 말한 것을
무엇보다도 참을 수 없어 했다는 것입니다.
그러나 우리의 바라문 승려는
주눅 들지 않았습니다.
마침 육식 금지 주간이 되었는데
몰래 육식을 하면 안 될 이유가 없다, 라고
그는 판단했습니다.

---

25 바라문: 브라만교를 일컫는 말로 인도 아리아인(人)이 기원전 1500년경에 인도에 침입한 이후 신봉하였던 민속종교로, 넓게는 힌두교(인도교)에 속한다. 바라문 승려는 인도의 카스트 제도에서 가장 높은 계층의 승려를 말한다.

그러고는 계란을 훔쳐서
한밤중에 양초에 불을 붙이고
촛불에 계란을 구웠습니다.
불 옆에서 계란을 가만히 뒤집으며
눈을 고정시키고
마음속으로는 침을 삼키면서
사제장을 비웃으며 생각했습니다.

"당신은 나의 죄를 밝힐 수 없소,
수염만 기다란 늙은이야!
나는 계란을 많이 먹고야 말겠소."

그때 갑자기 인기척도 없이
사제장이 그의 방으로
들이닥치더니 몹시 화를 내며
그를 추궁했습니다.
증거물도 마침 그곳에 있어서
잡아떼기엔 이미 늦었습니다!

"용서하십시오, 사제장님,
저의 죄를 용서하십시오!
생각지도 않게 유혹에 빠지다니,
아! 저주받을 악마가
저를 조종했습니다!"

승려는 눈물을 흘리며 애원했습니다.
그러자 난로에서 악마가 말했습니다.

"너는 부끄럽지도 않느냐,
언제나 우리를 모함하다니!
계란을 양초에다 구워 먹는 것은
사실 나도 처음 보는 것이어서
나야말로 너에게서 이것을 배웠구만."

26 손님으로 간 운

우리는 운에게 비난을 아끼지 않습니다.
관직에 나가지 못한 사람이나
부자가 되지 못한 사람이
잘못은 그 자신에게 있음에도
모두 다 운의 탓으로 돌립니다.
사람들 사이를 돌아다니는
보이지 않는 운은
총신이나 황제에게만
영원히 깃드는 것이 아닙니다.
그것은 당신의 오막살이에도
언젠가 손님으로 찾아올 수 있습니다.
다만 운이 당신에게 들렀을 때
그때를 놓치지는 마십시오.
함께한 잠깐의 시간이

그것을 소중히 여긴 사람에게
인내의 세월을 보상해줄 것입니다.
당신이 운을 불러들이지 못했을 때
운을 탓할 것이 아니라
자신을 꾸짖도록 하며
한평생 당신에게
다시 돌아오지 않을 것이라는 것을
알아두십시오.

———

도시 변두리에
낡은 집이 한 채 있었습니다.
그 집에는 삼형제가 살고 있었고
그들은 돈벌이를 할 수 없었습니다.
어떤 것에 대해서도 의논하지 않았습니다.
그들 중 한 사람이 의견을 낸 것도
모두 실패로 돌아가고
여기저기 손해를 보고
만사가 잘못되었습니다.
그들의 말에 따르면
그 잘못은 운에게 있다는 것입니다.
보이지 않는 운이 우연히 들러서
그들의 극심한 가난을

바꾸어주려고 결심하고
삼형제를 성심껏 도와
그들이 어떤 일이라도 시작하도록
여름 내내 머물렀습니다.
여름 내내라는 말은
농담이 아닙니다!
이 가난뱅이들은 각기
다른 일을 하기 시작했습니다.
첫째는 악독한 소매상인이 되었습니다.
팔거나 살 때 모두에게
엄청난 바가지를 씌웠습니다.
손해나는 짓은 하지 않았으니
곧 엄청난 부자가 되었습니다.
둘째는 관리가 되었습니다.
다른 때였다면
그의 머리로는 서기나 되었을 것입니다만
지금 그는 완전히 성공했습니다.
점심을 대접하고 절을 해대며
관직과 자리를 꽉 잡았습니다.
그에게는 영지와 집,
그리고 별장까지 있습니다.
이때쯤 셋째는 무엇이 되었을까요?
그에게도 과연 운이 도움을 주었을까요?
물론입니다.

운은 그를 돕기 위해
거의 쉬지도 못했습니다.
그러나 셋째 아들은
여름 내내 파리를 잡으며
행복해하다니
불가사의한 일이 아닐 수 없습니다!
도대체 그가 어떤 일에
능숙한지를 잘 모르겠습니다.
그는 노동을 쓸데없이 여기고
손을 놀리지도 않았는데
이 운 덕분에
한 번도 실패하지 않았습니다.
그리하여 그 형제들 사이에
손님으로 와 있던 운은
길을 떠났습니다.
두 명의 형들은 이득을 보았습니다.
형은 부자가 되고
둘째는 관리가 되었는데
셋째는 악운이 깃들어
거렁뱅이로 살게 되었다고
운명을 탓했습니다.

여러분이 판단해보십시오.
이 경우 누가 죄인입니까?

제6권

1 늑대와 목동들

목동들이 있는 농가 가까이에서 배회하고 있던 늑대는
울타리를 통해 우리 안을 훔쳐보면서
가장 좋은 양을 선택한 후에
목동들의 어린 양들을 조용히 훔치고 있는데
개들은 평온하게 누워 있었습니다.
늑대는 오히려 화가 나서
이렇게 말했습니다.

"여기서 만일 소란이 일어난다면,
친구들, 그건 바로 나 때문이라네!"

2 뻐꾸기와 비둘기

뻐꾸기 한 마리가 큰 가지 위에 앉아 슬프게 울고 있었습니다.
같은 가지에 앉아 있던 비둘기가 뻐꾸기에게 정답게 속삭였습니다.

"뻐꾸기야, 너는 왜 그렇게 슬퍼하고 있니?
봄이 지나간 것에 대해서,
아니면 봄과 함께 사랑이 끝나서, 아니면 태양이 기울어져서
겨울이 가까이 온 것 때문이니?"

이 말에 뻐꾸기가 대답했습니다.

"너는 내가 불쌍하지도 않니?
마치 너는 심판관 같구나.
나는 올봄에 얼마나 행복한 사랑을 했는지.
마침내 엄마가 되었지.

그러나 아이들은 나를 전혀 아는 척도 하지 않아.
아이들로부터 내가 그러한 대접을 받을 줄이야!
새끼 오리들이 엄마 주위에 달라붙는 것을,
병아리들이 어미닭을 자주 부르는 것을
나는 마치 고아처럼 혼자 앉아서 보고 있지만
우리 아이들이
그런 어린아이다운
상냥함을 가지고 있는지
잘 모르겠어."
"불쌍하기도 하지! 정말 안됐네.
비록 이러한 경우는 흔하지 않지만,
아이들의 사랑이 없었다면
나는 아마 죽었을지도 몰라.
너도 새끼를 낳아봤으니 알겠지?
언제 너는 둥지를 틀 시간이 있었니?
나는 보지 못했어.
너는 여러 곳을 날아다녔잖아."

비둘기의 이 말에 뻐꾸기가 대답했습니다.

"둥지에 앉아서 행복한 날들을
흘려버리는 것만큼 어리석은 일도 없어.
누가 봐도 바보 같은 일이지!
나는 항상 알들을 다른 새들의 둥지 속에 넣어두거든."

이 말을 들은 비둘기가 뻐꾸기에게
이렇게 얘기했습니다.

"아이들로부터 어떠한 사랑을 받고 싶기는 한 거니?"

―――

부모들이여! 이 우화가 그대들에게는 얼마나 교훈적입니까.
나는 아이들에 대한 미안함이 아니라
아이들을 함부로 대하는 부모들의
이기적인 태도를 이야기하고 있는 것입니다.
아이들을 사랑하지 않는 것은 ― 항상 죄악입니다.
만약 아이들이 당신들과 떨어져 성장한다면
당신들은 아이들을 고용인들의 손에 맡기는 것입니다.
노후에 당신들이 자식들로부터 즐거움을 얻지 못한다면
그것은 순전히 당신들 때문 아니겠습니까?

3 참빗

어머니가 아이의 머리를 빗겨주기 위해서
가는 참빗을 샀습니다.
아이는 놀거나 알파벳을 외울 때도
참빗을 손에서 놓질 않았습니다.
아이는 연한 아마처럼
부드럽고 곱슬곱슬한 자신의 황금빛 머리카락에 매료되어서
참빗으로 머리를 빗었습니다.
빗을 위해서 무엇을 했을까요? 잡아당기거나 하지 않은 것은 물론
아이는 빗을 어디에도 걸어두지 않았습니다.
머리를 빗을 때는 부드럽고 막힘이 없었습니다.
아이에게 있어서 빗은 대단히 귀중한 것이었습니다.
그런데 어느 날 그 빗이 보이지 않게 되었습니다.
우리의 아이는 정신없이 뛰어놀고 있었죠.
머리카락이 헝클어지자

유모가 머리를 만져주었는데 아이는 크게 소리쳤습니다.

"내 참빗이 어디에 있죠?"

마침내 참빗을 찾았습니다.
빗은 머리에서 움직이질 않았습니다.
눈물이 나도록 머리카락들이 뽑혔습니다.

"어쩜 이렇게 못됐니, 참빗아!"

아이는 이렇게 소리쳤습니다.
그러자 빗이 대답했습니다.

"친구야, 나는 모든 것이 그대로야.
다만 너의 머리카락이 헝클어진 거야."

그런데 우리의 아이는 너무 화가 나서
빗을 강으로 던져버렸습니다.
지금은 하천의 요정들이 그 빗으로
자기들의 머리를 빗고 있다고 합니다.

―――

나는 살아가면서

정의를 실천하는 사람들을 보았습니다.
바른 양심을 지니고 있는 동안은
정의는 우리에게 사랑스럽고 신성한 것입니다.
정의에 대해 귀담아듣기도 하고 받아들이기도 합니다.
그러나 양심에 어긋나게 행동하게 되면
정의를 행하는 것과 거리가 멀게 됩니다.
머리카락이 헝클어졌을 때
머리를 빗지 않으려는 아이처럼 말입니다.

4 구두쇠와 암탉

구두쇠는 모든 것을 얻으려고 하지만 결국엔 모두 잃습니다.
그러한 예들은 많이 있지만
나는 그중에서도
다음의 예를 들려고 합니다.
여러분에게 오래된 우화 한 편을
들려드릴 것입니다.
이것은 내가 어린 시절에
읽은 구두쇠 이야기입니다.

―――

어떤 구두쇠가 있었는데
그는 돈이 되거나 뭔가를 공짜로 얻을 수 있는 일밖에 몰랐습니다.
그래서 그의 상자는 늘 가득 차 있었습니다.

구두쇠는 알을 낳는 암탉을 가지고 있었는데,
(이것은 부러워할 만한 일은 아닙니다!)
그러나 평범한 알들이 아니라
황금 알을 낳는 것이었습니다.
점점 부자가 되어간다는 것이
구두쇠에겐 여간 기쁨이 아니었을 것입니다.
그러나 구두쇠는 별로 기쁘지 않았습니다.
구두쇠는 암탉의 배를 가르고 그 속에서
황금 알을 한꺼번에 꺼내려는 생각을 했습니다.
그래서 닭이 자신에게 준 은혜를 잊고서
배은망덕한 죄를 짓는 것을 두려워하지 않고
구두쇠는 암탉을 죽였습니다.
구두쇠는 과연 무엇을 발견했을까요?
그 벌로 구두쇠는 암탉의 배에서 평범한 내장들만 꺼냈답니다.

5 두 개의 술통

두 개의 술통이 굴러가고 있었습니다.
하나의 통에는 포도주가 들어 있었고
다른 통은 비어 있었습니다.
포도주가 든 술통은 소리도 없이 떼굴떼굴
천천히 굴러가고 있었고
다른 통은 통통 튀며 빠르게 굴러가고 있었습니다.
포장도로를 따라 굴러가는 빈 통에서는
무언가를 두드리는 듯한 소리가 천둥처럼 울렸고
먼지가 일었습니다.
지나가던 행인이 빈 통을 멀리서부터 알아보고서
공포로 몸을 움츠렸습니다.
그러나 빈 통이 아무리 소리를 크게 내더라도
꽉 찬 통처럼 그렇게 쓸모가 있지는 않을 것입니다.

누군가 쉴 새 없이 자신의 일들에 대해서
다른 사람들에게 소리친다면
필경 별 의미가 없는 일일 것입니다.
일을 성실하게 하는 사람은 말을 적게 합니다.
위대한 사람은 일에서만 소리를 내고
조용히 자신의 일을 돌아봅니다.

6 헤라클레스

알크메네의 아들 헤라클레스[26]는
용기와 놀랄 만한 힘으로 유명합니다.
어느 날 절벽과 낭떠러지 사이에 있는
좁고 위험한 길을 지나고 있었는데
길이 굽어지면서 잘 보이지 않아
무엇인지는 알 수 없는데
마치 고슴도치 같은 것이 길 위에
누워 있는 것이 보였습니다.
헤라클레스는 그것을 발꿈치로 눌러서 짓뭉개고 싶었습니다.
무슨 일이 일어났을까요?
그것이 부풀더니 두 배 이상이 되었습니다.
화가 난 헤라클레스는

---

26 헤라클레스: 제1권 주 11 참조.

무거운 방망이로 그것을 때렸습니다.
그러자 그것의 겉모습이 이상하게 되었습니다.
뚱뚱해지고 부풀어 오르며 커지더니
햇빛을 차단하고
헤라클레스의 길을 가로막았습니다.
헤라클레스는 몽둥이를 내던졌고 이 괴물 앞에
놀라서 움직일 수가 없었습니다.
그때 갑자기 아테나[27]가 나타났습니다.
그리고 말했습니다.

"헛수고 그만두게, 친구!
이 괴물은 불화라고 부르지.
만지지 말고 그것을 다시 지켜보게.
만약 누군가 그것과 싸우고 싶어지면
그것은 싸움으로 인해 더욱 살찌고
산보다 더 커질 거네."

---

27 아테나: 그리스 신화에 나오는 지혜의 여신이자 상업을 관장하기도 하는 여신.

7 아펠레스와 당나귀

정도를 넘어서 지나치게 자만심을 가진 사람은
다른 사람들한테 우습게 여겨지면 여겨질수록
자신이 부끄러워해야만 하는 일도
종종 칭찬으로 여깁니다.

아펠레스[28]는 당나귀를 만나서
당나귀를 자기 집으로 초대했습니다.
당나귀는 너무 기뻤습니다.
오만해진 당나귀는 온 숲을 다니며
짐승들에게 말했습니다.

28 아펠레스: 기원전 4세기에 활동한 유명한 고대 그리스의 화가.

"아펠레스가 나를 얼마나 그리워하는지.
나는 정말이지 너무 힘들어.
내가 어디서 아펠레스를 만나더라도,
그는 나를 초대했지.
친구들아, 내 생각에
아펠레스가 나를 모델로 하여
페가수스를 그리려는 것 같아."

우연히 가까운 곳에 있던
아펠레스가 말했습니다.

"아니야. 미다스 재판관[29]을 그릴 생각이야.
나는 미다스를 위해
네 귀를 모델로 쓰고 있었어.
만일 네가 나에게 기회를 준다면 기쁠 거야.
나는 당나귀 귀들을 많이 보았지만
네 귀는 어떠한 것보다 정말로 커.
모든 새끼 당나귀들뿐만 아니라

----

29 미다스 재판관: 그리스 신화에 나오는 미다스 왕과 관련된 사건. 어느 날 신들이 사는 숲에서 판과 아폴로 사이에 음악 경연 대회가 벌어졌다. 미다스는 경연 대회 심판관으로 참가했는데, 판의 음악이 더 훌륭하다고 판정했다. 그러자 아폴로가 화가 머리끝까지 치밀어서 미다스의 귀를 당나귀의 귀로 변하게 만들었다. 왜냐하면 무식한 미다스의 귀를 더 이상 인간의 귀로 놔두어서는 안 되겠다고 생각했기 때문이었다. 그후로 미다스의 귀는 당나귀 귀가 되었고 이를 감추기 위해 모자를 쓰고 다녔다는 일화.

심지어 내가 본 어른 당나귀들 중에서도
그러한 귀는 없었어."

8 사냥꾼

일을 하면서 "아직 시간이 있어"라고 자주 얘기합니다.
그러나 이것은 생각 없이
자신의 나태함을 드러내는
고백과 유사합니다.
그러니 만일 일이 있다면, 빨리 끝내십시오.
그렇지 않으면 자신에 대해
불평을 하게 될 것이고
그후에 뜻밖에도
일이 당신을 채근하게 될 것입니다.
나는 우화 한 편을 통해 여러분들에게
어떻게 해야 하는지를 말할 것입니다.

총과 총탄 주머니와 자루를 챙긴 사냥꾼은
마음에 드는 충실한 친구 사냥개를 데리고
들새를 잡으러 숲으로 나갔습니다.
총알을 장전하지 않았다면
떠나기 전에
장전하라고 조언했을 것입니다.
하지만 사냥꾼은 말했습니다.

"그럴 필요 없어! 내가 이 길을 좀 아는데.
자라면서 이 길에서는 참새 한 마리도 보지 못했어.
사냥터까지 걸어서 한 시간이나 걸리는데
그 시간이면 총알을 백번도 더 넣을 수 있다고."

그러나 무슨 일이 일어났을까요?
생각 밖의 일이었습니다.
(마치 행운의 여신이 그를 조롱하는 것 같았습니다.)
호수를 따라서
한 떼의 오리들이 거닐고 있었습니다.
총알을 미리 장전했더라면
우리의 사냥꾼은
그중 반 정도는 쉽게 죽였을 것입니다.
그리고 일주일 동안 빵과 함께 먹었을 것입니다.

사냥꾼이 총알을 넣는 것을 미루어두지 않았었다면 말입니다.
그제서야 사냥꾼은 서둘러 총알을 넣었습니다.
그러나 그 사실을 눈치 챈 오리들이
사냥꾼이 총과 씨름하는 동안에
날카롭게 소리를 지르며 날개를 퍼덕거렸습니다.
하늘로 날아오른 오리들은 숲 위를 줄지어 선회하더니
모두 자취를 감추었습니다.
그후에 사냥꾼은 쓸데없이 숲을 돌아다녔지만
참새조차도 눈에 띄지 않았습니다.
불행에 불행이 겹쳤습니다.
날씨조차 도와주지 않아
우리의 사냥꾼은 비에 흠뻑 젖은 채 빈 자루만 들고서
집으로 돌아왔습니다.
그럼에도 불구하고 그는 자기 자신을 탓하지 않고
행운을 책망했습니다.

2 소년과 뱀

장어를 잡으려고 생각하고 있던 소년은
뱀을 잡고서 바라본 후에 공포로 인해
거의 백짓장처럼 얼굴이 하얗게 되었답니다.
뱀은 평온하게 소년을 바라보면서 말했습니다.

"이봐, 만일 네가 현명해지지 않는다면
불손한 행동이 늘 너를 따라다닐 거야.
이번 경우에는 용서해주지만
앞으로는 조심하고
상대를 봐가면서 장난치라고!"

10 수영 선수와 바다

바닷가에 하얀 거품을 내며
파도가 출렁이고 있었습니다.
피곤해진 수영 선수는
깊은 잠에 빠져 있었는데,
잠을 깬 후 바다를 저주하기 시작했습니다.

"너는 모든 사람들에게 잘못을 하고 있어!
너는 능청맞은 평온함으로
손짓하며 우리를 유혹하고 있지.
그리고 우리를 꾀어서
심연 속으로 빠지게 하고 있어."

암피트리테[30]의 모습으로 바뀐 바다는
수영 선수에게 나타나서 말했습니다.

"내게 책임을 돌리는 것은 헛된 일이야!
내 물결의 흐름에 따라 수영을 하면
무섭지도 않고 위험하지도 않아.
바다 깊은 곳에서부터 휘몰아칠 때는
바람의 신 에우로스[31] 아들들의 잘못이야.
그들은 나에게 평온함을 주지 않아.
나를 믿지 못한다면 스스로 실험해봐.
바람들이 잠을 자면 너는 배를 출발시켜.
그때 나는 땅처럼 움직이지 않을 테니까."

―――

나는 거짓되지 않는 조언을 합니다.
돛에 바람 없이 항해하는 것은 불가능하겠죠.

30 암피트리테: 그리스 신화에 나오는 조개 속에 앉아 있는 바다의 여신으로 바다의 신들 중 우두머리인 포세이돈의 아내.
31 에우로스: 바람의 신으로 특히 동풍의 신이다.

11 당나귀와 농부

여름에 농부는 당나귀를 빌려서
철면피 같은 까마귀들과 참새들을 쫓아내기 위해서
채소밭에 두었습니다.
당나귀가 가장 정직하게 행동했습니다.
탐욕스럽게 남의 것을 훔치지도 않고
눈감아주는 것이 죄라고 여겨
당나귀는 새들이 주인의 채소 잎을
먹지 못하도록 했습니다.
그러나 농부의 채소밭 작황은 형편없었습니다.
당나귀가 전속력으로 새를 쫓으면서
모든 이랑들을 따라 뛰어다닐 때
채소밭에 있는 모든 작물들은
밟아 뭉개지고 짓밟히게 되었습니다.
수고해놓은 일이 망쳐지는 것을 보면서

농부는 그 분풀이로
당나귀의 등에 몽둥이질을 하였습니다.
모든 사람들이 소리쳤습니다.

"자업자득이야! 당연한 일이지!
무슨 생각으로
일을 이렇게 만들었을까?"

―――――

나는 당나귀를 변호하려고 말하는 것이 아닙니다.
당나귀가 행한 일이
죄가 있다는 것은 틀림없지만
당나귀에게 자신의 채소밭을 지키라고 한
그 사람도 옳지 않았다고 생각합니다.

12 늑대와 학

늑대들이 탐욕스럽다는 것은
누구나 알고 있습니다.
먹이를 먹으면서 늑대는 결코
뼈들을 발라내지 않습니다.
그런데 이 뼈들 중 하나로 인해
불행이 닥쳤습니다.
늑대의 목에 뼈가 걸렸던 것입니다.
늑대는 한숨을 쉬거나
깊이 숨을 쉴 수도 없었고
죽을 것 같았습니다.
다행히도 가까운 곳에 학이 있었습니다.
늑대는 몇 번이나 신호를 보내서
학을 불렀습니다.
그리고 도와줄 것을 부탁했습니다.

학은 자신의 부리를 늑대의 입 속에 넣고
매우 힘들게 뼈를 꺼내고서
수고한 대가를 원했습니다.
교활한 늑대가 소리쳤습니다.

"오, 이 철면피 같으니라고!
너의 멍청한 머리와
긴 부리를 내 목에 넣고서도
그냥 나온 것만도 다행으로 알아야지.
목에서 가시 빼낸 것 따윈 아무것도 아니야!
썩 꺼져버려, 이것아.
넌 앞으로 나를 만나지 않도록
조심하는 것이 좋을 거야."

13 꿀벌과 파리들

두 마리의 파리가
낯선 지방으로 날아가려고 준비를 하면서
꿀벌을 그곳으로 불렀습니다.
왜냐하면 전에 파리들에게
멀리 떨어진 다른 지방들에 대해
찬사를 늘어놓으며
많은 이야기를 했기 때문입니다.
그러나 파리들은 자신의 고향에서 가는 곳마다
손님들에게 내쫓김을 당하는
모욕감을 스스로 느끼고 있었습니다.
심지어 이런 일까지 있었답니다.
(왜 사람들은 이것을 부끄러워하지 않는지 참 이상도 하다!)
화려한 식탁 위에서 단것들을 파리들에게
뺏기지 않기 위해서

그들은 종 모양의 유리 그릇들을 고안해냈습니다.
그리고 초가집에는 악한 거미들이 있었습니다.
꿀벌이 말했습니다.

"당신들에게 좋은 여행이 되길 바랍니다.
나는 나의 길이 좋습니다.
나는 농민들, 고관들, 모든 것으로부터
벌집을 지키는 애착을 가지게 되었습니다.
그러나 당신들은 원하는 곳으로 날아가십시오!
어느 곳에서든 당신들은 행복할 것입니다.
친구들이여, 친절하지도 당신들을 존중하지도 않는 곳은
어디가 되었든 머물지 마십시오.
거미들은 당신들이 그곳에 있기만 해도 기뻐할 것입니다."

———

조국을 위해서 일하는 사람은
쉽게 조국을 떠나지 않습니다.
이로운 재능을 상실한 사람은
항상 낯선 것을 즐거워합니다.
국가를 저버린 사람은 그곳에서 멸시를 받게 되고
그가 아무리 게을러도
아무도 상관하지 않습니다.

14 개미

엄청난 힘을 가진 개미가 있었는데
옛날에도 들어본 적이 없는 개미였습니다.
이 개미는 심지어
큰 보리 낟알 두 개를 들 수 있었을 뿐 아니라
(이것은 믿을 만한 개미가 이야기한 것입니다.)
대단한 용기를 가지고 있었습니다.
벌레가 있는 곳은 멀리서도 알아보고
그 벌레를 깨물었으며
심지어 혼자 거미에게 가기도 했습니다.
개미는 자신의 개미집에서
그러한 영광을 얻었고
그곳에서는 온통 그 개미 얘기뿐이었습니다.
나는 헛된 칭찬은 독이라고 생각합니다.
그러나 이 개미는

전혀 그렇게 생각하지 않았습니다.

개미는 헛된 칭찬들을 좋아했고

자신의 오만함으로 인해 그 칭찬들을 받아들였으며

그 말들을 전부 믿었습니다.

그러나 마침내 그 헛된 칭찬들로 인해 큰코를 다쳤습니다.

개미는 힘 자랑을 하기 위해 도시로

가기로 결정했습니다.

개미는 거만하게 농부의

건초를 실은 마차로 기어 올라갔고

매우 호사스럽게 도시로 들어갔습니다.

그러나, 아! 이 자존심이 무너지다니!

개미는 자신을 보기 위해 시장 전체에서

마치 화재가 난 것처럼

개미들이 모여들 것이라고 생각했습니다.

그러나 자신에 대해서는 아무도 들어본 적이 없는 것 같았으며

모두들 그저 자신의 일을 하고 있을 뿐이었습니다.

우리의 개미는 나뭇잎을 잡은 후

그것을 떨어뜨리기도 하고 들어 올리기도 했으나

누구도 개미를 거들떠보지도 않았습니다.

한동안 풀이 죽어 있다가 기지개를 켜고 기운을 차린

개미는 화가 나서

주인 마차 옆에 누워 있던 개에게 말했습니다.

"도시에 있는 사람들은 솔직하게 말하는 것이

옳지 않다고 생각하나봐?
내가 한 시간 동안이나
관심을 끌려고 아무리 애를 써봐도
어느 누구도 주목하지 않는데
어떻게 이럴 수가 있지.
우리 개미집에서는
모든 개미들이 나를 알고 있는데."

그러고는 수치스러워하면서
개미는 집으로 돌아갔습니다.

―――

어떤 발명가는 세상에서
자신이 유명해졌다고 생각하지만
그는 자신의 개미집에서만
다른 사람들을 놀라게 할 뿐입니다.

15 목동과 바다

한 목동이 바다의 신 넵튠[32]과
가까운 곳에 살고 있었습니다.
목동은 바닷가의 살기 좋은 초가집에서
작은 가축 무리의 온화한 주인으로 살고 있었는데
시간은 평화롭게 지나갔습니다.
목동은 화려한 것은 몰랐지만
그 대신에 슬픔도 몰랐고
어떤 황제들보다 더 오랫동안
자신의 삶에 만족했습니다.
그러나 바다로부터 배의 보물들이
산처럼 옮겨지고
많은 물건들이 내려져서 쌓이며

---

32 넵튠: 로마 신화에 나오는 바다의 신. 그리스 신화의 포세이돈이다.

물건 주인들의 화려한 모습을 볼 때마다
목동은 이것들에 눈이 어두워지기 시작했습니다.
목동은 가축의 무리와 짐을 모조리 다 팔아버리고
많은 양의 물건들을 사들였습니다.
그리고 배를 타고 바다 건너로 출발했습니다.
그러나 그의 항해는 오래가지 못했습니다.
바다에게는 자연의 속임수가 있는데
목동은 이것을 곧 체험하게 되었습니다.
바닷가가 보이지 않게 되었을 때
폭풍우가 일어났습니다.
배는 부서지고, 물건들은 바다 밑으로 가라앉았습니다.
목동은 간신히 목숨만 구한 후
바다 때문에 손해만 입고
예전에 자신의 양들을 쳤던 목장으로 다시 돌아왔는데
지금은 돈을 벌기 위해
다른 사람들의 양을 치고 있습니다.
그러나 큰 인내와 수고로
무엇을 하지 못하겠습니까?
자지도 않고 먹지도 않으면서
목동은 돈을 모았고
다시 가축의 무리를 가지게 되어
자신의 양들을 치는 목동이 되었습니다.
언젠가 화창한 날 목동은 바닷가에 있는
자신의 가축 무리 속에 앉아

바다에 물이 살짝살짝 출렁이는 것과
(바다는 그렇게 온순해졌습니다.)
부두로부터
배들이 순조롭게 떠나는 것을 보면서 말했습니다.

"친구야! 만일 네가 다시 나의 돈을 원한다면 헛된 일이야!
우리가 너에게 명예를 주었던 것처럼
너는 다른 사람을 찾아보도록 해.
다른 사람들을 유혹할 수는 있겠지만
앞으로 나한테서는 한 푼도 얻지 못할 거야."

―――

나는 이 우화에 필요 없는
부연 설명을 하지 않을 것입니다.
우리를 속이는 희망을 찾는 것보다
더 확실한 것을 잡는 것이 낫다고 생각합니다.
거짓된 희망 때문에 고통당하는
수많은 사람들이 있는 반면에
그런 희망을 좇지 않는 단 한 사람은 행복하지요.
사람들은 거짓된 희망에 대해 아무리 말한다 하더라도
나는 내 소신껏 행할 것입니다.
앞으로 일어날 일은 신만이 알고,
내 일은 내가 알고 있습니다.

16 농부와 뱀

농부에게로 뱀이 기어오면서
말했습니다.

"친구, 사이좋게 지내보자고!
이제 자네는 나를 경계할 필요가 없어.
자네는 내가 완전히 달라지고
이번 봄에 내 가죽이 바뀐 것을 보지 않았나."

그러나 농부는 뱀을 믿지 않았습니다.
농부는 도끼를 잡고
말했습니다.

"네가 새로운 가죽을 입었다고 하더라도
네 심장은 그대로일 거야."

그리고 농부는 뱀을 때려죽였습니다.

―――

당신이 신뢰를 잃게 되는 원인을 제공했다면
당신이 원하는 대로 가면을 바꿀 수는 있을지 몰라도
그러나 그 가면이 당신을 구해줄 수는 없을 것입니다.
뱀의 경우가 당신에게도 일어날 수 있는 것입니다.

17 여우와 포도

배고픈 여우가 정원으로 기어 들어갔습니다.
정원에는 포도송이가 빨갛게 익어 있었습니다.
여우는 참을 수 없을 정도로 배가 고팠고
포도송이들은 물기를 머금은 루비처럼
빨갛게 익어 있었습니다.
그러나 불행하게도 송이들이 높이 달려 있어서
여우가 아무리 포도송이들을 잡으려 해도
그림의 떡이었습니다.
한 시간 내내 헛되이 고생만 하고
돌아가면서 여우는 화가 나서 말했습니다.

"보기에는 포도가 좋아 보이지만
푸른 것이 열매들이 익지 않은 걸 거야.
분명히 이를 시게 만들 거야."

18 양들과 개들

늘대들이 더 이상 양들을
건드리지 못하게 하기 위해
양 무리 속에
개들의 수를 더 늘렸습니다.
무슨 일이 일어났을까요?
늘대들로부터 살아남은 양의 수는
확실히 많았지만
개들에게 먹히게 되었습니다.
처음에 양들의 털을 벗기고
제비뽑기로 양들을 죽였습니다.
그곳에 남은 양들은 다해서 대여섯 마리였고
개들이 그들도 다 먹어버렸습니다.

19 올가미 속에 갇힌 곰

곰 한 마리가
올가미에 걸려들었습니다.
죽음의 순간이 멀리에 있다고 생각하면
얼마든지 용감할 수 있지만
죽음이 가까이 오면 완전히 달라집니다.
곰은 죽고 싶지 않았습니다.
우리의 곰이 싸움을 포기하지 않았다면
곰은 모든 올가미로 감기고
창이며, 무기들이며, 개들이
사방에서 달려들었을 것입니다.
그러나 그러한 싸움은 그에게 없었습니다.
곰은 지혜를 써서 성공하기를 바라며
자신을 잡은 사람에게 말했습니다.

"친구여, 자네에게 내가 어떤 죄를 지었는가?
무엇 때문에 자네는 내 머리를 원하는 것인가?
아니면 곰들을 쓸데없이 비방하는
나쁜 이들을 믿는 것인가?
아! 우리는 결코 그렇지 않다네!
예컨대 나는 말일세,
죽은 사람을 건드렸다는 이유로
그 누구에게도 비난받지 않을 동물은
동물 가운데에서 오직 나뿐이라는 사실에
모든 이웃들을 증인으로 내세울 수 있다네."

곰을 잡은 사람이 대답했습니다.

"맞아. 나는 죽은 자들에게 경의를 표하지.
너에게 기회가 있었다면,
살아 있는 사람도 이미 너에게 찢겨나갔을 거야.
네가 죽은 사람들을 먹는 것만 좋아했더라면
살아 있는 사람들이 평안했겠지."

20 이삭

밭에서 자라던 이삭이
온실 속에서 소중하게 보살핌을 받으며
편하게 자라고 있는 꽃을
유리 너머로 바라보면서,
날벌레들의 무리에도,
폭풍우에도, 더위에도, 추위에도
전혀 보호받지 못하는 자신에 대해
화가 나서 주인에게 말했습니다.

"당신들은 당신들의 입과 눈을 즐겁게 해줄 수 있고
그러기를 결코 거부하지 않는 존재를
항상 그렇게 불공평하게 대합니다.
당신에게 이로운게 누군데,
당신은 대체 누구를 소홀히 대하고 있는 것입니까?

밭에서 나오는 당신의 소득이

가장 중요하지 않습니까?

보십시오, 밭이 얼마나 보살핌 없이 내버려져 있는지를!

당신이 여기 땅에 씨들을 뿌렸던 그때부터

악천후를 피해 우리를 유리로 덮은 적이 있었습니까?

우리를 옮겨 심거나 따뜻하게 해주라고

지시한 적이 있었습니까?

가뭄에 물을 주려고 온 적이 있었습니까?

아닙니다. 우리는 완전히 운명에 맡겨진 채로

버려져서 자랐습니다.

그때 당신 곁에는 꽃들이 있었고

꽃들로 인해 당신은 포식도 하고 부유해졌죠.

유리창 안 안식처에서 편안하고 귀하게 자라고 있는 꽃들이

여기 들판에 내팽개쳐진 우리들 같진 않았겠죠.

혹시라도 당신이 조금이나마

우리들을 걱정하기는 했습니까?

만일 내년에

당신이 백 배의 수확을 거둔다면

곡물 실은 마차를 수도로 보낼 수도 있을 텐데.

우리에게 더 넓은 온실을 지어주는 것을 생각해보십시오."

그러자 주인이 대답했습니다.

"친구야, 나는 네가 내 수고들을

주목하지 않았다고 생각한다.
내게 있어 가장 중요한 것은 너희들을
돌보는 것이라는 것을 믿어주거라.
숲을 깨끗이 정리하고 땅에 거름을 주는 것이
내게 있어 얼마나 가치 있는 일인지
네가 알았다면 좋았을 것을.
나의 수고는 끝이 없었다.
그러나 지금은 시간도, 열의도, 이익도
설명할 수가 없다.
네가 하늘에 비와 바람을 요청해봐라.
만약 내가 너의 지혜로운 조언을 이행했더라면
나는 빵도, 꽃들도 없었을 것이다."

———

때로는 선한 농민이나
평범한 군인이나 시민들도
자신의 상황을 다른 사람과 비교하면서
불평을 늘어놓기도 합니다.
그들에게는 거의 변명이라고 말할 수 있습니다.

21 소년과 구더기

당신이 행복하게 되기를 원한다면 배신 행위에 현혹되지 마십시오!
배신자는 가까운 사람들에게 항상 낮게 평가되고
필요할 때 죄를 짓도록 유혹하는 배신자는
항상 맨 먼저 불행해지게 됩니다.

―――――

구더기가 농부에게 여름 동안
그의 정원에 잠시 머물 수 있게 해달라고 부탁했습니다.
구더기는 그곳에서 정직하게 살 것을 약속했고
열매들을 건드리지도 않으며
이미 마르기 시작한 잎들도 갉아먹지 않기로 약속했습니다.
농부는 이렇게 판단했습니다.

"어떻게 은신처를 주지 않을 수 있단 말인가?
정원에 구더기가 있다고 내가 곤란해질 것이 있을까?
그냥 살도록 내버려두자.
게다가 만일 구더기가 이파리 몇 장쯤 갉아먹는다 해도
큰 손실은 없을 거야."

농부는 구더기가 살도록 허락했고
구더기는 나무 위로 기어 올라가
악천후를 막을 안식처를 가지 아래에서 찾았습니다.
화려하지 않지만 부족하지 않게 살고 있었는데
구더기에 대해서는 아무 말도 들리지 않았습니다.
그사이에 과일들 중 가장 빛을 발하는 황제 과일인
열매가 나타나기 시작했습니다.
호박 보석처럼 모든 것이 잘 무르익어 있는 정원에
태양이 비칠 때 가지에 있는
그 사과는 완전히 무르익어 갔습니다.
소년은 오래전부터 그 사과에 마음이 끌렸습니다.
소년은 다른 많은 사과들 중 그 사과를 점찍었으나
그 사과에 접근하는 것이 불가능해 보였습니다.
소년은 사과에게로 기어갈 수도 없고
힘으로 사과를 흔들어 가질 수도 없었습니다.
다시 말해 소년은 어떻게 사과를 얻을 수 있을지 몰랐습니다.
누가 소년이 훔치는 것을 도울 수 있을까요?
구더기입니다. 구더기가 말했습니다.

"들어봐, 나는 주인이 사과를 수확하도록 지시한 것을
정확히 알아.
그래서 우리 둘은 이 사과를 먹을 수 없을지도 몰라.
그러나 나는 너에게 사과를 가져다줄 수 있어.
다만 나와 나누어야 해.
너는 나보다 열 배나 더 가져갈 수 있어.
나는 전체에서 가장 작은 부분을
오랫동안 갉아먹을 테니까."

약속은 이루어졌고 소년은 동의했습니다.
사과 쪽으로 다가간 구더기는 작업을 시작했습니다.
구더기는 잠깐 동안 사과를 갉아먹었습니다.
그러나 공로로 무엇을 받았을까요?
사과가 떨어지자마자
우리의 소년은 사과를 씨까지 다 먹어버렸습니다.
자신의 역할을 위해 기어갔던 구더기는
어떻게 사라진 것인지.
소년은 구더기를 뒤꿈치로 밟아 터뜨려버렸고
그리하여 구더기도 사과도 없어졌습니다.

22 장례식

고대 이집트에는 오랫동안 지켜지던 관습이 있었는데,
누군가의 장례식을 화려하게 거행하길 원할 때
사람들을 고용해서 관을 따라가며
울부짖도록 하는 것이었습니다.
언젠가 고귀한 사람의 장례식에서
많은 군중들이 크게 울부짖고 통곡하면서
고인을 무상한 삶으로부터 평안하고 영원한 집으로
보내고 있었습니다.
이때 고인의 모든 친척들이
진심으로 슬퍼하고 있다고 여긴
수도사가 말했습니다.

"말해보십시오. 만약 그를 소생시킨다면
당신들은 기쁘지 않겠습니까?

나는 마법사입니다. 이일을 나는 할 수 있습니다.
우리가 그러한 주문을 외웁시다.
그러면 고인은 지금 살아날 것입니다."

그러자 모두들 소리쳤습니다.

"수도사님! 불쌍한 우리들이 기뻐할 수 있게 내버려두십시오!
오 일이 지나면 그가 죽도록
우리는 다시 부탁을 해야만 합니다.
살아 있을 때에 어떠한 도움도 안 되었고
틀림없이 앞으로도 그러할 것입니다.
죽으면 아마 다시 그를 따라가며 울어줄
우리를 고용할 것입니다."

―――

부자들이 죽으면 좋은 점이
한 가지는 있습니다.

23 부지런한 곰

농부가 멍에를 만들어 팔아
이익을 남기는 것을 보고서,
(이것은 하루아침에 되는 것이 아니라
오랜 인내의 결과였습니다.)
곰은 그렇게 일하면서 살아야겠다고 결심했습니다.
툭탁툭탁 소란스럽게 숲 속으로 가는데
아주 멀리에서도 요동치는 소리가 들렸습니다.
우리의 곰은 개암나무, 자작나무와 느릅나무를
아주 많이 베어냈지만
아무것도 얻지 못했습니다.
농부에게로 가서 조언을 구하며 말했습니다.

"친구, 나는 힘으로 무엇이든 할 수 있는데
왜 멍에가 안 휘어지는지 말해주겠는가?

나무들 역시 나는 꺾을 수 있다네.
나무를 휘는 중요한 기술이 무엇인지
말해줄 수 있겠는가?"

그러자 농부가 곰에게 대답했습니다.

"친구, 인내하는 것 외에
자네에게 말해줄 수 있는 것은
아무것도 없다네."

24 작가와 강도

음침하고 그늘진 주택에서
재판을 받기 위해 재판관들 앞에
동시에 서게 된 사람들이 있었는데
한 사람은 강도였습니다.
(강도는 닥치는 대로 때려 부수고 다니다가
결국 붙잡혔습니다.)
다른 사람은 찬사를 받고 있는 작가였습니다.
빈틈이 없는 작가는
자신의 작품들 속에 악의를 퍼뜨리고
불신과 음란을 조장했는데
사이렌처럼 아름다운 목소리[33]였고
사이렌처럼 위험했습니다.

---

33 사이렌: 미성으로 뱃사람을 유혹했다는 바다의 미녀.

지옥에서 재판 의식이 곧 있을 것입니다.
무의미하게 지연되는 일은 없을 것인데,
곧 판결이 내려지겠지요.
무서운 두 개의 청동 도리깨에는
커다란 두 개의 주물 냄비가 매달려 있었습니다.
죄가 있는 사람들에게는 크게 상처를 입혔는데
강도에게는 큰 장작 더미를 지게 했습니다.
메두사[34]가 장작들을 태웠고
엄청난 불길이 피어올랐으며
지옥에는 초산은이 터지기 시작했습니다.
작가에 대한 심판은 엄격하지 않았습니다.
처음에는 작가에게 가해진 불길이 겨우겨우 꺼지지 않고 있었는데
갈수록 격렬하게 타올랐습니다.
시간은 흘러갔는데 불은 꺼지지 않았습니다.
강도에게 있던 장작불은
이미 오래전부터 서서히 꺼져가고 있었는데
작가 근처에 있는 불은 시간이 갈수록 더 강해졌습니다.
처벌이 완화되는 것이 보이지 않자
마침내 작가는 신에게
공정성이 전혀 없는 것이 아니냐고 항의하면서,
자신은 세상을 영화롭게 했는데
너무 가혹하게 벌을 내리는 것이 아니냐고,

---

34 메두사: 아름다운 머리카락 대신 여러 마리의 뱀 모양을 가진, 그리스 신화에 나오는 괴물.

만일 작가가 조금 자유롭게 글을 썼다고 해도
강도보다 죄가 많다고는 생각지 않는다고
고통 가운데 소리쳤습니다.
그때 그 앞에 머리카락 사이에 쉬쉬거리는 뱀들과 함께
손에 유혈이 낭자한
자신의 있는 그대로의 모습으로
지옥의 세 자매들 중 한 명이 나타났습니다.
그녀가 말했습니다.

"불쌍한 것 같으니라고!
너는 신을 책망하는 것이냐?
너는 강도와 자신을 동일시하느냐?
네 앞에서는 그의 죄가 아무것도 아니다.
자신의 잔인함과 악함 때문에
강도는 살아 있는 동안만 해로운 사람이 되었지만,
너는…… 이미 너의 유골은 오래전에 재로 변했지만
너로 인해 생긴 새로운 재난들을 해명하기 위해
태양은 다시 떠오르지 않아.
네 작품들 속에 있는 해로운 독은
약해지지 않을 뿐 아니라
오랫동안 퍼지면서 더욱 잔인해질 거야.
보아라!
(여기서 그녀는 작가에게 세상을 보여주었습니다.)
저 모든 악행들과 너의 죄로 인해

초래된 불행을 보아라!
자신의 가족들을 부끄럽게 여기는 아이들,
아버지와 어머니의 절망 등
누구에 의해 그들의 마음과 정신이 피폐해진 것이냐?
바로 너 때문이지.
아이들의 희망, 부부 관계, 관청들, 권력들을 조종하면서
누가 이로 인해 초래된 인간의 모든 죄를 통곡하고
사회 관계들을 파괴하도록 조장했느냐?
바로 너야.
불신앙을 교육이라 부른 것이 네가 아니더냐?
늙음과 추함을
유혹적이고 매혹적인 모습으로 만든 것이 네가 아니더냐?
너의 지식으로 인해
온 나라 전체가 독을 마시게 되고
살인자들, 강도들,
불화와 폭동들이
가득 차게 되고
너로 인해 파멸에 이르게 된 것 아니냐!
네 죄로 인해 그들은 눈물과 피를 흘린 것이야.
그리고 너는 신들을 모독하는 일에 용감했었지?
세상에는 네 책들로 인해
앞으로 더 얼마나 악한 일들이 생길지 몰라!
견뎌라.
이 경우 네가 한 일은 사형감이야!"

분개한 메두사가 이와 같이 말하고는
덮개로 냄비를 덮었습니다.

25 새끼 양

나는 다음과 같은 논의를 자주 들었습니다.

"만일 내가 영혼에 죄를 짓는 것이 아니라면
원하는 것을 하라고 합니다!"

아닙니다. 만일 사람들 속에서
당신이 스스로 파멸하지 않고
선한 외모를 보존하기를 원한다면
더욱 능력이 필요합니다.
아름다운 이들이여! 당신은 선한 영광이
어떠한 과장들 중에서도 가장 좋은 것이고
그것은 당신에게 어떤 봄꽃들보다도
더 부드러운 것이라는 것을
알아야 합니다.

영혼도 양심도 당신을 자주 청결하게 하지만
쓸모 없는 시선, 언행, 경솔함은
당신을 표독스럽게 말하도록 하고
당신의 평판도 이미 예전의 것이 아니도록 만듭니다.
과연 주목해 보지 않을 수 있을까요?
과연 빙그레 웃지 않을 수 있을까요?
내가 그것을 말하지는 않겠지만
당신은 행동 하나하나마다
무엇에든지 표독스럽게 시비를 걸지 않겠다는 생각을 해야 합니다.

―――

나의 친구, 아뉴또치까!
나는 너와 너의 친구들을 위해서
우화 한 편을 생각해냈어.
아직 어린아이일 동안
너는 이 우화를 암기하도록 해.
지금은 아니지만 앞으로 이 우화를 통해서
얻는 교훈을 너는 소중히 여기게 될 거야.
새끼 양에게 생긴 일이야. 들어봐.
한쪽 구석에 네 인형을 세워두도록 해.
내 이야기는 길지 않을 거야.
새끼 양이 무모하게도
늑대 가죽을 몸에 걸치고는

자신의 가축 무리 속으로 산책하러 갔어.
새끼 양은 단지 모양만 내고 싶었지.
그러나 사냥개들이 난봉꾼을 보고는
숲에서 늑대가 내려왔다고 생각하고
벌떡 일어나 새끼 양에게 달려들어 쓰러뜨렸어.
새끼 양이 우선 정신을 차리기도 전에
개들은 새끼 양을 거의 초주검으로 만들어버렸지.
다행히도 목동들이 알고서는 새끼 양을 쫓아버렸으나
사냥개들은 진지하게 이를 악물고 돌아다녔어.
이런 소동에서 벗어난 가련한 새끼 양은
다리를 끌고 겨우 양 우리로 갔지.
우리에서 새끼 양은 쇠약해지기 시작했고
그후에 완전히 초췌해졌지.
그리고 평생 동안 쉴 새 없이 신음하면서 말했어.
만일 새끼 양이 영리했었다면
늑대를 닮으려고 했던 생각을 두려워했겠지.

제7권

1 쥐들의 회의

언젠가 쥐들이 자신들을 칭찬하고 싶어서
암고양이와 수고양이들이 있음에도 불구하고
모든 창고 관리인들과 요리사들을 미치게 만들었던
자신들의 영웅담을
지하실에서부터 다락방에 이르기까지
퍼뜨리고 다녔습니다.
이일로 인해 회의를 소집하게 되었는데,
긴 꼬리를 가진 쥐들만 회의에 참석하기로 하였습니다.
꼬리가 더 긴 쥐들이 항상 더욱 영리하며
어디에서든지 더욱 민첩했습니다.
여기에 대해서는 더 이상 질문하지 않는 것이 현명할 것입니다.
우리 또한 옷이나 수염을 보고
상대의 지혜를 판단하곤 하니까요.
만장일치에 의해 긴 꼬리들을 가진 모든 쥐들이

회의에 임명되었다는 것만 알아두십시오.
불행히도 꼬리가 없는 쥐들이 있었는데
비록 쥐들이 싸우다가 꼬리를 잃었다고 할지라도
이것은 무식하거나 나태하다는
표시이므로
이 쥐들 때문에 꼬리를 잃어버리지 않기 위해서
회의에서는 그러한 쥐들을
받아들일 수가 없는 것입니다.
모든 일들이 잘 조정되었습니다.
밤에 마당에서 모임이 열릴 것이라고 통보되었고
마침내 밀가루 상자 속에서 회의가 열렸습니다.
모든 자리가 다 꽉 찼는데
꼬리 없는 쥐 한 마리가 그들 속에 섞여 앉아 있었습니다.
그 쥐를 노려보면서
어린 쥐 한 마리가 말했습니다.

"꼬리가 없는 쥐가
어떻게 이 자리에 함께할 수 있죠?
언제 우리의 법이 사라졌습니까?
이 쥐를 어서 빨리 내보내도록 합시다.
당신들은 사람들이 꼬리 없는 쥐를
얼마나 싫어하는지 알고 있지 않습니까.
이 쥐가 우리에게 유익할지는 모르겠지만,
자신의 꼬리를 소중하게 하지 않는다면

이 쥐는 우리들뿐 아니라
모든 지하실에 있는 것들을 파멸시킬 것입니다."

그러자 다른 쥐 한 마리가 대답했습니다.

"조용히 해! 나는 모든 것을 알고 있어.
이 쥐도 우리 동료야."

2 방앗간 주인

방앗간에서 가까이에 있는 제방에 구멍이 뚫렸습니다.
처음에는 손으로 가려질 만큼
불행이 큰 것은 아니었습니다.
그러나 정말이었을까요? 방앗간 주인은 걱정하지 않았으나
날이 갈수록 새는 물살이 강해지기 시작했고
마침내 물이 억수같이 쏟아지면서 말했습니다.

"방앗간 주인, 정신 차려야 해!
제정신 차려야 할 때야!"

그러자 방앗간 주인이 말했습니다.

"아직은 큰일이 없을 거야.
이 물은 바닷물이 아니거든.

그리고 내 일생 동안 이 물들로 인해
부유해진 거야."

그는 잠이 들었고
그사이에 물이 엄청나게 흘러나와서
불행이 닥쳐왔습니다.
물레방아는 필요 없게 되었고
절구가 대신하게 되었습니다.
우리의 방앗간 주인은
그제서야 한숨 쉬고 탄식하며
물을 지키려고 했습니다.
제방에서 새는 물을 둘러보다가
강가에서 닭들이 물을 마시는 것을 보았습니다.
방앗간 주인은 소리쳤습니다.

"바보들 같으니라고!
나는 너희들이 아니라도
물 때문에 고통을 겪고 있는데
너희들은 여기서 남김없이 물을 다 마셔버리다니."

그러더니 닭들을 장작개비로 때렸습니다.
자신에게 어떠한 도움이 되었을까요?
닭도 물도 잃고 자신의 숙소로 갔습니다.

———

많은 돈은 아까워하지 않으며
헛되이 낭비해버리고서
양초가 타다 남은 것은
가정 경제를 위해 아끼며
이 일을 사람들과 함께 떠들썩하게 기뻐하는
그러한 사람을 나는 종종 봅니다.
그런 식의 절약으로 인해 집이 아주 빠르게
뒤죽박죽되는 것이
놀랄 만한 일도 아니지 않겠습니까?

3 조약돌과 다이아몬드

잃어버린 다이아몬드가 길에 뒹굴고 있었습니다.
마침내 상인이 다이아몬드를 발견하게 되어
상인은 그것을
황제에게 보여주게 되었는데,
황제는 그 다이아몬드를 사서 금세공소에 보내어
왕관의 장식품으로 만들게 했습니다.
이것에 대해 알게 된 조약돌은 큰 소동을 부렸고
다이아몬드의 화려한 운명에 눈이 멀게 되었습니다.
그래서 농부를 보자 조약돌은 그에게
부탁을 했습니다.

"농부님, 제발 저를 주워서
수도로 데려다주십시오!
무엇 때문에 내가 여기서

비와 진눈깨비를 맞으며
고생을 해야 합니까?
우리의 다이아몬드는
영광스럽게 되었다고 말들을 합니다.
무슨 이유로 다이아몬드가
귀족이 되었는지
나는 이해되지 않습니다.
다이아몬드는 나와 함께
여기서 몇 년을 뒹굴었습니다.
다이아몬드는 그러한 돌이었고
나의 평범한 형제였습니다.
나를 데려다주십시오. 혹시 압니까?
그곳에서 나도 역시 귀하게 보여질지, 혹시나
일에 이롭게 사용될지 말입니다."

농부는 돌을 주워서
자신의 무거운 마차에 싣고
도시로 가져갔습니다.
도시로 들어간 우리의 돌은 즉시 다이아몬드와
나란히 앉게 될 것이라고 생각했습니다.
그러나 그에게는 완전히 다른 일이 생겼습니다.
그는 확실히 어떠한 일에 쓰여졌는데
그것은 다리를 놓는 일이었습니다.

4 낭비하는 사람과 제비

어떤 젊은이가
많은 재산을 유산으로 상속받아
낭비하기 시작했는데, 많은 재물에도 불구하고
모든 것을 깨끗하게 다 탕진해버렸습니다.
겨울이 되었을 때 그는 추위가 무서워
모피 외투 한 벌만 남겨두었습니다.
그러나 제비를 보고서 우리의 젊은이는
외투마저 탕진해버렸습니다.
아마 이것은 제비들이 봄소식을 가지고서
우리에게로 날아온다고
알고 있었기 때문일 것입니다.
그래서 젊은이는 모든 자연에
화창한 봄 날씨가 다가오고
인적이 드문 북쪽으로 추위를 몰아내면

외투 따윈
입을 필요가 없다고 생각했겠지요!
개인적인 예측이야 나무랄 수 없지만
제비 한 마리가 봄을 만들지 못한다는
속담을 그는 잊었습니다.
그리고 실제로도 그랬습니다.
갑자기 다시 추위가 시작되었고
사각거리는 눈길을 따라 짐마차의 행렬이
삐걱삐걱 소리를 내며 갈 때,
연통에서는 연기가 곧게 올라가고
유리 창문에는 성에가 끼었습니다.
미미한 한기로도 찔끔 눈물이 흐를 정도였습니다.
눈 위에서 추위에 떨고 있는,
봄날의 전령인 자신의 제비를
바라보며
그는 꽁꽁 언 입으로 간신히 제비에게
말했습니다.

"망할 자식 같으니라고!
너는 너 자신에 대한 기대를
스스로 저버렸어.
그리고 지금 나는 외투도 없이 지내게 되었다고."

5 잉어

나는 예언자는 아니지만
나방이 양초 주위를 나는 것을 보면서
대부분의 나방이 날개를 태울 것이라는
정도는 예측할 수 있습니다.
친애하는 독자 여러분,
다음과 같은 비유를 들어
여러분들에게 교훈을 주려 합니다.
이 비유는 어린아이를 위해서도
어른을 위해서도 좋을 것입니다.
정말로 그러한 우화가 있습니까, 라고
여러분은 물을 것입니다.
한번 해보는 소리가 아니라
정말로 우화 한 편을 들려드릴 것입니다.
그리고 우선 이 우화를 잘 이해하도록

교훈을 이야기할 것입니다.
당신의 눈 속에
새로운 의혹이 자리하는 게 보이는군요.
짧은 우화 한 편 들려준다더니 왜 이다지도
서론이 긴 거야 하고 조바심을 내고 있군요.
친애하는 독자 여러분,
조바심 낼 거 뭐 있습니까?
인내심을 가지십시오!
나 또한 이렇게 말이 길어지는 게 두렵습니다.
하지만 어쩌겠습니까?
나는 지금 늙은이가 되었고
비가 많이 오는 가을 날씨는
사람들을 말이 많은 늙은이로 만드는 걸 말입니다.
그러나 나는 여러분들이
잘 알아듣도록 하기 위해 애쓰고 있습니다.
그러니 제발 끝까지 들으십시오!
나는 작은 과실들을 하찮게 여겨
스스로 용서를 합리화하기 위해
이런 말을 하는 것을
여러 번 들었습니다.
"문제될 거 뭐 있어?
그저 장난일 뿐인데"
그러나 바로 이 장난이 우리를
멸망으로 가게 하는 첫걸음입니다.

장난은 습관이 되고
노년에 이르러
우리를 이상한 마력을 지닌
죄악으로 이끌며
우리에게 제정신을 차릴 수 있는
어떠한 기회도 주지 않습니다.
그러니 당신에게 활기를 불어넣어주기 위해
지나친 자신감이
해를 끼친다는 우화 한 편으로
당신을 즐겁게 해줄 수 있도록
허락해주십시오.
지금부터 들려드릴 우화 한 편은
당신에게 이로움을 줄 것입니다.

―――

어느 강가인지는 기억할 수 없지만
물 왕국의 악당들이라 할 수 있는 어부들이
강가에서 살고 있었습니다.
험한 바닷가 가까운 곳에 있는 물 속에
장난이 심한 잉어 한 마리가 살고 있었습니다.
잉어는 민첩하고 약삭빨랐으며
겁이 없는 성격이었습니다.
팽이처럼 낚싯줄 주위를 빙빙 돌았으므로

어부는 화가 나서 늘 잉어의 장난을 저주했습니다.
그러면서도 기대감에 부풀어
어부는 낚싯대를 물에 던지고
눈을 고정시킨 채 찌를 보고 있었습니다.
무언가 걸려들었다는 느낌이 든 순간
어부의 가슴은 뛰기 시작했습니다.
그는 낚싯대를 들어올립니다.
그러나 찌가 없는 갈고리를 보십시오.
잉어는 어부를 비웃습니다.
미끼를 빼앗고 어부를 속인 후
몸을 피했습니다.
다른 잉어가 말했습니다.

"친구야, 들어봐. 그런 짓은 위험해.
네가 항상 낚싯대 주위를 맴도는 것은
물속 이곳이 좁기 때문이니?
나는 네가 우리가 사는 강과 .
곧 헤어지게 될까봐 두려워.
낚싯대를 가까이하면 할수록
불행에도 가까워지는 거야.
오늘은 운이 좋았지만
내일은 장담할 수 있겠니?"

그러나 현명한 말들은

공허하고 무의미하게 여겨지기 마련입니다.
우리의 주인공 잉어가 말했습니다.

"나에게 선견지명이 있다고 말했을 텐데!
어부들이 비록 교활하긴 하지만
쓸데없는 걱정은 버려.
나는 그들의 교활함을 꿰뚫어 보고 있거든.
낚싯대를 보라고.
다른 낚싯대가 흔들리고 있군!
자, 자, 봐, 다른 낚싯대야.
어떻게 내가 교활한 어부들을 따돌리는지 보라고!"

그러고는 낚싯대들이 있는 곳으로
화살처럼 달려들었습니다.
한 개, 두 개를 잡아당겼는데
세번째에 걸려들고 말았습니다.
아! 불행에 빠졌습니다.
불행한 잉어는
위험한 일은
우선 피하는 것이 가장 좋다는 것을
그때서야 알게 되었습니다.

6 농부와 뱀

사람들에게 존경받기를 원한다면
지기들과 친구들을 잘 선택해서 사귀십시오!

———

농부와 뱀은 사이좋게 지내고 있었습니다.
뱀이 지혜롭기로 유명합니다.
뱀은 농부가 자기에게만 서약이나 맹세를 하도록
농부에게 아부했습니다.
그때부터 예전의 친구들이며 친척들은
어느 누구도 농부에게 찾아오지 않았습니다.
농부는 사람들을 책망했습니다.

"아니, 무엇 때문에 자네들 모두

나를 외면하는가!
아내가 자네들을 접대하지 않아서인가,
아니면 내 대접이 소홀해서인가?"

그러자 이웃 마트베이가
농부에게 대답했습니다.

"아닐세. 우리는 자네를 기쁘게 여기네.
그리고 결코 자네는 우리를
슬프게 하지도 실망시키지도 않았지.
(이것에 대해 할 말이 없습니다.)
그러나 기쁨이란 것이 무엇인지
신중히 생각해보게.
자네의 친구인 뱀이 기어 올라와서
누군가를 물어버릴까봐
자네 옆에 앉을 때 조심해야 되지 않겠나?"

7 참나무 아래 돼지

오래된 참나무 아래에서 돼지가
아주 배부르게 열매를 먹고 있었습니다.
먹고 나서 나무 아래에서 충분히 잠을 잔 후
잠이 깨어 일어나서는
참나무 뿌리 주변을 파기 시작했습니다.
까마귀는 참나무에서 내려다보며 돼지에게 말했습니다.

"정말로 이 나무에게 해가 되는 일이야.
만약 뿌리들을 드러나게 한다면
나무는 바싹 마르게 될 거야."

이 말에 돼지가 말했습니다.

"바싹 마르게 하는 것도 괜찮겠지.

그게 뭐 대순가.
참나무에서 나오는 이득이 적다는 것을 나는 알아.
이 나무의 수명이 다한다 하더라도 조금도 애석해하지 않아.
열매들만 있었더라면 사실 나는 살쪘을 거야."

그러자 참나무가 돼지에게 말했습니다.

"배은망덕한 것 같으니라고!
네가 주둥이를 위로 들어 올려봤다면
너는 이 열매들이 내게서
자란다는 것을 보았을 거다."

─────

무식한 자는 자기도 모르는 사이
학문의 결실 그리고 모든 학술 논문들의 열매들을
맛보고 있다는 것을 느끼지 못한 채
이것들을 험담합니다.

8 거미와 꿀벌

나에게 있는 재능이
세상에서 유용하지 않은 것이라 하더라도
때때로 이 세상은
그것으로 인해 놀라기도 합니다.

―――

시장에 옷감들을 날라주는 상인이 있었는데
이 옷감들은 모두에게 필요한
상품들이었습니다.
해서는 안 되는 일이었지만
상인은 흥정하는 일에 대해 투덜댔습니다.
그것은 사는 사람이 너무 많아
조그만 상점에서 때때로

북새통을 이루기까지 했기 때문이었습니다.
상품이 잘 팔리는 것을 보고서
질투가 난 거미는
상인의 이익에 눈이 멀었습니다.
물건을 팔기 위해 옷감을 짜기로 결심하고
상인의 것을 찢어버리기로 작정했습니다.
그리고 창문에 상점을 직접 열기로 결심했습니다.
자리를 잡고 밤새도록 베를 자았습니다.
훌륭하게 자신의 상품을 내놓았고
상점에서 멀리 떨어지지 않은 곳에서
거드름을 피우면서 거만하게 앉아서
낮이 되면 모든 사람들이
자신에게로 몰려오게 될 것이라고 생각했습니다.
낮이 되었습니다.
그러나 무슨 일이 일어났을까요?
장난꾸러기들이
빗자루로 쓸어버렸습니다.
우리의 거미는 억울해서
몹시 화를 내며 말했습니다.

"그래, 공정한 상을 받아야 해!
나는 누구의 천이 더 섬세한지 전 세계를 증인으로 삼고 싶어.
상인의 것이야, 나의 것이야?"

꿀벌이 이 질문에 대해 대답했습니다.

"너의 것이야.
누가 이것에 대해 논쟁을 할 수 있겠니?
오래전부터 잘 알려져 있는 사실이지.
그러나 만약 그 천이
입을 수도 없고 따뜻하게 해주지도 못한다면
무슨 소용이 있겠니?"

2 여우와 당나귀

"친구야, 너는 어디에서 어슬렁어슬렁 오고 있니?"

여우가 당나귀를 만났을 때 물었습니다.
당나귀가 여우에게 대답했습니다.

"지금 사자한테 갔다오는 거야!
어디로 그의 힘이 사라졌는지.
숲 전체가 신음할 정도로 으르렁거렸었고
그래서 나는 정신없이 발길 닿는 대로 도망치곤 했었지.
지금은 나이가 들어 노쇠하고 허약해져
완전히 힘을 잃고
통나무처럼 동굴 속에서 뒹굴고 있지.
사자에 대한 예전의 모든 공포가
사라졌고

짐승들의 오래된 빚으로 보복을 당하고 있어!
사자 옆을 지나가는 동물들은 누구나
사자에게 자기 방식대로 복수를 하고 있지.
어떤 동물은 이빨로, 어떤 동물은 뿔로 말이야."

이때 여우가 당나귀의 말을 막으며 말했습니다.

"하지만 너는 물론
감히 사자를 건드리는 일은 하지 않았겠지?"

당나귀가 여우에게 대답했습니다.

"내가 무엇을 무서워하겠니?
나는 사자를 발로 걷어찼어.
당나귀의 발굽을 알게 하는 것도 괜찮겠지!"

―――

당신이 고귀해지고 강해진다면
비천한 사람들은
당신을 향해 눈길조차도
제대로 들 수 없을 것입니다.
그러나 당신이 높은 곳에서 추락하게 된다면
먼저 그들로부터 멸시와 모욕을 받게 될 것입니다.

10 파리와 꿀벌

미풍이 부는 어느 봄날, 정원에서
가는 줄기에 앉은
파리는 흔들거리면서
꽃에 있는 꿀벌을 보고
거만하게 말했습니다.

"어째 너는 아침부터 저녁까지 하루 종일
일하는 것을 귀찮게 여기지 않는구나!
내가 만약 네 자리에 있었다면
하루 만에 완전히 쇠약해지고 말았을 거야.
예를 들면, 내 생활은 정말로 편안하거든!
내게는 이러한 일들만 있지.
무도회마다 손님들을 따라 날아다니고
예의를 갖춰 이야기하며

도시에서 고관들이며 부자들의
모든 집들을 알고 있지.
내가 그곳에서 어떻게 연회를 베푸는지
네가 보았다면 좋았을 텐데!
명명일 축제 때나 결혼식이 있을 때
제일 먼저 나는 그곳에 가지.
그리고 많은 값비싼 그릇들에 있는 음식부터 먹고
화려한 크리스털 잔에 있는 포도주들을 마시지.
그리고 내가 모든 손님들보다 먼저
맛있는 것이라고 생각되는 것들 중에서 선택하지.
게다가 여성을 예뻐해서
젊고 아름다운 아가씨들 주위를 돌며
그녀들의 분홍빛 뺨이나
눈처럼 하얀 목에 앉아 쉬지."

이 말에 꿀벌이 파리에게 대답했습니다.

"나는 모든 것을 알고 있어.
어느 누구에게도 네가 사랑스럽지 않다는 것과
그리고 연회에서조차 파리들 때문에
사람들이 얼굴을 찌푸리고
심지어 네가 집으로 여기는 곳에서
사람들이 너를 부끄럽게 여겨
자주 쫓아낸다는 소문도 들었어."

그러자 파리가 말했습니다.

"쫓아내다니! 무슨 말을 하는 거야!
만약 창문으로 쫓아낸다면,
나는 다른 곳으로 날아 들어온다고."

11 뱀과 어린 양

통나무 아래 뱀이 누워서
온 세상을 향해 화를 내고 있었습니다.
뱀에게는 다른 감정이 없었는데,
화를 내는 것은 뱀이 천성적으로
이미 그렇게 만들어져 있기 때문입니다.
가까운 곳에서 어린 양이 떠들어대며
뛰어놀고 있었습니다.
어린 양은 뱀에 대해서는 미처 생각지도 못했습니다.
마침내 뱀이 기어와서
어린 양을 물었습니다.
가여운 어린 양은 눈앞이
몽롱해지기 시작했습니다.
독으로 인해 어린 양의 모든 피는 뜨거워졌습니다.
어린 양이 뱀에게 말했습니다.

"내가 너에게 무슨 짓을 했니?"

뱀은 어린 양에게 투덜거렸습니다.

"누가 아니?
네가 나를 밟아서 죽이기 위해
여기로 숨어 들어왔을지도 모르지.
조심하기 위해 나는 너를 벌한 거야."
"아, 아니야!"

어린 양은 그렇게 말하며 죽어갔습니다.

―――

우정도 사랑도 느끼지 못하는
사람의 심장은
모든 사람들을 향한 증오심으로 채워져 있어
그 사람은 자신의 악으로만
모든 사람들을 대하게 됩니다.

12 솥과 냄비

냄비와 솥은 깊은 우정을 맺고 있었는데,
솥은 지식 계급이었지만
우정에 있어 이것이 무슨 상관이겠습니까?
냄비와 솥은 서로 허물없는 사이였는데,
그들은 서로가 없이는 어떠한 일도 할 수가 없었고
아침부터 저녁까지 서로 함께 있어
떨어지지 않았습니다.
불 곁에서는 서로 떨어져 있게 되어 무료해했는데
한마디로 말해, 화롯가에서 화롯가로 가는
모든 걸음도 함께했습니다.
솥은 세상을 여행하기로 생각하고
냄비에게 자신과 함께 갈 것을 권했습니다.
우리의 냄비는 도저히 솥과 떨어질 수 없어서
솥과 함께 한 짐마차에 탔습니다.

덜커덩거리는 포장도로를 따라 친구들은 출발했고
짐마차 속에서 서로 떠밀려지게 되었습니다.
언덕들이나 수레바퀴 자국이나 오목한 곳은
솥에게는 하찮은 것이었습니다.
하지만 냄비는 선천적으로 약했습니다.
냄비는 모든 자극들로부터 큰 상처를 입었으나
냄비는 이것에 대해 생각지 않고
점토 냄비인 자신이
청동 솥과 그렇게 친해졌다는 것이
기쁘기만 했습니다.
어떻게 그들의 여행이 길어졌는지 잘은 모르지만
나는 다음과 같은 사실에 대해
확실히 전해 들었습니다.
솥은 여행에서 온전하게 집으로 돌아왔으나
냄비는 파편들이 되었다는 것입니다.

―――

여러분 이 우화의 의미는 아주 단순합니다.
사랑이나 우정에서의 평등은 성스러운 것입니다.

13 산양

겨울에 목동이 동굴에서 산양들을 발견했습니다.
목동은 기뻐서 눈물을 흘리며
신들에게 감사했습니다.

"어떠한 보물도 내게는 필요 없어.
지금 나의 가축 무리는 두 배로 늘었어.
덜 먹고 덜 자면서
사랑스런 나의 양들을 먹일 거야.
우리 근처에 있는 모든 삼림 지대에서
지주가 될 거야.
사실 지주에게 내린 영지라는 것은
가축 무리의 목동에게 내린 거야.
지주는 목동들로부터 많은 소작료를 거두어들이지.
버터도 치즈도 모으고

때때로 지주는 양의 가죽을 벗기기도 하지.
그가 가축들에게 먹이만 준다면
목동들은 겨울 먹이를 모아둘 수 있을 텐데."

목동은 자신의 양들에게서 산양들에게로
먹이를 날랐습니다.
양들을 사랑하고 귀여워했으며
하루 동안에도 백 번이나
그 양들에게 다녀갔습니다.
산양들이 그를 따르도록
여러 가지 방법으로 노력했습니다.
자신의 양들에게 줄 사료를 줄이고
건초들을 잘게 잘라서 산양들에게 주어
자신을 더 쉽게 따르도록 했습니다.
도망가지 않도록 하기 위해서
그들에게 자극을 주기 시작했습니다.
그러나 불행이 닥쳐왔습니다.
봄이 되었을 때
산양들은 산으로 뛰어다니며
절벽을 따라다니는 생활을
즐겼습니다.
가축 무리는 약해졌고
거의 모두 몰살되어
겨우내 공들인 만큼 큰

이득을 기대하고 있었는데
이제 우리의 목동은 미쳐버렸습니다.

―――

목동이여! 나는 지금 당신에게 이렇게 말해주고 싶습니다.
무엇 때문에 산양에게 자신의 사료를 헛되이 낭비합니까,
집 양들을 소중히 여기는 것이 더 좋지 않을까요?

14 꾀꼬리

새를 잡는 어떤 사냥꾼이
봄에 숲에서 많은 꾀꼬리들을 잡았습니다.
비록 꾀꼬리들이 숲을 산책하기를 더 좋아했지만
제각각 새장 속에 붙들려 노래를 부르기 시작했습니다.
감옥에 갇히게 되어 노래까지 불러야만 하는 것일까요?
그러나 아무것도 할 것이 없었습니다.
어떤 새는 슬퍼서, 어떤 새는 울적해서 노래를 부릅니다.
그들 중 불행한 꾀꼬리 한 마리는
모든 새들보다 더 많은 괴로움을 참아야 했습니다.
왜냐하면 자기의 여자친구와 헤어졌기 때문입니다.
그래서 이 새는 다른 새들보다
새장 속에 있는 것이 더 답답했습니다.
꾀꼬리는 눈물을 흘리면서
새장을 통해 들판을 바라보며

밤낮으로 슬픔에 잠겼습니다.
그러나 꾀꼬리는 이렇게 생각했습니다.

'지독한 슬픔은 도움이 되지 않아.
어리석은 자는 불행으로 인해 울기만 하지만
영리한 자는
어떻게 슬픔을 진정시킬 수 있을지
방법을 찾지.
나는 불행에서 벗어날 수 있다고 생각해.
사실 주인은 먹으려고 우리를 잡아오지는 않았어.
사냥꾼이 노래를 들으려는 것을 나는 알아.
만약 내가 목소리로 그의 마음에 들게 된다면
아마도 상을 받게 될지도 몰라.
그는 나를 포로 상태에서 풀어줄 거야.'

그렇게 생각을 한 우리의 가수는
노래를 부르기 시작했습니다.
꾀꼬리는 저녁노을을 노래로 찬양했고
노래를 부르면서 일출을 보았습니다.
그러나 마침내 무슨 일이 일어났을까요?
꾀꼬리는 자신의 불행한 의무를 무겁게만 했습니다.
서툴게 노래한 꾀꼬리들을 위해 오래전부터
주인은 새장도 창문도 열어두었고
그들 모두를 풀어주었습니다.

우리의 가련한 꾀꼬리는
유쾌하고 부드럽게 노래를 부르면 부를수록
더욱 단단히 갇히게 되었습니다.

15 빗자루

더럽혀진 빗자루는
명예가 크게 떨어지고 말았습니다.
이제 빗자루는
부엌에 있는 청소도구가 되지 못할 것입니다.
그에게 주인의 긴 외투가 맡겨졌습니다.
(하인들은 술꾼인 것 같았습니다.)
우리의 빗자루는 바로 옮겨졌습니다.
빗자루는 마치 밀을 도리깨질하듯이
주인의 긴 외투를 쉴 새 없이 털었는데
사실 엄청난 노동이었습니다.
다만 빗자루 자체가
더러워지고 불결해졌다는 것이
불행이었습니다.
빗자루의 노동이 무슨 소용이 있었겠습니까?

빗자루가 깨끗이 하려고 하면 할수록
얼룩만 더 많아졌습니다.

―――

무지한 사람이 자기 일을 하지 않고
현명한 사람의 일을 개선하려고 할 때
손해가 생기는 법이지요.

16 농부와 양

농부는 양을 상대로 재판을 했는데
그는 가여운 양을 형사상의 일로 고소했습니다.
재판관은 여우였습니다.
재판은 즉시 진행되었고
조용히 순서에 따라
피고와 원고에게 질문을 하게 되었습니다.
판결이 어떻게 났을까요?
유죄의 증거는 무엇일까요?
농부는 말했습니다.

"이른 아침에 나는 두 마리의 암탉을 찾질 못했는데
뼈와 깃털만이 남아 있었습니다.
마당에는 이 양 한 마리만 있었습니다."

양은 밤새 잠을 잤다고 대답했고,
그곳에 있던 모든 이웃들이
증인으로 불려 나와서
어떠한 절도 행위도
부정행위를 하는 것도
결코 보지 못했다고 말했습니다.
그리고 더욱이 양은 고기를 전혀 먹지 않습니다.
여우의 판결은 다음과 같았습니다.

"양이 어떠한 말로 변명을 해도
의심의 여지가 없습니다.
왜냐하면 모든 사기꾼들은 자신의 잘못을 감추는 데
능숙하기 때문입니다.
조사에 따르면 그날 밤에 양은 닭들로부터
멀리 떨어져 있지 않았습니다.
닭들은 매우 맛있고
양에게는 좋은 기회였을 겁니다.
내 양심에 따라 나는
양이 닭들을 먹지 않았다는 것은
불가능하다고 보므로
따라서 양은 사형에 처하고
고기는 재판소에 넘겨주며
털은 원고에게 줄 것을 판결합니다."

17 구두쇠

어떤 집 귀신이 땅속에
보화를 묻어두고 지키고 있었는데,
악마 군 사령관으로부터 갑자기
그에게 명령이 내려졌습니다.
그 명령은 오랫동안 머나먼 곳으로
떠나 있으라는 것이었습니다.
원하든 원하지 않든
명령은 수행해야만 했습니다.
우리의 집 귀신은 매우 망설였습니다.
내가 없는 동안 어떻게 보화들을 보전할까?
누구에게 보화들을 지키게 할까?
감시인을 고용하고 창고들을 짓는다면
지출은 많이 되겠지만,
그렇게 해두면

보화들을 지킬 수 있을 거야.
그렇게 하지 않고는
하루를 장담하기도 불가능해.
누군가 파낼 수도 있고 도둑맞을 수도 있어.
사람들은 돈 냄새 맡는 데는 귀신같거든.
하루 종일 고민하다가
마침내 문득 생각해냈습니다.
그에게는 인색한 구두쇠 주인이 있었습니다.
집 귀신은 주인에게 말했습니다.

"친애하는 주인님!
나는 집을 떠나 먼 곳으로
길을 떠나야 합니다.
나는 항상 당신과 있는 것이 즐거웠습니다.
헤어지면서 우정의 표시로
나의 보화들을 드리고 싶으니 거절하지 마십시오!
먹고 마시고 즐기면서
두려워 말고 보화들을 쓰십시오.
다만 당신의 죽음이 임박했을 때
당신의 유일한 상속인을 저로 해주십시오.
이것이 저의 조건입니다.
그러나 건강하게 오래 사시기 바랍니다."

이렇게 말하고 집 귀신은 길을 떠났습니다.

10년이 지났습니다.
임무를 수행한 집 귀신은
재빨리 집으로 돌아왔는데
무엇을 보게 되었을까요? 이 놀라움이란!
구두쇠는 손에 열쇠를 쥔 채 트렁크 위에서 죽어 있었습니다.
그 속에는 온갖 보화들로 가득 차 있었습니다.
집 귀신은 다시 자신의 보화들을 되찾고
보화를 지킨 파수꾼이
한 푼도 쓰지 않은 것을
진심으로 기뻐했습니다.

―――

구두쇠가 금을 가지고도
먹지도 마시지도 않았다면
구두쇠는 집 귀신을 위해서
보화들을 지킨 것일까요?

18 부자와 시인

시인이 부자와 재판을 벌였는데
그는 제우스에게
자신을 변호해줄 것을 간청했습니다.
두 사람에게 재판소에 출석하라는 명령이 떨어졌습니다.
그들이 왔는데, 한 사람은 여위고 초췌했으며
남루한 옷차림이었습니다.
반면 다른 한 사람은 전부 금으로 치장하고
거드름을 피우고 있었습니다.
시인이 말했습니다.

"올림푸스의 지도자시여!
많은 무리의 지도자시여!
제우스님이시여!
불쌍히 여겨주십시오.

당신 앞에서 내가 무슨 죄를 지어서
행운의 여신의 악한 박해를 젊어서부터 참아야 합니까?
숟가락도 방 한 칸도 없고 내가 가진 전부는
유일하게 공상하는 것입니다.
그사이에 나의 경쟁자는
일도 하지 않고 생각도 없이
자신의 신과 동등하게 여기며
재판소에서 숭배자들의 무리에 싸여서
호화로움과 안일함으로 매우 살이 쪄 있습니다."

제우스가 이에 대답했습니다.

"최근에 하프로 읊은 네 시가
아무짝에도 쓸모가 없지 않았느냐?
그에 대해서 증손들뿐만 아니라
손자들도 이해하지 못할 거다.
너 스스로가 운명적으로 명예를 택하지 않았느냐?
나는 그에게도 일생 동안 세상의 부를 주었다.
그러나 만일 그가 사물들을 더 많이 이해하고
지혜로워서
네 앞에서 자신이 보잘것없다는 것을 느꼈다면
그는 너보다도 더 많이 자신의 운명을 불평했을 거다."

19 늑대와 새끼 쥐

회색 늑대가 양의 무리 속에서
양 한 마리를 잡아
숲의 한적한 곳,
아무도 없는 곳으로 끌고 갔습니다.
대식가는 가엾은 양의 가죽을 벗기고
뼈들이 부서지는 소리가 나도록
게걸스레 양을 먹었습니다.
그러나 엄청난 식욕에도 불구하고
전부를 다 먹을 수가 없었습니다.
여분을 저녁으로 남겨두고
포식한 점심으로 만족하며
근처에 누워 있었습니다.
가까운 곳에서 그의 이웃인
새끼 쥐가 냄새에 이끌려 왔습니다.

이끼와 흙더미 사이로 새끼 쥐는 조용히 다가와서
고기 조각을 쥐고는 자신의 집인 구멍으로
재빠르게 가져갔습니다.
자신의 고기를 훔쳐 가는 것을 보고
늑대는 울부짖는 소리를 내며
숲에 대고 소리쳤습니다.

"잡아라! 강도다!
도둑을 잡아줘요!
내 것을 훔친 놈은 망해버려라!"

———

나는 도시에서 이러한 사건을 보았습니다.
끌리므이치라는 어느 재판관에게서 시계를 훔친 도둑이
다른 도둑을 향해 소리쳤습니다.

"잡아라!"

20 두 남자

"안녕, 파제이!"
"안녕, 예고르!"
"그래, 친구, 어떻게 지내나?"
"오! 나의 불행을 자네는 모르는군.
불행한 일이 있었네.
내 농가를 전부 태워버렸고
그때부터 거지가 되었어."
"아니, 어떻게! 불쌍하기도 하지!"
"그래. 성탄절날 우리집에 파티가 있었네.
나는 촛불을 들고 말들에게 먹이를 주려고 갔었지.
솔직히 말해서, 머리가 욱신욱신했었어.
왜 그랬는지 모르지만
무심코 불씨를 떨어뜨려 불을 내고 말았네.
나는 겨우 구조가 되었는데

농가와 귀중한 것은 다 타버렸어.
그래, 자네는 어떤가?"
"오, 파제이, 불행한 일이네!
신이 나에게도 노하셨네.
자네가 보다시피 나는 서 있을 수가 없다네.
어떻게 내가 살아남았는지, 정말로 기적적인 일이야.
나도 역시 성탄절날 맥주를 마시려고 냉장고로 갔어.
솔직히 말해서, 나 역시 친구들과 지나치게 많이 마셨지.
술기운으로 불을 켤 수가 없어서
촛불은 전혀 소용이 없었네.
어둠 속에서 악마가 나를 완전히 인간의 모습이 되지 못하도록
계단에서 떠밀어버렸지.
그래서 그때부터 나는 불구자가 되었네."

이 대화를 듣고 있던 스쩨빤이 그들에게 말했습니다.

"자신들을 꾸짖어야지, 친구들아!
진실을 말하자면
자네는 농가를 태우고,
자네는 지팡이를 짚고 다닌다는 것이
결코 기적으로 보이지 않네.
술 취한 자네가
양초를 가지고 있었던 것도 나쁜 일이지.
하지만 어둠 속에서 있었던 것은

더 나쁜 일이 아니겠는가."

21 새끼 고양이와 찌르레기

어떤 집에 찌르레기가 있었는데,
노래를 부르지 못하는 대신에
뛰어난 철학가였고
새끼 고양이와 친분을 가지고 있었습니다.
새끼 고양이는 제법 몸집이 컸는데
조용하고 예의 바르며 온순했습니다.
어떻게 된 일인지 식탁 위에
고양이가 먹을 음식이 없었습니다.
불쌍한 고양이는 배고픔으로 괴로워해야 했습니다.
생각에 잠겨 어슬렁거리며 다니던 고양이는
부드럽게 꼬리를 끌면서
애처롭게 울어댔습니다.
철학가 찌르레기가 새끼 고양이에게 훈계를 하며
말했습니다.

"친구야, 스스로
배고픔을 참으려 하는 너는
매우 단순하구나.
네 코앞 새장 속에 방울새 새끼가 있지 않느냐.
나는 네가 진짜 고양이라고 생각한다."
"그러나 양심이……."
"너는 어쩜 세상을 그렇게 좁게 보느냐!
그것은 정말 헛된 것이고
연약한 영혼들의 편견일 뿐이라는 것을 믿어라!
큰 지혜를 가지고 생각해보면
쓸데없는 웃음거리라는 것을 알 거야!
세상에서 강한 자는
모든 것을 자유롭게 행하는 것이야.
이러한 예들을 네가 증명해 보여봐."

자신의 방식들을 찾아내면서
찌르레기는 자신의 모든 철학을 펼쳤습니다.
배가 고팠던 고양이에게 그의 말은 마음을 끌었습니다.
고양이는 방울새를 끄집어내서 먹어치웠습니다.
먹이는 고양이의 입맛을 한층 돋우었지만
고양이의 시장기를 해소시키지는 못했습니다.
하지만 크게 진보하여
제2의 교훈을 깨닫고

찌르레기에게 말했습니다.

"고맙네, 친구!
자네는 나를 지혜로 가르쳐주었네."

그리고 고양이는 새장을 부수고서
찌르레기를 먹어버렸습니다.

22 두 마리의 개

평범한 집에서 기르고 있는 충실한 개인
바르보스는
충심으로 주인을 섬기고 있었는데,
창문가에서 부드러운 깃털이 들어 있는
방석 위에
자신의 오래된 지기인
곱슬곱슬한 털을 가진
삽살개 쥬쥬가 앉아 있는 것을 보았습니다.
바르보스는 감동하여 눈물을 흘릴 정도로
친척에게 하듯 그 지기에게 애교를 부렸고
창문 아래에서 꼬리를 흔들며
달려왔습니다.

"친구, 그동안 어떻게 지냈어?

주인들이 너를
대저택으로 데리고 갔을 때부터 어땠어?
마당에서 우리가 자주 굶었던 것을 기억하지?
너는 어떤 일을 하니?"

이 말에 쥬쥬가 바르보스에게 대답했습니다.

"나는 너무나 행복해.
주인이 나에게 홀딱 반했어.
나는 안락하고 행복하게 살고 있고
은그릇으로 먹고 마셔.
주인과 함께 장난을 치고
만일 피곤하면
양탄자와 부드러운 소파에서 빈둥빈둥 놀기도 해.
너는 어떻게 지내?"

바르보스가 쥬쥬에게 대답했습니다.

"나는 꼬리를 내리고 코를 박고서
예전처럼 살고 있어.
추위와 배고픔을 참고서
주인집을 지키고
여기 울타리 밑에서 자고 비에 젖기도 하지.
만일 때에 맞지 않게 짖기라도 하면

매를 맞기도 해.
쥬쥬, 나는 이런 일에 부딪치면
아주 무력해지고 작아져.
어떻게 내가 힘들지 않을 수 있겠어?
너는 어떻게 일을 하니?"

쥬쥬는 바르보스를 조롱하며 대답했습니다.

"어떻게 일하느냐고! 훌륭하게 하지!
나는 아부를 잘하거든."

―――

아부를 잘하는 것만으로도
많은 이들은 행복해합니다.

23 고양이와 꾀꼬리

고양이가 꾀꼬리를 잡아서
발톱을 세우고
부드럽게 꾀꼬리를 누르면서 말했습니다.

"꾀꼬리야,
여기저기에서 너의 노래를 칭찬하고
훌륭한 가수들과 어깨를 나란히 한다는 소리를
나는 들었어.
너의 목소리는 종과 같고 기적적이며
너의 매혹적인 노래로 인해
모든 목동들이 넋을 잃는다고
여우가 내게 말했지.
나는 너의 노래를 몹시 들어보고 싶었어.
그렇게 떨지 마. 친구, 고집 피우지 말고

무서워하지도 마. 나는 너를 잡아먹고 싶지 않아.
다만 나에게 노래를 불러줘.
나는 너에게 자유를 주고
숲과 들에서 산책할 수 있도록 풀어줄게.
나는 음악에 대한 애정이 매우 많아.
자주 나를 위해 노래를 부르면서 잠들곤 하지."

그사이에 가엾은 우리의 꾀꼬리는
고양이의 발톱 아래에서
거의 숨도 쉬지 못하고 있었습니다.
고양이가 계속 말했습니다.

"뭐 하나? 친구,
조금이라도 불러봐."

그러나 우리의 가수 꾀꼬리는
노래를 부르지 않고
다만 꽥꽥거릴 뿐이었습니다.
고양이가 비웃으며 말했습니다.

"이것 때문에 숲에서 너를 그렇게 칭찬하는 것이야!
모두들 얘기하고 있는
깨끗하고 힘 있는 목소리가
어디에 있다는 것이야?

나는 그렇게 꽥꽥거리는 소리에는 이미 싫증이 났어.
너는 노래를 부를 때 전혀 예술적이지 않아.
모든 것이 처음이나 끝이나 똑같아.
입 안에서는 얼마나 맛있을지 어디 보자!"

그러고는 가엾은 가수 꾀꼬리를
날개까지 다 먹어버렸습니다.

———

고양이의 발톱 아래에서
꾀꼬리의 서툰 노래들이
더욱 선명했다고 말할 수 있을까요?

24 물고기들의 춤

재판관과
강한 자들과 부자들에 대해 불만을 가지고 있는
사자가 인내심을 잃고
자신의 영지를 스스로 돌아보기로 했습니다.
사자가 가고 있는데, 한 남자가
물고기들을 잡아서
불을 피워 굽고 있었습니다.
언제나 그러하듯 물고기들은
열로 인해 뛰어올랐습니다.
자신의 종말이 가까웠음을 느끼면서
모두들 몸부림을 쳤습니다.
사자가 입을 딱 벌리고 화가 나서
남자에게 물었습니다.

"너는 누구냐? 무엇을 하고 있느냐?"

멍해진 남자가 사자에게 말했습니다.

"전능한 황제시여!
저는 이곳 바다 민족들의 최고 책임자입니다.
이 물고기들은 간부들이고
모두들 바다의 주민들입니다.
우리는 당신의 방문을
축하하기 위해서 여기에 모였습니다."
"이들은 어떻게 살고 있는가?
이 지방은 부유한가, 그렇지 않은가?"
"위대한 지도자시여!
여기서 이들은 천국에서와 같이
안락하게 살고 있습니다.
우리는 신께 당신의 가치 있는 삶이
계속되기만을 기도하고 있습니다."
(그러는 사이에 물고기들이
프라이팬 속에서 펄떡거리고 있었습니다.)

사자가 물었습니다.

"나에게 말해주게, 무엇 때문에 물고기들이
꼬리와 머리들을 저렇게 흔들고 있는지?"

이 말에 남자가 사자에게 대답했습니다.

"지혜로운 황제시여!
그들은 당신을 보게 되어 기뻐서
춤을 추고 있는 것입니다."

사자는 진정으로 친절하게
책임자에게 입을 맞추고
다시 한 번 물고기들이 춤추는 것을
보기를 희망하면서
먼 길을 떠났습니다.

25 신도

친구가 되는 사람에게만 칭찬하고 좋은 말을 하지만
자신의 친구가 아닌 사람들에게는
그 사람이 아무리 노래를 잘 부른다 하더라도
절대 칭찬하지 않는 사람들이 있지요.
이런 사람들은 낯선 사람에게서
아름다움을 느끼는 것조차도 두려워한답니다.
이것을 조금은 증명할 수 있을 듯합니다.
나는 우화 대신에 실제 일어난 일을 하나 들어보려 합니다.

―――

성전에서 설교자가
(그는 웅변에 있어 플라톤[35]의 후계자였습니다.)
신도들에게 설교를 하고 있었습니다.

마치 꿀처럼 달콤한 말이

그의 입에서 흘러나왔습니다.

말 속에 있는 정의는

꾸밈없고 정직하게 여겨졌으며

황금 고리처럼 모든 생각들과 감정들이

하늘로 올려지면서

무익한 일을 하는

현 세계를 폭로하고 있었습니다.

영혼의 사제는 설교를 마쳤습니다.

모두들 찬사를 늘어놓으면서

그에게 귀를 기울였고

깊은 감동으로 인해

자신의 흐르는 눈물조차 느끼지 못했습니다.

사람들이 집으로 가려고 성전에서 나왔을 때,

설교를 들었던 사람들 중 한 사람이

다른 사람에게 말했습니다.

"얼마나 유쾌한 선물인가!

얼마나 달콤한가! 얼마나 열정적인가!

그는 얼마나 강하게 민중들의 마음을

선한 일로 이끌고 있는가!

그런데 이 사람아,

---

35 플라톤(1737~1812): 모스끄바의 대주교이자 설교자.

자네는 분명 천성이 냉담하구먼.
모두가 눈물을 흘리는 것을 모르는가,
아니면 이해하지 못했는가?"
"아니, 어떻게 이해 못 하겠나!
그러나 내가 울어야 할 필요가 있는가?
나는 사실 이 교구의 신도가 아니거든."

26 까마귀

우스꽝스럽게 되지 않길 원한다면
당신이 태어날 때의 신분을 유지하십시오.
평민이라면 귀족과 동일시하지 말고
만일 난쟁이로 태어났다면
거인이 되려 하지 마십시오.
그렇지 않으면 당신은
자신의 키를 더욱 자주 상기하게 될 것입니다.

―――

공작새의 깃털로 꼬리를 가득 채운 까마귀가
공작들과 함께 오만불손하게 산책을 하러 가서는
친척들과 자신의 예전 친구들 모두가
신기하게 자신을 쳐다보고 있다고 생각했고

자신이 모든 공작새들과 비슷하게 되었으며
자신의 깃털로 헤라[36]의 궁전을 장식할 때가 되었다고
생각했습니다.
이 까마귀의 오만함으로 인해
어떠한 결과가 나타났을까요?
까마귀는 주위에 있던 공작새들에 의해 털이 다 뽑히고
공중을 날다시피 하여 그들로부터 도망쳐 나와
꽂고 간 공작 털에 대해선 말할 것도 없고
까마귀는 자신의 깃털도
거의 남지 않게 되었습니다.
까마귀는 자신의 까마귀 무리 속으로 되돌아왔으나
다른 까마귀들은 이 까마귀가 당한 고통을
전혀 알아주지 않았습니다.
그들은 이 까마귀의 털을 남김없이 뽑은 후에
그 까마귀를 어딘가에 버렸습니다.
까마귀는 다른 까마귀들로부터 멀어지게 되었고
공작새들에게로도 가지 못했습니다.

―――――

나는 여러분에게 이 우화를
실제 이야기로 보여드리겠습니다.

....
36 헤라: 그리스 신화에 나오는 제우스의 아내이자 최고의 여신.

상인의 딸 마뜨료나는
귀족 가문으로 시집가고 싶어졌습니다.
마뜨료나의 지참금은 50만 루블이었습니다.
그녀의 아버지는, 남작에게 시집가는 마뜨료나에게
지참금을 주어 보내버렸습니다.
무슨 일이 일어났을까요? 시댁에서는
그녀가 평민으로 태어나서
고귀한 신분에 오르기 위해서 노력하는 것에
비난의 눈길을 보냈습니다.
그리하여 우리의 마뜨료나는
공작새도 까마귀도 되지 못했습니다.

27 얼룩양들[37]

사자는 얼룩양들을 좋아하지 않았습니다.
단순히 양들을 다른 곳으로 옮기는 것은 사자에게 어렵지 않았습니다.
하지만 이것은 위법이었기에
동물들을 괴롭히고 폭력을 행사하기 위해
사자는 숲 속에서
왕관을 쓰고 다니지는 않았습니다.
그러나 얼룩양을 보고 참을 수 있었겠습니까!
양들을 쫓아내고 세상에서 자신의 명예를
어떻게 보존할 수 있겠습니까?
그래서 사자는 조언을 구하기 위해
곰과 여우를 불러서,
얼룩양을 볼 때

---

[37] 얼룩양: 『구약성경』 「창세기」 30장에서 야곱이 외삼촌과 품삯을 정할 때 아롱진 양과 얼룩 점 있는 것을 받기로 함.

그는 언제나 하루 종일 눈이 아프고
완전히 시력을 잃을 것 같은데,
그러한 불행을 어떻게 막을 수 있을지
전혀 모르겠다고
그들에게 비밀을 털어놓았습니다.
곰이 눈썹을 찌푸리며 말했습니다.

"전능하신 사자님!
집회를 가질 필요도 없이
양들을 죽였어야 했습니다.
누가 그 양들을 동정하겠습니까?"

사자가 눈썹을 찌푸리는 것을 본 후
여우가 온화하게 말했습니다.

"오, 왕이시여! 우리의 선한 왕이시여!
당신은 틀림없이
이 모든 불행을 쫓아내는 것을
금할 것입니다.
그리고 의미 없는 피를 흘리지 않을 것입니다.
감히 제가 한 가지 조언을 드리겠습니다.
암양들을 위한 풍부한 먹이들이 있고
어린 양들이 마음껏 뛰어다닐 수 있는
초원을 할당해줄 것을 명령하세요.

우리에게 있는 이곳 목장은 단점이 있기 때문에
늑대들에게 양들을 치도록 지시하세요.
잘은 모르겠습니다만, 저는
그들의 혈통이 스스로 없어지리라 생각됩니다.
그들에게 무슨 일이 일어나더라도
더없는 행복을 즐길 수 있도록 해주십시오.
당신 뜻대로 될 것입니다."

여우가 조언한 의견은
성공적으로 실행이 되었고 마침내
그곳에는 얼룩양들뿐만 아니라
윤기가 흐르는 양들도
적어지게 되었습니다.
이것에 대해 어떠한 소문들이
짐승들에게 퍼졌을까요?
사자는 착하지만 늑대들은 전부 악당이다.

제8권

1 늙은 사자

숲을 호령하던 무서운 사자는
늙어서 힘을 잃게 되었습니다.
사자가 적들에게 공포를 줄 수 있는
발톱도 튼튼하지 않았고
이빨도 날카롭지 않았으며
약해진 다리들을
겨우 끌고 다닐 뿐이었습니다.
온몸이 아파서
이제 사자는 짐승들에게
공포의 대상이 되지 못했을 뿐만 아니라
모든 짐승들은 보복으로
늙은 사자가 수치를 당하도록
필사적으로 사자에게 모욕을 줍니다.
거만한 말은 단단한 발굽으로

사자를 떨게 하고
늑대는 이빨로 물어뜯으며
힘센 황소는 뾰족한 뿔로 들이받습니다.
가련한 사자는 큰 슬픔에 빠졌습니다.
사자는 공허하고
지친 소리로 자신의 불평을 나타낼 뿐
가슴을 억누르고
모든 것을 참으며
악한 행위들이 끝나기를 기다렸습니다.
당나귀는 여기에 과감하게
발굽으로 사자를 걷어차 보입니다.
그리고 어디를
제일 아파하는지를 봅니다.
그때 사자는 신음 소리를 내면서
절규하기 시작했습니다.

"오 신들이여! 이 수치를 당하지 않도록
어서 빨리 나에게 가장 좋은 죽음을 주십시오!
나의 죽음이 아무리 불행할지라도
그 모든 것이
당나귀의 모욕을 참는 것보다는
쉬울 것입니다."

2 사자, 사슴과 여우

밀림에서 사자는 사슴을 뒤쫓고 있었습니다.
사자는 거의 사슴을 따라잡았고
굶주린 눈으로 먹어치울 듯이 쳐다보았습니다.
사자에게 사슴은
푸짐하고 충분한 점심거리였습니다.
아무래도 사슴이 구조되기는
불가능해 보였습니다.
골짜기가 길 양쪽을 가로막고 있었습니다.
민첩한 사슴은 마치 화살의 활과 같이
팽팽하게 온 힘을 주고
낭떠러지 위로 뛰어올랐습니다.
그리고 절벽으로 달리기 시작했습니다.
우리의 사자는 멈춰 섰습니다.
마침 이때 사자의 친구가 가까운 곳에 있었습니다.

이 친구는 여우였습니다.
여우가 말했습니다.

"어떻게 자네가 그런 힘과 민첩함을 가지고도
사슴을 놓칠 수 있는가!
자네에게 기적이 일어나기를 바라야겠군.
만약 자네가 원하기만 했다면,
벼랑이 넓었다 하더라도
아마 틀림없이 건넜을 것이네.
자네는 나의 충고와 조언을 믿게.
자네의 강인함과 민첩함을 알지 못했다면,
나는 자네와 교제하지 않았을 걸세."

이때 사자의 마음에 정열이 용솟음쳤고
피가 끓어오르기 시작했습니다.
사자는 전속력으로 달리기 시작했습니다.
그러나 벼랑을 건너지 못하고
쏜살같이 날아가다 떨어져서
죽었습니다.
사자의 친애하는 친구는 무엇을 했을까요?
여우는 조용히 골짜기로 내려갔습니다.
이제는 사자에게 아부나 도움도
제공할 필요 없이
고민도 하지 않고

여우는 자기 의지대로
친구에게 추도식을 해주었습니다.
그러고 나서 여우는
한 달 동안 친구의 뼈까지
다 뜯어 먹었습니다.

3 농부와 말

농부가 들판에 귀리를 뿌렸습니다.
이것을 보면서 젊은 말은
중얼거렸습니다.

"농부가 귀리를 여기로
아주 많이도 가져왔군!
우리보다 사람들이
더 현명하다고들 하지만
귀리를 사방에 버리기 위해서
들판 전체를 파헤치는 게
더 멍청하고 우스꽝스럽지 않은가?
농부가 귀리를 내게나,
혹은 밤색 말에게 주든가
아니면 닭들에게 뿌려주었더라면

모든 것이 잘되었을 것이야.
귀리를 숨겨놓았다면
나는 그저 그를
인색하다고 생각했을 텐데,
헛되이 내버리다니!
아니, 이것은 정말 바보 같은 짓이지."

그사이에 가을이 되어
귀리를 수확했습니다.
그리고 우리의 농부는
바로 이 귀리로 말을 먹였답니다.

―――

여러분! 당신이 말의 생각에
찬성하지 않으리라는 것은
의심할 여지가 없습니다.
그러나 아주 고대에서부터,
심지어 지금까지도
목적도 길도 알지 못하면서
사람이 자신의 무분별한 무지 속에서
예언자의 예언에 대해
분별없이 심판하는 것은 아닐까요?

4 다람쥐

사자에게 다람쥐가 봉사하고 있었습니다.
어떻게 그리고 무엇을 하는지는 모르지만
다람쥐가 하는 일은
사자에게 필요한 것이었습니다.
물론 사소한 것이 아니라
사자를 기쁘게 해주는 것이었습니다.
일의 대가로 다람쥐에게
마차 한 대 분량의 호두가 약속되었습니다.
그들 사이에 약속한 것은
항상 지켜지지 않았습니다.
우리의 다람쥐는 자주 굶게 되었고
사자 앞에서 울면서 하소연을 하였습니다.
숲을 따라 여기저기 높은 곳에 있는,
다람쥐가 좋아하는 호두들이 가물거립니다.

다람쥐는 눈만 깜박거리고 있을 뿐
호두들은 태평스럽게 익어만 갑니다.
그러나 우리의 다람쥐는
호두 쪽으로 한 걸음도 가지 않았습니다.
도저히 어떻게 할 수 없어 보입니다.
사자가 다람쥐에게 일을 하도록
큰소리도 치고 달래기도 했습니다.
이렇게 살면서 다람쥐는 늙게 되었습니다.
그리고 사자는 싫증이 났습니다.
다람쥐는 떠날 때가 되었습니다.
다람쥐에게 사표를 내게 하고
정확하게 마차 한 대 분량의 호두를
다람쥐에게 보냈습니다.
이 세상에 어떤 호두보다 좋은 것이었습니다.
이 호두들은 호두들 중
가장 좋은 것들만 가려낸 것이었습니다!
다만 한 가지 나쁜 것이 있다면
오래전부터 다람쥐에게는
이빨이 없었다는 것입니다.

5 농어

농어가 재판에 말려들었습니다.
못에서 농어 때문에
생활이 이루어지지 않았기 때문입니다.
많은 양의 증거물들이 제출되었는데,
큰 대야에 담아서
재판소로 보내야 할 정도였습니다.
곧 재판관들이 소집되었는데,
그들 모두 가까운 곳에 있는 초원에 있었습니다.
문서에 있는 재판관들의 이름이라는 것이
두 마리의 당나귀,
두 마리의 늙고 야윈 말,
두세 마리의 숫염소였습니다.
업무의 질서를 바로 하기 위해서
그들에게 여우가 검사로 파견되었습니다.

농어가 여우에게 물고기 요리를 보냈다는
소문이 무리들 사이에 퍼졌습니다.
재판은 공정했고
이번 경우에는
농어의 못된 장난을
숨길 수 없었습니다.
다른 이들에게
공포를 주기 위해서
큰 가지에 매다는
치욕적인 사형에 처한다는
명령이 내려졌습니다.
여기에 여우가
다음과 같은 의견을 내놓았습니다.

"경애하는 재판관님들!
만약 제가 벌을 내렸다면,
사형을 내리지는 않았을 것입니다.
여기서 우리가
한 번도 보지 못한
그런 벌을 내리겠습니다.
앞으로 사기꾼이 무섭고 위험한 일을
강에서 당하도록 말입니다."

이 말을 듣고 재판관들은 외쳤습니다.

"훌륭합니다!"

이 의견에 대해 모두들 동의하기로 결정했습니다.
그리고 농어를 강에 던졌답니다!

6 뻐꾸기와 독수리

독수리는 뻐꾸기를 꾀꼬리로 임명했습니다.
새로운 관직에 있게 된 뻐꾸기는
사시나무 위에 거만하게 자리를 차지한 후에
음악에 있어서 자신의 재능들을
이야기하기 시작했습니다.
모두들 떨어져서 날고 있는 것이 보입니다.
어떤 새들은 뻐꾸기를 비웃고
어떤 새들은 욕설을 퍼붓습니다.
우리의 뻐꾸기는 실망을 했습니다.
뻐꾸기는 하소연을 하려고
독수리에게로 서둘러 가서 말했습니다.

"미안합니다만, 저는 여기 숲에서 꾀꼬리로 불립니다.
그러나 감히 나의 노래를 비웃고 있습니다!"

이 말에 독수리가 대답했습니다.

"나의 친구여! 나는 왕이지만, 신은 아니네.
나는 자네의 불행으로부터 자네를 구해줄 수가 없어.
뻐꾸기를 꾀꼬리라고 욕하는 것은 막을 수 있지만
뻐꾸기를 꾀꼬리로 만들 수는 없네."

7 면도칼

언젠가 나는 길에서 친구를 만나
그와 함께 한 숙소에서 밤을 보내게 되었습니다.
이른 아침에 겨우 잠을 깬 나는
무엇을 알게 되었을까요?
이때 내 친구는 불안에 떨고 있었습니다.
어제 우리는 아무 근심 없이
농담을 하면서 잠이 들었는데
지금 나는 다른 사람의 소리를
듣고 있는 것 같습니다.
친구는 소리를 지르고
한숨을 쉬며 탄식을 하고 있었습니다.

"이보게 친구, 무슨 일이 있는 거야?······
어디가 아픈 건가."

"아! 아무것도 아니야. 수염을 깎고 있을 뿐이야."
"뭐라고! 그뿐이야?"

그때 나는 일어나서 장난꾸러기 친구가
마치 얼굴 가죽을 벗기려고 했던 것 같은 그러한 얼굴로
거울 앞에서 눈물을 흘리며
언짢게 얼굴을 찌푸리고 있는 것을 보았습니다.
마침내 나는 그러한 불행을 알고 나서
말했습니다.

"무엇을 한 거야? 자네는 스스로를 학대하는구먼.
이봐, 자네는 면도칼을 가지고 있는 것이 아니라
깎이지도 않는 연장을 가지고 있네.
자네는 그런 연장을 가지고 고민만 하고 있는가."
"오, 친구, 면도칼이 아주 무디다는 건 나도 인정해!
그걸 어떻게 모르겠나? 그 정도로 어리석진 않지.
다만 너무 날카로우면 상처를 낼까봐 두려운 거야."
"이 친구야, 오히려 무딘 면도칼이
상처를 더 잘 낸다고.
그러니 면도칼을 사용할 줄만 안다면
날카로운 것으로 깎도록 해."

나의 이 이야기는 이렇게
설명할 수 있습니다.
이성을 지닌 많은 사람들이,
자신들이 인정하는 것은
부끄럽게 여기고
두려워하면서
오히려 어리석은 이들의 보호를 받고 있지는 않나요?

8 매와 애벌레

나무 꼭대기에 있는 가지에
애벌레 한 마리가 매달려서
흔들거리고 있었습니다.
애벌레 위로 매가 공기를 가르며 날아와서는
높은 곳에서 농담을 하며 조롱하였습니다.

"다른 곳으로 옮겨 갈 수 없다니
너는 참 불쌍하구나!
너는 무엇을 얻으려고
이렇게 높은 곳까지 기어 올라왔니?
너에게 의지나 자유가 있긴 한 거니?
악천후가 온다면
너는 가지에서 떨어지고 말 거야."

이 말에 애벌레가 대답했습니다.

"너는 쉽게도 농담을 하는구나.
너는 날개로 높은 곳을 날기도 하고
힘도 세며 강하지만
나에게는 다른 장점이 주어졌지.
다행히도 나는 끈끈하게 들러붙어 있어서
여기 높은 곳에 매달려 있을 수 있거든!"

9 불행한 부자

'맛있는 것을 먹지도 않고 잠도 자지 않으며
돈만 모아서 부자가 될 필요가 있을까?
무엇을 위해서란 말인가?
죽게 되면 모든 것을 두고 가야 하는데.
우리는 자신을 괴롭히고
명예를 훼손할 뿐이야.
그렇지 않아. 만일 운명적으로
내가 부자가 된다면
화려하고 멋지게 살고
나의 연회들에 대해 멀리서도 들을 수 있도록
적은 돈뿐만 아니라 많은 돈도
아까워하지 않을 거야.
나는 다른 사람들에게 호의도 베풀 거야.
인색한 부자들의 삶은 괴로워.'

저지대에 있는 오두막집의 낡은 벤치에 누워
가난한 사람은 이렇게
생각하고 있었습니다.
그때 갑자기 마법사와 악마가
그에게 들어와서 말했습니다.
악마의 말이 더 믿을 만했습니다.
더 현실성이 있어 보였으니까요.
악마는 눈앞에 나타나서는
이렇게 말하기 시작했습니다.

"자네가 부자가 되기를 원한다는 것을 내가 듣고
친구를 기쁘게 해주기 위해서 왔네.
자네에게 돈지갑을 주겠네.
그 속에는 한 닢의 금화가 들어 있지.
더 이상은 없네.
그러나 자네가 그 금화를 꺼내면
지갑 속에는 다른 금화가 준비되어 있을 거네.
그럼 나의 친구,
이제 자네 의지대로 원하는 걸 손에 넣게 될 것이네.
가져가게.
그리고 자네가 만족할 때까지
지갑에서 무수히 많이 꺼내도록 하게.
그러나 자네가 알아두어야만 할 것이 있네.

자네가 지갑을 강에 던질 때까지는
금화를 한 닢도 자유롭게 쓸 수 없을 것이네."

이와 같이 말하고 악마는
가난한 사람에게 지갑을 두고 갔습니다.
가난한 사람은 기뻐서 거의 미칠 지경이었으나
정신을 차리고서 지갑에서
금화를 꺼내기 시작했습니다.
그리고 무슨 일이 일어났을까요?
그는 꿈이 아니라는 것을
겨우 믿을 수가 있었습니다.
그가 금화를 꺼내자마자
지갑 속에는 다른 금화가 생겼습니다.
가난한 사람은 금화 더미를
여러 번 끌어안으면서 말했습니다.

"아침까지 나에게 이 행복이
지속될 수 있도록 해주십시오!
내일 나는 부자가 되어 있을 거야.
그리고 시바리스인[38]처럼 살 거야."

그런데 이른 아침에 그는 다른 생각이 들어 말했습니다.

---

38 시바리스인: 태평 시대에 무위도식하는 무리.

"지금 내가 부자가 된 것은 사실이야.
그러나 재물을 기뻐하지 않을 사람이 있겠어!
내가 두 배로 부자가 되지 못할 이유가 뭐야?
정말로 하루 종일 지갑을 이용하지 말란 법이 있어!
나에게는 집도 마차도 별장도 필요해.
그러나 내가 만일 마을을 산다면
그것을 잃어버린다 해도 나쁘진 않겠지?
기적적인 지갑을 가지고 있으니까.
아직 나는 한 닢의 금화도 쓰지 않았어.
그러나 항상 성공적으로 살 거야."

그러나 그에게 무슨 일이 일어났을까요?
우리의 불쌍한 주인공은 오래전부터 많은 금화들을 낭비하며
하루, 한 주, 한 달, 한 해를 보내고 있었습니다.
그가 일을 하는 동안에는
적게 먹고 적게 마셨습니다.
그의 기대대로 그가 항상 무엇인가 부족해하던
날은 끝났습니다.
그는 지갑을 소중히 간직하면서도 한편으로는
강으로 가서 다시 돌려주어야 한다고
생각했습니다.
하지만 그럴 때마다 그는 말했습니다.

"금이 강물처럼 흘러나오는데

어떻게 지갑을 돌려주지?"

마침내 우리의 불쌍한 주인공은
머리가 백발이 되고
그의 금처럼 누렇게 되며 여위어갔습니다.
이미 그는 화려한 것에 대해
더 이상 분별하지 못했습니다.
가난한 사람은
건강도 평안도 잃고 병들어갔습니다.
모든 것을 잃었습니다.
그러나 지갑에서 금화를 꺼낼 수는 있었습니다.
금화를 꺼내고 또 꺼냈습니다…….
무엇이 그 일을 그만두게 만들었을까요?
그는 자신의 부유함에 도취되어 벤치에 누워서
많은 돈을 세다가
바로 그 벤치에서 죽었습니다.

10 검

날카로운 칼날을 가진 군도가
고철 덩어리로 버려졌습니다.
그 검은 시장에서
농부에게 값싸게 팔렸습니다.
농부에게는 별로 대단한 것이 아니었습니다.
농부는 곧 검이 필요한 곳을 찾아냈습니다.
농부는 칼날에 손 자루를 붙여서
나무껍질 신발을 만들기 위해
검으로 나무껍질을 벗기기 시작했고
집에서 유용하게 나뭇조각들을 쪼개었으며,
울타리에 있는 크고 작은 가지들을 치거나
채소밭 주위의 말뚝들을
고르게 하는 데 사용했습니다.
일 년도 지나지 않아

우리의 검은 칼날이 무뎌지고
녹이 슬었으며
아이들이 이것을 갖고 놀았습니다.
어느 날 농가에 있는 벤치 아래 칼날이
내버려진 곳에서
고슴도치가 누워
검에게 말했습니다.

"너의 모든 인생이
무엇을 닮았는지 말해보겠니?
솔직히 말해본다면,
너는 나뭇조각을 쪼개거나
말뚝들을 고르고
마침내 아이들의 장난감이 된 것이
부끄럽지 않니?"

이 말에 검이 대답했습니다.

"무사의 손에서 적들을 향했다면
나는 끔찍스러웠을 거야.
여기서 나의 재능은 헛된 것일 수도 있어.
나는 집에서 하찮은 일들에 바쁠 뿐이지.
그러나 나는 정말로 자유롭지 않니?
나는 부끄럽지 않아.

오히려 나를 유용하게 쓰는 것을
모르는 사람이 부끄러울 뿐이지."

11 상인

상점에서 상인이 조카에게 말하고 있었습니다.

"자, 어서 와라, 안드레이!
그곳에 왜 넘어져 있니? 이리로 와! 어서.
삼촌을 놀릴래!
내 말대로 팔도록 해.
그러면 손해는 보지 않을 거야.
나에게 오랫동안 팔리지 않고 있던
폴란드 산 나사(羅紗)가
결국 어떻게 되었는지
너는 알고 있을 거다.
그후에 나사는 낡고 닳아서
볼품이 없어졌지.
나는 이것을

영국 산 나사로 팔고 있단다!
자, 봐라. 지금도 백 루블에 가져가잖니!
신이 바보를 보내주셨어."

이 말에 조카가 대답했습니다.

"삼촌, 누가 바보가 되었는지
나는 잘 모르겠지만,
자세히 보세요.
삼촌은 정말로 위조 지폐를 받았어요."

―――

사람들이 속이지요!
상인이 속였습니다.
이 경우에 악인은 없습니다.
만일 누군가 높은 곳에서
이 세상의 상점을 내려다보는 사람이 있다면,
그곳에 그러한 일이 일어나고 있다는 것을
보게 될 것입니다.
거의 모든 사람들에게
모든 일에 있어서 한 가지 생각이 있습니다.
누가 누구보다 더 잘 속이고
누가 누구를 더 교활하게 속이느냐 하는 것입니다.

12 대포와 돛

배에서 대포들과 돛들 사이에
극심한 불화가 일어났습니다.
배에 코처럼 몸을 드러내놓고 있는 대포들은
하늘을 향해 불평을 했습니다.

"오 신이시여! 보잘것없는
마포 조각으로 만들어진 것이
불손하게도 우리와 동일하게
유용하다고 여기는 것을
언제까지 보고 계실 것입니까?
우리들의 힘든 여정 속에서
그들은 무엇을 하고 있는 것입니까?
바람이 불기 시작하면
돛들은 교만한 가슴을 내밀고

마치 대단한 고관처럼
대양을 따라 우쭐대며 달리고
거드름만 피우고 있는데,
우리들은 전투에서 싸워야만 합니다!
바다에서 우리 배는 우리 때문에
유지되고 있는 것이 아닙니까!
우리는 도처에 있는 죽음과 공포를
스스로 겪고 있지 않습니까?
돛들과 더 이상 살고 싶지 않습니다.
우리는 그들 없이도 모든 일들을
스스로 처리할 수 있습니다.
전능하신 바람의 신이시여, 도와주십시오.
돛들을 어서 빨리 날려버리십시오. 찢어버려주십시오!"

바람은 이를 듣고 날아와서
입김을 불었습니다.
곧 날씨가 흐려지고 바다는 어둡게 되었습니다.
먹구름이 하늘을 무겁게 뒤덮었습니다.
거센 파도들이 산처럼 일어나서 무너졌습니다.
우레 소리에 귀가 멍해졌고
번개가 번쩍여 눈이 멀 지경이었으며
바람의 신은 돛들을 갈기갈기 찢어
누더기로 만들어버렸습니다.
돛들은 없어지고 악천후도 멎었습니다.

그런데 무슨 일이 일어났을까요?
돛들이 없는 배는
바람과 파도가 이는 대로 움직이는
장난감이 되어서
통나무처럼 바다에 떠 있었습니다.
적과 처음 만났을 때,
뱃전을 따라 이상한 소리가 울리더니
우리의 배는 움직이지 않았습니다.
곧 아무 소용이 없게 되었고
대포들과 함께 아무 흔적도 없이
배는 가라앉고 말았습니다.

―――

국가 안에 있는 모든 부서들이
가장 현명하게 정비될 때,
국가는 모든 부서에서 강하게 됩니다.
즉 국가는 대포를 가지고 적들을 위협하지만,
돛은 국가에 있는 시민의 힘이라 할 수 있습니다.

13 당나귀

농부에게 당나귀 한 마리가 있었는데,
그 당나귀는 하도 순해서 농부는
더할 나위 없이 칭찬만 할 정도였습니다.
농부는 숲 속에서 길을 잃지 않도록
당나귀의 몸에 종을 달았습니다.
우리의 당나귀는 거드름을 피웠습니다.
뽐내고 우쭐대기 시작했고
(물론 당나귀는 훈장에 대해 들었습니다.)
지금 엄청난 대귀족이 되었다고 생각했습니다.
그러나 새로운 관직은
불쌍한 당나귀에게 고통을 주었습니다.
(이것은 어떤 당나귀들에게도
교훈이 될 수밖에 없는 것입니다.)
무엇보다 여러분에게 말해주고 싶은 것은

비록 지금과 같은 많은 영광은 없었어도
종이 울리기 전까지
당나귀에게는 모든 것이 행복하게 해결되었다는 것입니다.
호밀밭이나 귀리밭 또는 채소밭에 들어가서
배부르게 먹고 조용하게 나오면 그뿐이었습니다.
반면 지금은 모든 것이 달라졌습니다.
우리의 존귀한 양반인 당나귀가
어디에든 주제넘게 나서게 되면
목에 있는 새로운 관직이 쉴 새 없이 울립니다.
주인이 몽둥이를 들고
호밀밭에서, 밭이랑에서
우리의 주인공을 쫓아내는 것이 보입니다.
그리고 귀리밭에서 종소리를 들은
그곳에 있던 이웃은
당나귀를 밭 근처에 있는 말뚝에 묶어두었습니다.
불쌍한 우리의 고관 당나귀는
가을까지 여위어갔고
마침내 뼈와 가죽만 남게 되었습니다.

———

사기꾼들과 함께 관직에 있는 사람들에게는
불행이 있습니다.
관직이 낮고 보잘것없는 동안에는

사기꾼이 아직 그렇게 눈에 띄지 않지만,
마치 종과 같은 사기꾼 속에 있는 중요한 관리라면
그에게서 나는 소리는 커지고 멀리까지 갑니다.

14 미론

어느 도시에 미론[39]이라는 이름을 가진 남자가
부유하게 살고 있었습니다.
그를 기분 좋게 하려고 여기에
이름을 언급한 것이 아닙니다.
하지만 이런 사람들의 이름을 기억하는 것도
그리 나쁘지 않겠죠.
온 사방에서 이웃 사람들이 부자에게 소리치는데,
아마도 이웃들의 말이 옳지 않을 수도 있습니다.
그의 금고 속에 많은 돈이 있는데,
미론은 가난한 사람들에게
결코 한 푼도
주지 않는다는 것이었습니다.

---

39 미론: 그리스어에서 온 말로 번역하면 성유(聖油)를 바른 사람이다.

누가 훌륭한 명예를 얻는 것을
원하지 않겠습니까?
자신에 대한 다른 사람들의 생각을 바꾸기 위해서
우리의 미론은 앞으로 토요일마다
거지들을 먹이겠다는 소문을
사람들에게 퍼뜨렸습니다.
사람들은 믿을 수가 없었습니다.
그래서 생각했습니다.

"불쌍한 사람 같으니라고, 몰락하고 말 거야!"

걱정하지 마십시오. 구두쇠가
머리를 짜낼 것이 틀림없습니다.
토요일에 미론은
험악한 개들을 사슬에서 풀어놓아서
거지들이 먹거나 마시기 위해 오는 것을 막고
다행히 마당에서 쫓아내버렸습니다.
그사이에 미론은 거의 성자가 되었습니다.
모두들 말했습니다.

"미론에게 놀라지 않을 수 없어.
미론이 그렇게 험악한 개들을 데리고 있어서
그에게 다가가기가 힘든 것이 유감일 뿐이야.
그렇지 않다면 미론은

가장 비천한 사람들에게 나누어주는 것을
기뻐했을 텐데."

―――

높은 위치에 올라가는 것이 쉽지 않다는 것을
나는 자주 보게 됩니다.
개들이 잘못했다는 것은 당연하지만
곁에 미론과 같은 사람들이 있기 때문입니다.

15 농부와 여우

어느 날 여우가 농부에게 말했습니다.

"이봐, 친구, 말해보게.
내가 보기에 말은 항상 자네와 함께 있던데,
자네에게 말이 그렇게 소중한가?
자네는 말을 총애하고 안락하게 해주며
길에서도 자네는 말과 함께 있고
말과 함께 자주 들에도 가지 않나.
사실
말은 가장 어리석은 짐승들 중의 하나라고
할 수 있지 않은가."

이 말에 농부가 대답했습니다.

"오, 친구, 자넨 분별력이 없군!
전혀 그런 게 아니네.
나에게는 전혀 다른 목적이 있지.
내게 있어 말은 채찍이 휘두르는 대로
나를 잘 태워주기 위해서 필요한 거라네."

16 개와 말

어느 농부에게 충실히 일하는 개와 말이 있었는데,
개와 말이 서로의 공적에 대해서 뽐내기 시작했습니다.
개가 말했습니다.

"이봐, 대단한 친구!
너를 완전히 집에서 쫓아냈으면 좋겠어.
물론 물건을 나르고 논과 밭을 가는 것은 대단하지!
하지만 너의 용감한 행동에 대해서는 전혀 들어본 적이 없어.
네가 나와 비교될 수 있겠니?
낮에도 밤에도 나는 편안해본 적이 없어.
낮에는 초원에서 가축 무리들을 관리하고
밤에는 집을 지키잖아."

이 말에 말이 대답했습니다.

"맞아. 옳은 말이야.
그런데 만약 내가 논과 밭을 갈지 않았다면
여기서 너는 아무것도
지킬 필요가 없었을 거야."

17 부엉이와 당나귀

눈이 먼 당나귀가 숲에서 길을 잃었습니다.
(당나귀는 먼 여행을 떠난 길이었습니다.)
그리고 밤에 우리의 당나귀는
아무 곳으로도 움직일 수 없는
밀림 속으로 들어가게 되었습니다.
눈이 보인다고 해도
여기서 빠져나갈 수 없을 것 같았습니다.
다행히도 마침 가까운 곳에 부엉이가 있었는데
당나귀를 안내해주기 시작했습니다.
모두들 알다시피 부엉이들은
밤에 시력이 좋습니다.
우리의 부엉이는 마치 낮처럼
험한 낭떠러지들, 호수들,
작은 산들과 작은 언덕들,

이 모든 것들을 구별했고
아침 무렵에는 당나귀와 함께
평탄한 길로 나오게 되었습니다.
어떻게 이러한 안내자와
헤어질 수 있겠습니까?
그래서 당나귀는 부엉이에게
자신과 함께할 것을 부탁했고
당나귀는 부엉이와 함께
온 세상을 돌아다닐 생각을 했습니다.
부엉이는 주인처럼
당나귀 등에 앉아
길을 가기 시작했는데
행복하기만 했을까요? 아닙니다.
이른 아침에 하늘에서
태양이 빛나기만 하면
부엉이의 눈은
밤보다 어둡게 되었습니다.
그런데 우리의 부엉이는 고집이 셌습니다.
당나귀에게 이리로 가라 저리로 가라 지시했습니다.
부엉이는 소리쳤습니다.

"조심해! 오른쪽에 웅덩이가 있어."

그러나 웅덩이는 없었고 왼쪽에 더 나쁜 길이 있었습니다.

"더 왼쪽으로 가. 더 왼쪽으로!"

결국 당나귀는 부엉이와 함께
골짜기 아래로 떨어지고 말았습니다.

18 뱀

뱀이 제우스에게
자신에게 꾀꼬리와 같은
목소리를 달라고 부탁을 했습니다.
뱀이 말했습니다.

"내 삶에 싫증이 났습니다.
어디든 내가 나타나기만 하면
나보다 약한 자든 나보다 강한 자든
모두들 나를 싫어합니다.
신이시여, 이러한 삶을 거두어주십시오.
더 이상 이러한 삶을 살고 싶지 않습니다.
만약 내가 숲에서 꾀꼬리처럼
노래를 부르기 시작한다면
아마도 놀라움 속에서

사랑과 존경을 받게 될 것입니다.
그래서 나는 즐거운 대화의
중심이 될 것입니다."

제우스는 뱀의 부탁을 들어주었는데,
뱀에게 있던 쉬쉬 하는 꺼림칙한 소리는
흔적도 없이 사라졌습니다.
뱀이 나무에 기어 올라가 앉아
꾀꼬리처럼 멋진 노래를 부르기 시작하자
여기저기에서 새들이
그에게로 날아와서 옆에 앉았습니다.
그러나 가수를 응시하면서도
모두들 소란스럽기만 했습니다.
그러한 대접이 마음에 들었겠습니까?
뱀은 화가 나서 말했습니다.

"정말로 너희들은 내 목소리가 싫은 것이니?"

이 말에 찌르레기가 대답했습니다.

"아니, 목소리는 잘 울리고 아름다워.
물론 너는 꾀꼬리보다 나쁘지 않아.
그러나 솔직히 말해서,
우리가 너의 혀를 보았을 때

우리의 심장은 떨렸어.
우리는 너와 함께 있는 것이 무서워.
그래서 유감이 없도록 하기 위해서
너에게 말할게.
네가 우리로부터 될수록
멀리 떨어져서
노래를 부르기만 한다면
우리는 너의 노래를 기쁘게 들을 거야."

19 늑대와 고양이

숲에서 늑대가 마을로 달려왔는데
손님으로서가 아니라
생명을 구하기 위해서였습니다.
늑대는 자신의 생명을 염려하고 있었는데
사냥꾼들과 개들이
늑대 뒤를 뒤쫓아오고 있었기 때문이었습니다.
늑대가 다른 이들보다 먼저
대문으로 뛰어온 것은 기뻤지만
슬프게도 모든 대문들은
잠겨 있었습니다.
그때 늑대는 울타리 안에 있는
고양이를 보고
이렇게 사정했습니다.

"친구, 어서 빨리 말 좀 해주게.
악한 적들로부터 나를 보호해줄 만한
농부들 중 선한 농부가 누구인가?
개 짖는 소리와
뿔피리의 무서운 함성이 들리지!
모두들 나를 뒤쫓고 있는 거야."

이 말에 고양이가 대답했습니다.

"어서 빨리 스쩨빤에게 부탁해보게.
그는 매우 친절한 농부야."
"그렇지만 나는 그의 양을 훔쳤어."
"그럼 제미얀에게 부탁해보게."
"그가 나를 보고 화낼까 두려워.
나는 그의 새끼 염소를 가져갔거든."
"트로핌이 살고 있는 곳으로 달려가 보게."
"트로핌에게로?
아니, 나는 그와 만나는 것이 무서워.
그는 봄부터 새끼 양을 보호하려고
나를 위협하고 있었거든."
"그래, 좋지 않군!
그렇다면 크림은 너를 숨겨줄 거야!"
"오 친구! 나는 그의 송아지를 물어 죽였어!"

이 말에 고양이는 이렇게 말했습니다.

"이럴 수가! 너는 마을에 있는
모든 사람들을 괴롭혔구나.
이곳에서 네가 어떤 보호를
기대할 수 있겠니?
농부들이 너를 불행 속에서 구해주는 것은
우리 농부들에게 있어서 작은 일이 아니지.
공정한 거야. 너 스스로 죄를 지었으니까
네가 뿌린 대로 네가 거두어라."

20 쥐노래미들

어느 귀족의 집 정원에 연못이 있는데
멋진 샘물 속에
쥐노래미들이 많이 있었습니다.
쥐노래미들은 떼를 지어 다니며
물가에서 소란을 피웠고
그렇게 그들에게
황금 같은 날들이 지나갔습니다.
어느 날 갑자기
주인은 쥐노래미들이 있는 곳에
50마리의 농어를
넣으라고 지시했습니다.
친구가 이것을 듣고 말했습니다.

"아니, 자네는

무슨 생각을 하고 있는 거야?
농어에게서 무슨 선한 것을
기대할 수 있겠어.
이곳
쥐노래미의 씨가 마를 거라고.
자네는 농어의 탐욕성을 모르나?"

주인은 미소를 지으며 대답했습니다.

"맞는 말이야. 나도 모든 것을 알고 있어.
내가 쥐노래미를
애지중지하는 사람인 줄 알았나?"

21 폭포와 시냇물

절벽 아래로 떨어져 거품을 일으키는 폭포가
치료에 효과가 있는 개울에게 오만하게 말했습니다.
(개울은 산 아래에서 거의 눈에 띄지 않았지만
자신의 치료하는 힘으로 유명했습니다.)

"이상하다고 생각지 않니?
너는 작고 물도 부족한데
항상 많은 사람들이 네게 찾아오지 않니?
내게 오는 사람이 놀라는 것은
불가사의한 일은 아니야.
하지만 무엇 때문에 사람들이 네게 오는 걸까?"
"치료하기 위해서지."

개울이 온화하게 대답했습니다.

22 사자

이미 병들고 늙게 된 사자는
딱딱한 이부자리에 싫증이 났습니다.
침상 속에서 뼈들이 아팠습니다.
사자의 침대는 따뜻하지도 않아서
사자는 부드럽고 털이 많은
자신의 고관들인 곰들과 늑대들을
자신에게로 불러 모아서 말했습니다.

"친구들! 늙은이에게 이 침대는
지나치게 불편하다네.
맨 돌에서 자지 않도록
가난한 자들도 부유한 자들도 힘들지 않게
나에게 털을 모아주게."

그러자 고관들이 말했습니다.

"사자님! 당신의 처지를 가련히 여겨
자신의 털뿐만 아니라 가죽을 줄 만한
털이 많은 짐승이 우리에게는
별로 없지 않습니까?
사슴들, 산양들, 염소들은
거의 세금을 내지 않았습니다.
어서 빨리 그들에게서 털을 모으십시오.
이 일로 인해 그들은 털이 줄어들지 않을 것입니다.
반대로 그들은 더 좋아질 것입니다."

그래서 즉시 이 현명한 조언이 실행되었습니다.
사자는 친구들을 열심히 칭찬했지만
그들은 무엇에 열심을 냈을까요?
친구들은 가엾은 동물들을 잡아서
털을 깨끗하게 다 깎았는데,
자신의 털은 하나도 다치지 않고
두 배의 털을 가지게 되었습니다.
오히려 그 자리에 있던 친구들 모두는
이 일로 세금을 벌었으며
겨울에 방석을 준비했습니다.

23 세 남자

세 남자가 밤을 지내기 위해 마을로 들어갔습니다.
이곳 뻬쩨르부르끄에서 그들은 짐마차를 부렸고
잠시 동안 일을 하기도 했으며 산책도 했고
지금은 고향집으로 가고 있는 길이었습니다.
한 농부는 배고픈 채로 자는 것을 좋아하지 않아서
자신의 친구들에게 저녁을 먹을 것인지 물었습니다.
마을에는 향신료를 넣어 절인 정체 모를 음식이 있었습니다.
그들의 식탁에는 고기가 들어 있지 않은 야채국이 놓여졌고
빵도 주어졌으며 죽도 나왔습니다.
뻬쩨르부르끄에서는 달랐을 것입니다.
배고픈 상태에서 자는 것보다는
모든 것이 훨씬 더 나았습니다.
남자들은 십자가를 긋고
그릇에 매달렸습니다.

그들 중 보다 예민한 한 남자가
세 명을 위해서는 모든 것이 적은 것을 보고
상태를 개선해야겠다고 판단했습니다.
(힘으로 안 되는 곳에서는
머리를 써야 합니다.)
그 남자가 말했습니다.

"친구들, 자네들은 포마라는 친구를 알고 있지.
오늘 징병 모임에 그가 소환될 거야."
"어떤 징병이야?"
"그런 것이 있어. 소문인데,
중국과 전쟁이 일어났대.
황제께서 중국인들에게
차를 조공으로 가져오라고 지시했다지."

그러자 나머지 두 명의 남자들은
전쟁이 일어날 것인가에 대해
이야기를 하기 시작했습니다.
(그들은 불행하게도 글을 알았기에
전쟁을 보도해놓은 신문을
때때로 읽었었습니다.)
우리들의 남자들은
이야기를 하기 시작했는데
추측을 하기도 하고

해석을 하기도 하며
논쟁을 하기도 했습니다.
두 사람이 전쟁이 일어난 것에 대해
잡담하고 있는 동안에
교활한 한 사람은
한마디도 하지 않고
야채국이며 죽을 모두 먹어버렸습니다.

―――

인디아에서 무슨 일이 언제,
왜 일어날 것인가에 대해서
관계가 없는 사람들이
열을 내어 이야기하는 것은
다른 목적이 있어서입니다.
그 사람을 자세히 보십시오.
그 사람 자신이 살고 있는 마을은
모르는 사이에 불타고 있습니다.

제9권

1 목동

목동 사바가 치는 양들이
갑자기 줄기 시작했습니다.
(사바는 주인집의 양들을 치고 있었습니다.)
우리의 젊은 목동은
슬픔과 비탄에 빠졌습니다.
모든 사람들에게
늑대가 행한 끔찍한 일을
불평하고 소문을 내며 다녔습니다.
늑대가 양 떼에서 양들을 끌어내
가차 없이 물어 죽인다고 말입니다.
사람들은 한결같이 같은 말을 했습니다.

"놀랄 일도 아니지.
양들을 해친 늑대들을

어떻게 용서할 수 있겠나!"

그래서 사람들은 매복하여
늑대를 기다리기 시작했습니다.
그런데 어째서 사바의 난로에
양고기 수프와 양고기 죽이 있는 것일까요?
(요리사 견습 출신인 목동은 과실로 인해
시골 목동으로 보내졌던 것입니다.
그래서 사바의 부엌은
우리들의 것과 비슷했습니다.)
온 마을이 늑대의 일을 저주하면서
늑대를 찾으러
온 숲을 다녔지만
늑대는 흔적도 없었습니다.

―――

여러분! 여러분의 수고는 헛된 것이랍니다.
늑대에 대한 것은 소문뿐이지
양을 먹은 것은 사바랍니다.

2 다람쥐

마을 축제날에 사람들이
영주의 대저택의 창문 아래
모여 있었습니다.
그들은 바퀴 안에 있는 다람쥐를 보고
놀라서 넋을 잃었습니다.
자작나무 가까운 곳에 있던 개똥지빠귀 역시
다람쥐를 넋을 잃고 바라보고 있었습니다.
발들이 아른거리고 부드러운 꼬리가 부풀어 오르듯이
다람쥐는 달리고 있었습니다.
개똥지빠귀가 물었습니다.

"이봐, 친구, 여기서 네가
무엇을 하는지 말해줄 수 있겠니?"
"오, 친구, 하루 종일 일하고 있지.

나는 대지주의 업무 파발꾼이야.
먹고 마실 짬도 없고
심지어 숨 돌릴 틈도 없다네."

그러고는 다람쥐는 다시
바퀴에서 달리기 시작했습니다.
개똥지빠귀가 날면서 말했습니다.

"너는 뛰고 있지만, 내가 보기에
너는 여전히 같은 곳을
달리고 있을 뿐이야."

———

분주하고 산만한 사람을 보십시오.
모든 사람들이 그의 모습에 놀랄 것입니다.
그는 필사적으로 노력하는 것같이 보이지만
앞으로 나아가지도 못합니다.
바퀴 안에 있는 다람쥐 같으니까요.

3 쥐들

"친구야! 저 말이지, 문제가 생겼어!"

배에서 어떤 쥐가 다른 쥐에게 말했습니다.

"정말로 물이 새어 들어오고 있어.
우리 밑에서
물이 거의 내 입까지 차올랐어.
(사실은 쥐의 발만 잠겨 있었습니다.)
놀라운 것은 우리 선장이지.
곤드레만드레 취해서 인사불성이야.
선원들 모두
다른 사람들보다 게으르지.
그래, 한마디로 말해
아무런 질서도 없어.

나는 모든 사람들을 향해서 소리쳤어.
우리 배는 지금 가라앉고 있다고.
어느 누구도 우리 배가 어디로 가든지
귀 기울이지 않아.
마치 내가
잘못된 소식을 전하는 것 같았어.
분명한 것은 선창으로만 봐도
배는 한 시간도 버틸 수 없다는 거야.
친구야, 정말로 우리가 다 함께
빠져 죽어야만 하는 걸까!
어서 빨리 배에서 뛰어내리자.
아마 육지가 멀지 않은 곳에 있을 거야!"

거기서 우리의 쥐들은
바다로 뛰어내렸습니다.
그리하여 가라앉고 말았지요.
그러나 능숙한 손으로 조종되는 우리의 배는
무난히 부두에 도착했습니다.

———

이제 이런 질문을 하게 될 것입니다.
물이 새고 있는데,
선장은 그리고 선원들은 무엇을 했을까요?

물이 새는 것이 약해서
곧 막았답니다.
나머지는 비난이었습니다.

4 여우

매우 이른 겨울날
얼음 구멍 가까운 곳에 살던 여우는
엄청난 추위를 만났습니다.
그 사이에 부주의인지, 운명인지
(여기에 함정은 없었습니다.)
여우의 꼬리 끝이 살짝 물에 잠기게 되었는데,
꼬리가 얼음 속에 얼어붙게 되었습니다.
불행은 크지 않아서 쉽게 바로잡을 것입니다.
즉 비록 12개의 털들이 뽑힐지라도
힘 있게 뛰어가기만 한다면
사람들이 오기 전에
집으로 재빠르게 도망갈 것입니다.
그러나 어떻게 꼬리를
상하게 할 수 있겠습니까?

정말로 부드럽고,
쭉 뻗은 금빛 찬란한 꼬리를!
아닙니다. 기다리는 것이 더 좋을 것 같습니다.
사실 사람들은 아직 자고 있답니다.
그사이에 아마
눈이 녹는 날씨가 되겠지요.
그러면 얼음 구멍으로부터
그 꼬리도 녹을 것입니다.
그래서 기다리고 기다립니다.
그러나 꼬리는 더욱더 얼어붙었습니다.
날이 밝아오는 것이 보입니다.
사람들이 움직이고 목소리들도 들립니다.
그때 우리의 불쌍한 여우는
이리저리로 몸부림을 쳤습니다.
그러나 이미
얼음 구멍에서 빠져나올 수는 없었습니다.
다행히도 늑대가 달려왔습니다.

"오, 친구! 은인이여! 도와줘. 완전히 끝장이야."

여우가 외쳤습니다.
늑대는 여우를 구해주려고 멈추었습니다.
늑대의 방법은 매우 간단했습니다.
늑대는 여우의 꼬리를 모조리 물어뜯었습니다.

그때 우리의 바보는
꼬리 없이 집으로 갔습니다.
그리고 여우는 목숨이 붙어 있다는
사실에 기뻐했습니다.

―――

나는 이 우화의 의미가 분명하다고 생각합니다.
여우가 털 한 줌을 아까워하지 않았다면,
여우에게는 꼬리가 남았을 것입니다.

5 늑대와 양들

양들은 늑대들 때문에
전혀 평안한 삶을 살 수 없었습니다.
그래서 마침내 짐승들의 정부는
양을 보호하기 위해
좋은 방법을 생각해냈는데,
이 목적으로 마침내
이사회가 설립되었습니다.
그런데 이사회 구성원 대부분이
늑대들이었습니다.
그러나 사실 나쁜 소문들이 전부
늑대들에 대한 것은 아니었습니다.
배가 불렀을 때 온순하게
양 무리 가까이 걸어 다니고 있는
정말이지 본보기가 될 만한

늑대들을 빈번하게 보았습니다.
왜 그러한 늑대들은
이사회에 오지 않았을까요?
비록 양을 보호해야 하지만,
모든 늑대들을 박해할 필요는 없습니다.
밀림 속에서 회의가 열렸습니다.
심판을 하고 생각을 하며 정리를 했습니다.
그리고 마침내 법을 고안해냈습니다.
말에서 말로 끝난 바로 그것을
여러분에게 들려드리겠습니다.

"늑대가 양 무리들 가까운 곳에서
소란을 피우거나
양을 무례하게 대하기만 하면,
양에게 힘을 행사한 늑대는
누구를 막론하고
목덜미가 잡힌 채
즉시 재판대에 세워질 것이며
가까운 숲이나 침엽수림으로 보내질 것이다."

법에는 어떤 것도 보태거나 뺄 수가 없습니다.
나는 다음과 같은 경우만을 보았을 뿐입니다.
지금까지 늑대들에게
허락되지 않았다고 말들을 하는데,

양들이 피고든 원고든 상관없이
여전히 늑대들은
양을 숲으로 끌고 가는 것입니다.

6 농부와 개

부족함이 없는 집의 주인이자
큰 가정 살림에 능숙한 농부에게는
마당을 지키고 빵을 구우며
더욱이 묘종의 풀을 뽑고 물을 주는 일로
고용되었던 개가 있었습니다.
농부의 생각을
여러분은 무의미하다고 여길 것입니다.
마당은 지켜졌을 테지만
정말로 개들이 빵을 굽거나
묘종에 물을 뿌릴 수 있을까요?
여러분!
만약 '예'라고 대답했다면,
내가 완전히 틀렸을 것입니다.
그러나 더 중요한 것은

우리의 바르보스는 이 모든 일들을 하겠다고
약속했다는 것입니다.
그리고 세 사람 몫의 보수를 스스로 요구했습니다.
바르보스에게는 좋은 일이었으나
다른 사람들에게는 힘든 일이었습니다.
그사이에 주인은 시장에 가게 되었습니다.
시장에서
돌아온 후 주인은
전혀 즐거워 보이지 않았습니다.
그는 화를 내며 이것저것 잡아 뜯고 집어던졌기 때문에
집에는 빵도 묘종도 없었습니다.
설상가상으로 그의 농가에 도둑이 들어
창고를 모조리 털어갔습니다.
농부는 바르보스에게
욕설을 퍼부었습니다.
그러나 개는 변명할
모든 준비가 되어 있었습니다.
개는 묘종을 돌보는 중이었기에
빵 굽는 일은 할 수 없었고
묘종 때문에
마당 주위를 지킬 수 없었으며
매우 지친데다
바로 빵을 구울 준비를 했기 때문에
도둑을 지킬 수 없었던 것입니다.

7 두 소년

"세냐, 저 말이야, 당분간 양들처럼
우리 보고 다시 수업을 받으라고
들볶지는 못하겠지.
정원에 있는 밤을 따러 가자!"
"아니야, 페쟈. 그 밤들은
우리들을 위한 것이 아니잖아!
밤나무들이 가까이 있지만,
사실 나무는 높아서
너나 나나 오르지 못한다는 것을 알잖니.
우리는 그 밤들을 먹을 수가 없어!"
"친구야, 생각해봐!
힘으로 불가능할 때는
꾀를 써서 얻을 필요가 있지.
내게 생각이 있어. 두고 봐!

가까운 가지에 나를 올려주기만 해.
거기에서 우리 스스로가 머리를 짜내면 돼.
그리고 배부르게 밤을 먹을 거야."

그들은 나무를 향해서
전속력으로 달려가서
세냐는 친구 페쟈를 도와주기 시작했는데,
그는 헐떡거리고 땀을 흘리며
마침내 페쟈가 간신히 올라갈 수 있도록 도왔습니다.
페쟈는 편안한 곳으로 기어 올라갔습니다.
곡식 자루 속에 들어 있는 쥐처럼
페쟈에게는 높은 곳이 편안했습니다!
거기에 있는 모든 밤들을
다 먹을 수 없을 뿐 아니라
셀 수도 없었습니다!
밤들을 따서
친구와 나누어야 합니다.
그런데 이게 웬일입니까!
세냐의 몫은
너무 작았습니다.
불쌍한 세냐는 아래에서
입맛만 다시고 있었습니다.
페쟈는 위에서 밤들을 땄고
나무 아래 있는 친구에게는

껍질들만 던졌습니다.

―――

세상에서 나는
페쟈와 같은 사람을 많이 보았습니다.
그들의 친구들은 위로 올라갈 수 있도록
열심히 도와주었는데,
그후에 도와준 친구들은
그들로부터 껍질도 얻지 못했답니다.

8 강도와 마부

숲 속 길가에 숨어 있던 강도는
저녁 무렵에 훔칠 물건을 기다리고 있었습니다.
굴에서 나온 굶주린 곰처럼
침침한 먼 곳을 두루 살펴보고 있었습니다.
건초 더미처럼 부피가 큰 마차가
굴러오는 것이 보입니다.
강도는 속삭였습니다.

"오! 물건들을 가지고 시장으로 가고 있을 거야.
보아하니 모든 것이
양복지, 옷감들, 비단인 것 같아.
정신 차려야 해.
저기에서 식료품을 얻게 될 거야.
오늘은 공치지 않겠군."

그사이에 마차가 다가왔습니다.
강도는 소리쳤습니다.

"멈춰라!"

강도는 몽둥이를 가지고
마부에게 달려들었습니다.
강도는 바보 어른과 붙어서
싸우는 것이 아니었습니다.
도로에서 악당을 만났던 마부는
용감한 사나이였고
몽둥이를 들고
자신의 재물을 지키려 했습니다.
우리의 영웅은 싸워서 살아야만 했기에
이 싸움은 길고도 격렬했습니다.
강도는 이빨 몇 개가 부러지게 되었고
팔도 부러졌으며 눈도 다쳤습니다.
그러나 강도는 승리자였습니다.
악당은 마부를 죽였습니다.
그리고는 탈취물을 향해
재빨리 달려갔습니다.
강도는 무엇을 빼앗았을까요?
웬걸, 마차는 텅 비어 있었답니다!

―――

세상에는 많은 사람들이
아무것도 아닌 것 때문에
죄를 짓고 악하게 됩니다.

2 사자와 쥐

쥐는 사자에게
마을 천막의 구멍 속 가까이
갈 수 있게 해달라고
겸손하게 요청했습니다.
그리고 다음과 같은 말을 덧붙였습니다.

"이곳 숲에서 당신은 강하고 유명합니다.
권력에 있어서 어느 누구도
사자님을 능가할 수 없고
으르렁 하는 소리 하나만으로도
공포에 떨게 합니다.
그러나 미래에 누가 나타날지 모릅니다.
어떻게 알겠습니까?
내가 작지만 때때로

당신에게 필요할지도 모릅니다."

이 말에 사자가 소리쳤습니다.

"이 불쌍한 것아!
너는 이 불손한 말 때문에
사형을 받을 거다.
꺼져버려, 여기서 꺼져버려라!
살아 있는 동안
여기에 다시 나타나지 마라!"

불쌍한 쥐는
공포로 제정신이 아닌 채
전속력으로 달아나서
흔적도 없이 사라졌습니다.
그러나 사자의 이 거만은
비싼 대가를 치렀습니다.
점심거리를 찾으러 나선 후에
사자는 그만 그물에 걸리고 말았습니다.
그에게 있는 힘도 소용이 없었고
울부짖는 소리와 신음 소리도
소용이 없었습니다.
아무리 사자가 물어뜯고 몸부림을 쳐도
사냥꾼의 그물에 갇힌 사자는

그대로였습니다.
그리고 사람들의 구경거리가 될
우리 속으로 옮겨졌습니다.
사자는 늦게서야
자기를 도우려고 했던
불쌍한 쥐에 대해
상기하게 되었습니다.
사자가 자신의 오만함에
빠져 있지 않았다면,
쥐의 이빨로 인해
올가미는 무사하지 않았을 것입니다.

―――

여러분,
부질없는 내 말보다
민중 속에서 회자되고 있는
침 뱉은 우물도
다시 먹을 날이 있다라는 진리를
이 우화에 덧붙이려 합니다.

10 뻐꾸기와 수탉

"사랑스런 수탉아!
너는 크고 장중하게
노래를 부르는구나!"
"나의 벗, 뻐꾸기야,
너는 경쾌하고 느리게
노래를 부르는구나!
우리 숲 전체에서
그러한 가수는 없을 거야."
"내 벗이여!
나는 언제까지나
너의 노래를 들을 준비가 되어 있어."
"벗이여!
단언하건대 네가 노래를 멈추자마자
나는 기다리게 될 거야.

네가 노래를 시작할 때까지
기다릴 수 없을 것 같아……
어디에서 그런 목소리가 나올까?
맑고도 부드러우며 높은 목소리가!……
너희 뻐꾸기들은
이미 태어날 때부터 그런 것 같아.
몸집은 작지만 노래들은 꾀꼬리 같아."
"고마워.
솔직히 말해서
너도 극락조보다 더 잘 불러.
증거를 대라면 댈 수도
있어. 한두 가지가 아니라고."

이때 듣고 있던 참새가 그들에게 말을 보태었습니다.

"얘들아!
비록 너희들이
목이 쉬도록 서로를 칭찬하지만,
너희들의 음악은 형편없어!……"

―――

과연 무엇을 위해
비난도 두려워하지 않고

뻐꾸기는 수탉을 칭찬하는 것일까요?
수탉이 뻐꾸기를
칭찬하도록 하기 위해서입니다.

11 고관대작

옛날에 어떤 고관대작이 있었는데
어느 날 아주 화려하게 장식된 침대로부터
명부(冥府)의 신 플루토[40]가
다스리고 있는 나라로 가게 되었습니다.
쉽게 말해서 그는 죽었습니다.
옛 관행에 따라 지옥에 심판관이 나타났습니다.
곧 그에게 심문이 시작되었습니다.

"너는 무엇을 하였느냐?
어디에서 태어났느냐?"
"페르시아에서 태어났고
태수로 있었습니다.

---
40 플루토: 그리스 신화에 나오는 죽음의 지하 세계를 관장하는 신.

그러나 나는
오랫동안 건강이 좋지 않았기 때문에
내가 직접 지방을 다스릴 수가 없었습니다.
그래서 모든 업무들을 비서에게 넘겼습니다."
"그렇다면 너는 무엇을 하였느냐?"
"마시고 먹고 잤습니다.
그리고 비서가 가져오는
모든 서류들에 서명을 하였습니다."
"즉시 그를 극락으로 보내라!"

그러자 상업의 신 머큐리[41]가 매우 흥분하여 외쳤습니다.

"이럴 수가!
이건 전혀 공정하지 않은 재판이 아닌가!"
제우스의 아들 아레스[42]가 대답했습니다.
"이봐 형제여!
자네는 정말 아무것도 모르는군.
어떻게 그렇게 모를 수 있단 말인가?
이 고관대작은 바보였어!
만약 그러한 권력을 가지고
그가 직접 일을 처리했다면,
불행하게도 그 지방 전체를 망쳐버렸을 거야!⋯⋯

---

41 머큐리: 로마의 신으로 사자의 신이며 상업의 신. 그리스 신화의 헤르메스이다.
42 아레스: 헤라의 아들로 로마의 신화에 나오는 전쟁의 신. 그리스 신화의 마레스이다.

그리하여 그곳에서는
눈물이 마를 날이 없었을 테지!
그가 일을 하지 않았기 때문에
그는 천국에 보내진 것이야."

―――

어제 나는 법정에 갔었고 그곳에서
이런 판결을 내리는 것을 보았습니다.

'그가 천국에 가는 것이 합당한 듯하다!'

■ 옮긴이 해설

러시아 사회를 보여주는 거울, 끄르일로프의 우화

1. 러시아 문학과 우화

　마음으로부터의 통쾌한 웃음을 자아내는 우화는 이미 고대 그리스, 중국, 인도에서도 알려져 있었다. 이러한 우화는 민중 속에서 회자되며 널리 읽혔다. 우화 작가로는 우선 누구나 알고 있는 이솝을 비롯하여 표드르, 라 퐁텐 등을 들 수 있는데 이들은 민중들의 지혜를 흡수하여 다음 세대들에게 전달하는 훌륭한 역할을 수행했다고 할 수 있다. 러시아에도 이솝 못지않은 훌륭한 우화 작가가 있다. 바로 평생 200여 편에 달하는 우화를 9권의 우화집을 통해 발표했던 끄르일로프이다.
　러시아 문학의 아버지로 불리는 뿌쉬낀은 라 퐁텐과 끄르일로프를 비교하면서 그들의 작품에 나오는 러시아와 프랑스 두 민중의 '영혼'이 이들의 우화 속에서 어떻게 표현되고 있는지를 언급했다. 프랑스 우화 작가가 프랑스 민중의 '순박함'을 표현한 것과 달리 끄르일로프는 러시아 민중의 활기 넘치는 교활한 이성을 표현하고 있다.

러시아 문학에서는 전통적으로 리얼리즘이 강세를 차지했다. 이것은 독특한 러시아의 역사와도 관련이 있다고 할 수 있다. 기나긴 황제정과 유럽에서 가장 늦게까지 농노 제도를 지속했던 러시아에서 작가들이 민중과 그들의 생활에 눈을 돌리게 된 것은 어쩌면 당연한 일인지도 모른다. 이러한 역사를 겪으면서 러시아의 작가들은 사회의 부조리에 항거하는 등 사회의 여러 부정적인 현상들에 대해 적극적으로 참여하는 입장에 서게 되었다. 따라서 작가를 중심으로 하는 이들 지성인들의 역할은 러시아 사회에서 중추적인 것으로 여겨진다.

이런 맥락에서 볼 때 우화가 러시아 문학에서 차지하는 것은 대단한 것이라고 할 수 있다. 러시아 우화는 러시아 문학 발전에 큰 역할을 담당했다. 리얼리즘이 중심축을 이루었던 러시아 문학에서 우화는 작가가 되기 위한 수업 과목 중의 하나가 되었다.

끄르일로프에 이르러 이전까지의 러시아 우화는 새로운 단계에 접어들게 되었다. 끄르일로프 이전에 러시아 문학에서 뛰어난 우화 작가로는 수마르꼬프, 마이꼬프, 헴니쩨르, 드미뜨리예프 등이 있었다. 그러나 끄르일로프 식 우화들의 생생한 표현과 예리한 풍자는 19세기 초 전(全) 러시아 문학에서 새로운 지평을 열었다. 처음에는 외국의 우화를 번역하던 단계에 있던 끄르일로프는 30년 동안 한직에 머무르면서 우화를 창조하고 정리하는 일을 담당했다. 이렇게 하여 우화의 전통은 계승되었고 현저한 발전을 이루게 되었다.

2. 끄르일로프 우화의 특징

끄르일로프의 문학 경력

가난한 가정에서 태어난 이반 안드레예비치 끄르일로프 Иван Андреевич Крылов(1769~1844)는 삶의 지혜를 지녔던 여성인 어머니에게 가정교육을 받으면서 많은 우화들을 듣고 자랐다.

끄르일로프가 열 살 되었을 때 아버지가 돌아가시자 그는 가정의 생계를 위해 사무실 서기로 일하며 가족을 부양해야 했다. 활발하고 지식욕이 풍부한 소년 끄르일로프는 학교 교육 대신에 지루한 서류 작업에 몰두해야 했던 것이다. 이렇게 어린 나이에 고된 일을 하면서 그는 일찍이 지방 재판관들의 추한 모습과 관리들의 직권 남용 및 민중들의 비참한 처지를 알게 되었다. 이러한 경험들은 훗날 그의 우화들 속에서 생생하게 살아나게 된다. 그는 성장하면서 국가를 뒤흔든 뿌가쵸프 반란,[1] 계몽군주를 자처했던 예까쩨리나 2세의 농노제 수호를 위한 가혹한 정치 등을 지켜보면서 진보적인 사회 이념을 지니게 되었다. 이 당시 라지쉐프[2] 같은 그 시대의 선각자들은 전제 농노제적 반동에 맞서 봉기했고 민중 수호를 위해 목소리를 드높였다.

끄르일로프 또한 당시 수도 뻬쩨르부르끄에서 사회적, 문학적 인생의 새로운 국면을 맞이하게 되는데, 1782년 농노제를 날카롭게 비판하고 있는 폰비진[3]의 연극 「미성년」을 처음으로 보게 된 것도 그러한 경험

---

1 뿌가쵸프 반란: 예까쩨리나 여제 시대에 뿌가쵸프(1742~1775)를 중심으로 일어났던 러시아 최대의 농민 반란이다. 뿌가쵸프는 모스끄바에서 재판을 받고 처형되었다.
2 라지쉐프(1749~1802): 러시아 작가이자 혁명사상가.

중의 하나였다. 그 무렵 라지쉐프는 이미 『여행기』의 집필에 들어갔고 프리메이슨적이지만 예까쩨리나 2세의 정책에 부정적 입장을 취했던 '인문학 동호회'의 결성을 준비하고 있었다.

끄르일로프는 수도에서 문학 및 연극계 사람들과 가까워졌다. 세무국에서 함께 관리로 근무했던 연극 감독 사이모노프, 유명한 배우 드미뜨레프스끼, 극작가 끄냐쥐닌 등이 그와 친분을 맺었던 대표적인 인사들이었다.

끄르일로프의 첫 작품은 그가 뜨베르에 있을 때인 15세 되던 1784년에 집필하기 시작한 최초의 오페라 「커피로 점치는 여자」이다. 이 작품에서 그는 지방의 생활상을 묘사하였다. 이 코미디에는 이미 젊은 극작가의 날카로운 관찰력과 농노제에 대한 부정적 입장 등이 나타나 있다. 나중에 젊은 날의 이 코미디를 회상하면서 끄르일로프는 "나는 있는 그대로 썼다"라고 밝히면서 시대의 특성들이 진실되게 묘사되었다고 말했다.

끄르일로프는 고전 비극 장르에서도 자기 역량을 시험했다. 당시에 씌어진 두 편의 비극 「필로멜라」와 「클레오파트라」는 자유주의적 성격과 전제주의를 비판한다는 점 때문에 무대에 올려지지 못했다. 그러나 그 정도의 실패는 문학에 대한 끄르일로프의 열정을 꺾지 못했다.

끄르일로프는 새롭게 코미디로 전향해서 1784~1788년 사이에 몇 편의 희극 오페라와 희곡을 썼는데, 「광기 어린 가족」 「문간방의 작가」 「장난꾸러기」 들이 그때 씌어진 작품이다. 이 코미디 작품들에서 끄르일로프는 권력과 부를 좇는 사회 행태를 폭로하고 귀족 사회의 방탕한 생활과 이기주의를 비웃고 있다.

---

3 폰비진(1744~1792): 러시아 작가이자 극작가.

그 당시 문학계의 가장 눈에 띄는 인물인 끄르일로프의 신랄하고 비판적 어조, 반귀족적 경향의 코미디는 비단 끄냐쥐닌뿐만 아니라 오늘날까지도 젊은 극작가들의 지주로 여겨지는 연극 감독 사이모노프까지 끄르일로프를 반대하게 만들었다. 자신의 희곡이 무대에 올려지는 것을 반대한 검열국에 대한 반항으로 끄르일로프는 자신의 배척자들에게 악의에 찬 야유가 실린 편지를 썼는데, 그 속에는 젊은 작가의 패기가 드러나 있었다. 편지에서 끄르일로프는 연극에 대한 자신의 견해를 피력하고 사회적 내용이 가득 차 있는 코미디의 원칙을 옹호하고 있다.

당시의 끄르일로프의 심정은 그의 시「다행히도」에 잘 나타나 있다. 이 시에서 작가는 '행운의 신'이 자신을 경멸하는 것에 대해 불평하면서 자신의 청빈함을 자랑스럽게 여기고, 헛된 영광을 꿈꾸지 않으며 무위도식하는 자들의 생활과 자신의 삶을 대조시키고 있다.

무엇보다 먼저「나의 친구에게」「욕망의 효용에 관한 서한」및 다른 작품들에 담긴 끄르일로프의 서정시들은 18세기 말에서 19세기 초기의 러시아 시 분야에서 두드러진 위치를 차지했다. 끄르일로프는「평온과 자유의 내면」「방탕한 도시로」등에서 평화적이고 단조로운 시골 생활과 감정이 자유롭게 표출되는 도시 생활을 대조시키고 있다. 사교계를 업신여기고 관리와 귀족들의 독재를 부정하는 자유주의자가 끄르일로프 시의 주인공이다.

끄르일로프가 '감정'과 '이성' 간의 상호관계에 대한 질문을 제기하고 있는『욕망의 효용에 관한 서한』과『바람의 효용에 관한 서한』은 삶의 기쁨에 대한 인간의 권리를 수호하며 위선과 금욕주의 및 비문화주의에 대항하여 쓴 작품으로 많은 관심을 불러일으켰다. 이 서한에서 끄르일로프는 가벼운 회화체, 조소적이고 아이러니컬한 어조로 중요한 주제들에 대해 이야기하고 있으며 자신의 작품이 고전주의 시의 감정이 없는 형태와는 거리가 멀다는 점을 증명하고 있다. 폰비진의 『하인에게 보내는 서한』의 전통을 계승하면서 끄르일로프는 동시에 바쮸쉬꼬프[4]의 익살 맞은 철학 서한과 젊은 뿌쉬낀의 등장을 예고하고 있다.

자신의 희극이 상연되는 것을 보려는 희망이 깨어지자 끄르일로프는 잡지 활동으로 눈길을 돌렸다. 1789년 끄르일로프는 라흐마니노프와 협력해서 시사 잡지 『영혼의 우체국』을 발행했다. 18세기 러시아 계몽 운동계는 나라의 발전을 저해하는 봉건농노제에 대해 광범위한 사회적 불만을 드러냈고, 서유럽의 계몽 운동과는 달리 부르주아 계층이 아닌 다수의 민중들을 그 대상으로 했다. 이 진보적 경향은 더욱이 노비꼬프,[5] 폰비진, 그리고 특히 귀족 계몽 운동을 넘어서 실제로 혁명 계획으로 이끌었던 라지쉐프와 같은 작가들의 작품 속에 충분히 표현되어 있었다. 1780~90년대 시인이자 극작가이며 시사 잡지 『영혼의 우체국』의 발행인인 젊은 끄르일로프는 위의 진보적인 작가들과 관련되어 있다.

『영혼의 우체국』에서 끄르일로프는 군주와 '폭군'들의 악행 그리고 민중을 약탈하고 괴멸시키기 위해 전제 군주들이 일으키는 침략 전쟁의 강탈적 성격에 대해 심히 분노하며 이들을 폭로하고 있다.

풍자적 폭로의 신랄함은 정부의 불만을 사게 되었다. 이것은 결국 잡지 『영혼의 우체국』의 갑작스런 종간의 원인이 되었다. 그러나 끄르일로프는 사회적인 투쟁을 계속하였다. 새로운 잡지 창간을 생각한 지 2년이 지나지 않아 그는 배우 드미뜨리예프스끼, 극작가 쁠라빌쉬꼬프와 문학가 끌루쉬느이 등의 지인들과 함께 출판사를 차렸다. 출판사 '끄르일

---

4 바쮸쉬꼬프(1787~1855): 러시아의 시인.
5 노비꼬프(1744~1818): 러시아의 작가, 계몽주의자, 저널리스트, 출판가.

로프와 친구들'은 그 창업 취지에 따르면 반드시 문화 계몽 기업이 되어야 했는데, 옛날 노비꼬프의 '출판 상사'와 비슷한 성격을 지니는 것이었다. 1792년부터 끄르일로프의 출판사는 새로운 잡지 『관객』을 출간했다.

정부의 불만으로 인해 지방으로 추방되었던 끄르일로프는 몇 년 후 수도로 돌아와서 희극 「양품점」과 「딸들을 위한 수업」을 발표했으나 이 작품들은 당시 프랑스 문학에 심취해 있던 귀족들에게 비웃음을 샀다. 그는 이후 1812년부터 황립공공도서관의 사서 보조로 30년 이상 근무했다.

끄르일로프의 창작에서 주요한 자리를 차지하는 것은 지혜롭고 사실적인 색채가 풍부한 우화들이라고 할 수 있다. 이 우화들 속에는 국민들의 마음속에 영원히 남아 있는 다양한 유형의 형상들이 등장한다. 그의 명성은 대부분 우화 작품에서 비롯되었다. 그는 「거울과 원숭이」「사자와 표범」「늑대와 학」「늑대와 새끼 양」「뱀」「뻐꾸기와 비둘기」「농부와 뱀」 등 200여 편에 달하는 많은 양의 우화를 썼다.

끄르일로프 우화의 내용

끄르일로프의 우화에 등장하는 동물들은 러시아 민중의 동화 속에 나오는 동물들과 긴밀한 관계를 지닌다. 교활한 여우, 탐욕스런 늑대, 우둔한 곰 등이 그의 우화 속으로 고스란히 옮겨진다. 틀에 박힌 양식을 필요로 하지 않았던 그는 우화의 교훈적인 추상성을 극복해냈다. 따라서 그의 모든 우화들은 각각 거의 독자적인 특징과 양식을 가진다. 그러나 끄르일로프의 우화들이 끄르일로프 이전의 작가들이나 동시대 작가들의 우화들과 다른 중요한 점은 사실적인 간결성과 특징적인 등장인물의 형상들이다. 끄르일로프의 우화들 속에는 우선 우화 장르에서뿐만 아니라 러시아 문학 전반에서 보았을 때도 살아 있는 듯한 진짜 사람들과 인간의 특징을 지닌 동물들이 나타난다는 특징이 있다.

끄르일로프는 비유로 감추면서 풍자적으로 폭로하는 주제들을 썼다. 그가 자신의 우화들 중의 하나에서 "진실은 그렇게 반쯤 열려 있는 것이다"라고 말하고 있는 것처럼 그는 대담한 방식으로 우화를 써 나갔다. 그의 우화가 예리한 풍자성을 지닌다고 말할 수 있는 것은 권력을 악용하고 뇌물을 주고받는 행위, 무례함과 탐욕 등에 거침없이 대항하는 모습 때문이다.

그는 농노제를 옹호하는 전제 정치를 신랄히 비판하는 우화 풍자들을 만들어냈다. 그러한 우화들은 「물고기들의 춤」 「얼룩양들」 「고양이와 꾀꼬리」 등등이 있다. 「물고기들의 춤」에서 알렉산드르 1세 시대에 실제적으로 국가를 통치했던 포악한 신하이자 자유주의 정책에 대한 자신의 심정을 위선적으로 표명했던 아라끄체예프를 암시하고 있다는 것을 볼 수 있다. 이 위선적인 정치가에 대한 평가를 끄르일로프는 「얼룩양들」이라는 우화에서 뛰어난 풍자적 예리함으로 잘 보여주고 있다. 한편 「면도칼」과 「검」이라는 우화들 속에는 1825년의 사건이 포함되어 있다. 우화 「면도칼」에서 끄르일로프는 그 시대의 선각자들, 즉 12월 당원들이 국가에 거대한 유익을 가져오려고 투쟁을 했던 상황에 대해 보여주고 있다.

「벌꿀을 훔친 곰」이라는 우화에서 곰은 드러내놓고 뻔뻔스럽게 약탈하는 거대한 관료주의 관료로 나온다. 곰은 자신의 힘과 처벌받지 않는다는 것을 믿고 심지어 점잖게 행동하거나 위선적인 행동을 할 필요가 없다고 생각한다. 탐욕스럽고 거친 맹수인 늑대가 어리석게 나오는 데에는 같은 이유가 있다. 이 늑대는 파렴치한 관리 수뢰자이지만 계급이 약간 낮아 약간은 겁을 내고 있다. 이러한 우화들은 「늑대와 새끼 쥐」 「늑대와 학」 「늑대와 양들」 「늑대와 새끼 양」 「늑대와 여우」 「늑대와 고

양이」 등이 있는데 이익을 위한 수단에 있어서 방법을 가리지 않고 뻔뻔
스럽고 자신만만한 탐욕스런 맹수의 이러한 특색들을 확실하게 보여주
고 있다.

여우의 형상에 있어서 끄르일로프는 보통 파렴치한 재판관이나 약삭
빠르고 아부를 잘하는 군신으로 표현하고 있다. 그러한 출세주의자와 욕
심쟁이들이 가지고 있는 아부를 잘하는 성격을 냉소주의와 처벌받지 않
으려는 처신과 일치시킨다. 그러한 여우는 「농부와 양」「건축가 여우」
「농부와 여우」「늑대와 여우」「얼룩양들」 등의 우화들 속에 있다.

그의 작품에서 사자들, 늑대들, 여우들, 숭어들은 근검한 노동의 생
활이 없는 탐욕스럽고 위험한 맹수(갈취자)들이다. 국민들을 약탈하고
박해하는 수뢰자들이고 수탈자들이며 부정직하고 속임수를 써서 자기 잇
속을 챙기는 관리들, 재판관들, 정치인들이다. 동물들을 통해 끄르일로
프는 변함없이 자연적인 특징을 지니고 있는 동물들을 보여주는 동시에
이들이 지니는 전형적인 인간의 특색을 신랄한 풍자로 보여주는 능숙한
작가적 기질을 발휘하고 있다.

그런가 하면 끄르일로프는 사람들을 주인공으로 등장시켜 동물 주인
공들보다 훨씬 더 구체적이고 사실적인 면을 창조해내고 있기도 하다.
그러한 우화들로는 「두 남자」「농부와 일꾼」 등이 있다.

끄르일로프는 자신의 생애 마지막까지 황제와 고관대작들에 대한 부
정적인 태도를 간직하고 있었다. 그것은 1834년에 씌어진 그의 마지막
우화 「고관대작」 속에 상징적으로 나타나고 있다. 이 우화 속에서 끄르
일로프는 모든 업무들을 자신의 비서에게 맡긴 능력 없는 황제 총독을
비웃는 예전에 그가 즐겨 쓰던 풍자적인 주제를 반복해서 다루고 있다.

벨린스끼[6]는 끄르일로프의 우화를 이렇게 정의 내리고 있다.

끄르일로프의 훌륭한 우화들 속에는 곰이나 여우, 그 어떠한 동물도 찾아볼 수 없다. 비록 이들이 동물인 것은 사실이지만 그 속에는 사람들, 특히 러시아 사람들이 숨어들어 있다.

이러한 우화의 주인공들을 통해서 끄르일로프는 시민적이고 애국적인 의무를 독자에게 상기시키고 사회의 죄악을 폭로하려 하였다. 끄르일로프는 당시 러시아 사회와 시대상을 반영한 자신의 우화 속에서 부패한 권력층을 풍자하는 동시에 무지몽매한 민중에 대한 계몽을 담당하였다. 그의 이러한 성향을 처음으로 언급한 뿌쉬낀은 그를 일컬어 참된 '민중시인'이라고 평가하면서 그의 민중성은 일상적인 생활의 외면 속에서가 아니라 러시아의 민족적 독창성과 민중적인 정신의 표현들 속에 구현되어 있다고 극찬하였다. 끄르일로프를 비평가인 벨린스끼는 "우리 문학의 양심, 영혼이자 자긍심"이라고 정의하고 있다.

끄르일로프의 민중성은 사회 전반의 절박한 문제들의 취급 속에 잘 나타나 있다. 즉 국가 체제의 불평등을 거침없이 들추어내면서 그는 민중의 자각을 고취시키고 이들의 도덕적 우월성을 여러 번 강조하였다. 민중성을 기반으로 한 그의 우화는 사회적인 내용, 도덕 철학적인 내용, 일상생활적이고 교훈적인 내용을 포함하고 있다.

끄르일로프는 민중들의 생각 속에 내재해 있는 여러 속담들과 풍자적인 표현들에 작가로서의 예술적인 표현력을 가미하여 작품을 만들어 냈다. 속담들 속에 들어 있는 민중의 신랄한 유머와 표현들에 새로운 내

---

6 벨린스끼(1811~1848) : 러시아의 비평가.

용들을 확대시킴으로써 그의 우화들은 불후의 생명력과 신선함을 지니게 되었다. 민중의 지혜들은 그들의 오랜 경험과 현명함이 모여서 이루어진 것이었다. 끄르일로프의 우화들은 러시아 민중의 유머와 그들의 삶의 지혜와 도덕성 등이 가득 차 있다.

    자신의 작품의 뿌리를 민중에 둠으로써 불후의 명성을 쌓은 끄르일로프는 생생한 일상 언어를 자기 작품에 폭넓게 사용했다. 그 결과 끄르일로프 우화의 문구와 많은 시들은 속담과 격언들로 사용되기도 했다. 또한 끄르일로프 자신이 우화 속에 속담과 격언을 이용함으로써 자신의 우화들의 언어와 문체에 민중적인 뉘앙스를 띠게 하기도 했다. 그는 표현력이 풍부하면서도 간결한 형태를 속담들 속에서 찾아내었다. 그리하여 그의 우화 속에는 민중들이 현실의 부정적인 현상에 대해서 예리하고 풍자적인 태도를 지니고 있는 모습을 잘 살펴볼 수 있다.

    그의 우화는 당대에 상당한 대중성을 확보해 나갔으나 한편으로 보수적인 진영에서는 그의 우화가 통속적이고 평범한 사실주의적 플롯을 따르고 있다고 내몰면서 익숙한 장르의 전통을 파괴했다는 이유로 그를 혹평하기도 했다. 그러나 끄르일로프의 우화는 그 전통성을 견지하면서도 동시에 새로운 단계에 도약하고 있었다.

끄르일로프 우화의 문학적 의의

    끄르일로프의 문학 활동이 우화에만 국한된 것은 아니다. 그는 18세기 말 러시아 문학계에 확실한 위치를 차지했던 탁월한 풍자 산문 작가이자 재능 있는 극작가였으며 서정시인이기도 하였다. 그러나 그에게 세계적인 명성을 안겨준 것은 우화였다.

    끄르일로프의 우화들은 러시아 문학에 사실주의의 발달을 가져왔고 뒤를 이은 그리보예도프, 뿌쉬낀, 고골 및 그와 다른 러시아 작가들이 지향한 길을 미리 닦았다.

끄르일로프를 참된 '민중시인'이라고 평가했던 뿌쉬낀은 끄르일로프의 민중성은 겉으로 보이는 일상적인 생활이 아닌 러시아의 독창적인 민족성 속에 구현되어 있다고 극찬하였다. 러시아 민중에 그 뿌리를 두고 있는 끄르일로프의 우화는 예리하고 적절한 유머가 녹아 있는 러시아 속담과 격언들 속에서 성장했다. 끄르일로프는 국가 체제의 불평등, 사회의 죄악을 거침없이 들추어내면서 민중의 자각을 고취시키기도 하고 민중이 관료들보다 도덕적으로 우월하다는 것을 강조하기도 한다.

시대를 넘나드는 주인공들을 창조해낸 끄르일로프는 특수한 동시에 보편적인 형상들을 주인공으로 창조해내고 있다. 그가 창조한 여러 동물들의 어리석은 오만함과 거만함, 위선과 무능함, 부주의와 게으름들, 이 모든 것들은 지금도 여전히 볼 수 있다. 그의 우화들에서 모든 것은 철저하게 사실적이다. 비록 동물이 의인화되고 있다 하더라도 그것은 막연하고 추상적인 묘사에 그치는 것이 아니라 생생한 진짜 사람들과 인간 특징들을 타고난 동물들로 나타난다. 그의 우화 속에 등장하는 주인공들은 당대의 실재하는 형태로 나타나며 살아 움직인다.

끄르일로프의 우화들은 그가 살아 있을 당시부터 유럽의 여러 언어들로 번역되기 시작하여 러시아와 러시아인의 정신세계가 세계로 퍼져나가는 계기를 마련하였다. 그의 우화들은 오늘날에도 여전히 낯설지 않은 세계를 보여주며 현대인들의 공감을 얻고 있다. 그것은 러시아 민중의 민족성과 영리함, 깊은 지혜와 숭고한 도덕성이 생생한 러시아어로 훌륭하게 표현되어 있는 그의 우화가 세계적인 의의를 획득하고 있기 때문이라고 할 수 있다. 시대를 뛰어넘는 작가임을 확연히 보여주는 그의 우화들은 오래전부터 러시아 민중의 지침서가 되었고 그의 우화에서 표현된 금언이나 속담들은 현재까지 교훈적인 명언과 고사성어로 남아 있다.

> 봉사 정신이 강한 바보는 적보다 더 위험한 법이다.(「고독한 사람과 곰」)

> 만일 장화 만드는 사람이 빵을 굽기 시작하고 빵 만드는 사람이 장화를 만든다면 모든 일은 엉망진창이 되어버릴 것이다.(「농어와 고양이」)

3. 끄르일로프 우화 번역을 마치며

세계 문학에서 한 획을 긋는 러시아 문학에서 중요한 작가 중의 한 사람이지만 우리에게 아직은 그리 익숙하지 않은 끄르일로프를 알게 되는 것은 러시아와 러시아인을 더 잘 이해하는 데 큰 도움을 줄 것으로 여겨진다.

이『끄르일로프 우화집』은 그의 우화집 9권 전체를 번역한 것으로 모두 198편의 우화를 담고 있다. 원본으로는 1956년에 모스끄바 예술문학출판사에서 출판된『끄르일로프 우화집』을 사용했다. 이 원본은 1843년 뻬쩨르부르끄에서 출판된『9권으로 된 끄르일로프 우화집』을 한 권으로 엮은 것이다.『9권으로 된 끄르일로프 우화집』은 끄르일로프 자신이 직접 엮은 우화집으로 그의 우화집의 마지막 판본이다.

이 『끄르일로프 우화집』이 세상의 빛을 보도록 도와주신 고마운 분들이 있다.

러시아 문학을 사랑하는 마음으로 『끄르일로프 우화집』의 번역을 위해 과감한 투자를 해주신 대산문화재단에 감사의 마음을 전하고 싶다. 대산 세계문학총서를 통해 외국 문학이 더욱 빛을 발하게 될 것으로 여겨진다. 그리고 이 책을 예쁘게 만들어주신 문학과지성사에 감사의 인사를 드린다.

『끄르일로프 우화집』을 내면서 함께 기쁨을 나누고 싶은 사람들이 있다.

일요일마다, 혹은 토요일에도 귀중한 시간들을 나누며 스터디에 열중했던, 계명대학교 러시아어문학과 1회 졸업생이자 사랑스런 제자인 김정현과 모스끄바 대학교 대학원 후배이자 새로운 동료인 최윤희 선생님과 함께했던 날들은 아마 오랫동안 기억될 것이다. 끄르일로프의 문체에 익숙해진 후에 그 어떤 작가의 문체도 겁이 나지 않게 되었다는 농담을 하면서 밤늦게까지 우리는 번역 스터디를 하였다. 그리고 해석하는 데 있어 어려운 부분들을 만날 때마다 기꺼이 나서서 해결해주셨던 옐레나 바실리예브나 뻬뜨로프스까야 Елена Васильевна Петровская 교수님의 도움이 없었다면 이 번역 작업은 더 오랜 기간이 걸렸을 것이다.

작은 책을 낼 때마다 생각나는 분들, 항상 조용한 모습으로 주변을 지켜주시는 고마운 사람들이 있어서 행복하다. 무엇보다도 어렸을 적에 그 많은 옛날이야기들을 통해 문학의 꿈을 키워주셨던 어머니께서 건강하게 오래오래 사시기를 기원하며 이제는 반대로 어머니께 러시아 우화를 몇 편 읽어드리고 싶다.

| 참고 문헌 |

Архипов В. А., И. А. Крылов. Поэзия нар. мудрости, М., 1974.

Афанасьев В. В., Плащ волшебника. (И. А. Крылов). — В его кн.: Свободной музы приношенье, М., 1988.

Бабинцев С. М., И. А. Крылов. Указатель его произв. и лит-ры о нем, Л.—М., 1945.

Бабинцев С. М., И. А. Крылов. Очерк его издатееской и библиотечной деятеъности, М., 1955.

Бабинцев С. М., О годе рождения К. —КЛ, 1959, No 3.

Белинский В. Г., Иван Андреевич Крылов, Подн. Собв. соч., т. 8, М., 1955.

Благой Д., Великий рус. баснописец И. А. Крылов, М., 1944.

Благой Д., Моподой Крылов, в его кн.: История рус. лит-ры XVIII в., 4 изд., М., 1960.

Виндт Л., Басия, как литературный жанр, в сб.: Поэтика, Л., 1927.

Виноградов В. В., Язык и стиль басен Крылова, 《Изв. АН СССР. ОЛЯ》, 1945, т. 4, в. 1

Выготский Л. С., Тонский яд. —В его кн.: Психология иск-ва, М., 1986.

Гоголь Н. В., В чем же наконец существо рус. поэзии и в чем ее особенность, Полн. собр. соч., т. 8, М., 1952, с. 391~95.

Гордин А. М., К. в Петербурге, Л., 1969.

Гордин М. А., Гордин Я. А., Театр К., Л., 1983.

Гордин М. А., жизнь К., М., 1985.

Гордин А. М., К. в портретах, иллюстрациях, док-тах, М.—Л., 1966.

Десницкий А. В., Из биогр. мат-лов о родителях К. —《Уч. зац. ЛГПИ им. Герцена》, 1955, т. 120.

Десницкий А. В., Молодой К., Л., 1975.

Десницкий А. В., И. А. Крылов, М., 1983.

Западов А. В., И. А. Крылов, М.—Л., 1951.

И. А. Крылов. Исследования и материалы, под ред. Д. Д. Благого и Н. Л. Бродского, М., 1947.

И. А. Крылов. Проблемы творчества, Л., 1975(колл. монография; авторы И. З. Серман, В. П. Степанов, Н. Д. Кочеткова и др.).

Ильинский Л. К., Заметка о годе рождения К.—ЖМНП, 1904, No 11.

История рус. лит-ры XIX в. Библиографич. указатель, под ред. К. Д. Муратовой, М.—Л., 1962.

Кеневич В. Ф., Библиографич. и историч. примечания к басням Крылова, 2 изд., СПБ, 1878

Лобанов М. Е., Жизнь и соч. К., СПб., 1847.

Майков Л. Н., Ист.-лит. очерки, СПб., 1895, с. 1~50.

Овчинников Р. В., В поиска х автора 《весьма замечательной статьи》, — 《История СССР》, 1979, No 4.

Орлов А. С., Язык рус. писателей, М.—Л., 1948, с. 62~121.

Потебня А. А., Из лекций по теории словесности. Басня, пословица, поговорка, 3 изд., Х., 1930.

ПСС, т. 1~3, СПб., 1847(вступ. ст. П. А. Плетнева); ПСС, т. 1~4, СПб., [1904~1905] (под ред. В. В. Каллаша; 2-е изд., П., 1918); Полн. собр. стих., т. 1~2, [М.], 1935(БПбс; вступ. статьи Г. А. Гуковского, Б. И. Коплана, В. А. Гофмана); ПСС, т. 1~3, М., 1944~46(под ред. Д. Бедного, Д. Д. Благого, Н. Л. Бродского, Н. С. Степанова); Басни, М.—Л., 1956(ЛП; ред. и комм. А. П. Могилянского); Басни, М., 1988(послесл. Е. И. Осетрова); Басни. Сатирич. произв. Восп. современников, М., 1989(сост. и вступ. ст. С. А. Фомичёва).

Пушкин А. С., О предисловии г-на Лемонте к переводу басен И. А. Крылова, Полн. собр. соч., т. 7, М., 1958.

Пушкин(ук.), Белинский(ук.), Гоголь(ук.), Плетнев, II, с. 31~116; Сб. ОРЯС, 1869, т. 6(публикация текстов К., статьи Я. К. Грота, В. Ф.

Кеневича и др.).

Рождественский Н., К. и его товарищи по типографии и ж-лу в 1792 г. — 《Сб Моск. гл. архива Мин-ва иностр. дел》, в. 6, М., 1899, с. 337~52.

Рудов М. А., Жанр басни в рус. лит-ре. Издания. Историография. Тематика семинар. занятий, Фрунзе, 1974; ИРДТ, т. 1, 2(ук.); Масанов.

Семенников В. П., К. и А. И. Клушин. — 《Рус. библиофил》, 1914, No 6, с. 52~55.

Степанов Н. Л., И. А. Крылов. Жизнь и творчество, 2 изд., М., 1958.

Степанов Н. Л., И. А. Крылов, М., 1963.

Степанов Н. Л., Мастерство Крылова-баснописца. М., 1956.

Ямпольский И. М., К. и музыка, М., 1970; К. в восп. современников, М., 1982.

■ 최초 출전

제 1 권

1. 까마귀와 여우:『희곡 소식』1권 2호, 1808, p. 16.
2. 참나무와 갈대:『모스끄바 관객』1806년 1월호 1권, pp. 73~75.
3. 음악가들:『희곡 소식』1권 15호, 1808, p. 128.
4. 까마귀와 암탉:『조국의 아들』2권 8호, 1812, p. 87.
5. 보석 상자:『희곡 소식』1권 2호, 1808, p. 24.
6. 개구리와 황소:『희곡 소식』1권 2호, 1808, p. 24.
7. 눈이 높은 신부:『모스끄바 관객』1806년 1월호 1권, pp. 75~78.
8. 파르나소스:『희곡 소식』1권 26호, 1808, pp. 135~36.
9. 예언자:『희곡 소식』1권, 16호, 1808, pp. 183~84.
10. 수레국화:『조국의 아들』86권, 1823, pp. 226~28.
11. 나무와 불: 끄르일로프,『우화집』, 1809, pp. 34~35.
12. 검은방울새와 고슴도치:『러시아말 애호가들의 담화 독본』17권, 1815, p. 100.
13. 늑대와 새끼 양:『희곡 소식』1권 24호, 1808, pp. 199~200.
14. 원숭이들:『희곡 소식』1권 12호, 1808, pp. 103~04.

15. 박새:『러시아말 애호가들의 담화 독본』4권, 1811, pp. 102~03.
16. 당나귀: 끄르일로프,『우화집』3권, 1815, p. 506.
17. 원숭이와 안경: 끄르일로프,『우화집』3권, 1815, p. 11.
18. 비둘기 두 마리: 끄르일로프,『우화집』3권, 1809, pp. 6~10.
19. 금화 한 닢:『러시아말 애호가들의 담화 독본』5권, 1812, pp. 55~56.
20. 세 명의 아내를 거느린 남자:『조국의 아들』15권 27호, 1814, pp. 23~24.
21. 무신론자들: 끄르일로프,『우화집』2권, 1815, pp. 9~10.
22. 독수리와 수탉들:『희곡 소식』2권 45호, 1808, pp. 150~51.

제 2 권

1. 황제를 요청한 개구리들: 끄르일로프,『우화집』, 1809, pp. 36~39.
2. 사자와 표범: 끄르일로프,『우화집』3권, 1815, pp. 13~14.
3. 고관과 철학자:『러시아말 애호가들의 담화 독본』16권, 1815년, p. 56.
4. 동물들의 떼죽음: 끄르일로프,『우화집』, 1809, pp. 14~16.
5. 개의 우정: 끄르일로프,『우화집』3권, 1815, pp. 17~18.
6. 분배:『러시아말 애호가들의 담화 독본』8권, 1813, pp. 69~70.
7. 나무통:『러시아말 애호가들의 담화 독본』16권, 1815, p. 55
8. 개집에 들어간 늑대:『조국의 아들』1권 2호, 1812, pp. 79~80.
9. 시냇물:『러시아말 애호가들의 담화 독본』5권, 1812, pp. 59~60.
10. 여우와 모르모트:『러시아말 애호가들의 담화 독본』11권, 1813, pp. 97~98.
11. 행인과 개들: 끄르일로프,『우화집』3권, 1815, p. 20.
12. 베짱이와 개미:『희곡 소식』1권 34호, 1808, p. 61.
13. 허풍쟁이:『러시아말 애호가들의 담화 독본』5권, 1812, pp. 61~63.
14. 독수리와 벌:『러시아말 애호가들의 담화 독본』13권, 1813, pp. 91~92.
15. 사냥터의 토끼:『러시아말 애호가들의 담화 독본』13권, 1813, pp. 54~55.
16. 농어와 고양이:『러시아말 애호가들의 담화 독본』13권, 1813, pp. 92~93.

17. 늑대와 닭:『러시아말 애호가들의 담화 독본』13권, 1813, pp. 153~54.
18. 수탉과 진주: 끄르일로프,『우화집』, 1809, p. 18.
19. 농부와 일꾼: 끄르일로프,『우화집』3권, p. 37.
20. 짐마차:『조국의 아들』2권 11월 7호, 1812년, pp. 46~47.
21. 어린 까마귀:『새로운 우화집』, 1811, pp. 5~6
22. 사령관이 된 코끼리:『희곡 소식』4권 79호, 1808, pp. 7~8.
23. 당나귀와 꾀꼬리:『러시아말 애호가들의 담화 독본』1권, 1811, pp. 55~56.

제 3 권

1. 전매 상인과 구두 만드는 사람:『새로운 우화집』, 1811, pp. 1~4.
2. 곤경에 처한 농부:『새로운 우화집』, 1811, pp. 15~16.
3. 주인과 쥐들:『교훈 설화집』2권, 1809, pp. 332~33.
4. 코끼리와 발바리:『희곡 소식』4권, 1808, pp. 55~56.
5. 아빠 늑대와 새끼 늑대:『새로운 우화집』, 1811, pp. 20~21.
6. 원숭이:『새로운 우화집』, 1811, p. 22.
7. 자루:『교훈 설화집』3권, 1809, pp. 33~37.
8. 고양이와 요리사:『러시아말 애호가들의 담화 독본』8권, 1813, p. 67.
9. 사자와 모기: 끄르일로프,『우화집』, 1809, pp. 26~27
10. 농사꾼과 철학자:『러시아말 애호가들의 담화 독본』1권, 1811, pp. 51~53.
11. 농부와 여우:『새로운 우화집』, 1811, pp. 29~30.
12. 사자의 교육:『새로운 우화집』, 1811, pp. 31~34.
13. 노인과 세 명의 청년:『모스끄바 관객』, 1806년 2월호 2권, pp. 70~72.
14. 나무:『새로운 우화집』4권, 1816, pp. 8~9.
15. 거위들:『러시아말 애호가들의 담화 독본』1권, 1811, pp. 53~54.
16. 돼지:『새로운 우화집』, 1811, p. 41.

17. 파리와 여행자들: 『희곡 소식』 3권 63호, 1808, pp. 85~87.
18. 독수리와 거미: 『러시아말 애호가들의 담화 독본』 5권, 1812, pp. 57~58.
19. 암사슴과 회교 수도사: 『러시아말 애호가들의 담화 독본』 17권, 1815, p. 99.
20. 개: 『새로운 우화집』 4권, 1816, p. 11.
21. 독수리와 두더지: 『새로운 우화집』 4권, 1816, p. 3~4.

제 4 권

1. 사중주단: 『새로운 우화집』, 1811, pp. 12~13.
2. 나뭇잎과 뿌리: 『러시아말 애호가들의 담화 독본』 4권, 1811, pp. 100~01.
3. 늑대와 여우: 『새로운 우화집』 4권, 1816. pp. 5~6.
4. 종이연: 『조국의 아들』 11권 2호, 1814, p. 73(최초 제목 「종이연과 나비」).
5. 백조, 농어 그리고 게: 『새로운 우화집』 4권, 1816, p. 10.
6. 찌르레기: 『새로운 우화집』 4권, 1816, pp. 25~26.
7. 연못과 강: 『새로운 우화집』 4권, 1816, pp. 14~16.
8. 뜨리쉬까의 농민 외투: 『조국의 아들』 23권 27호, 1815, p. 24.
9. 기계 전문가: 『새로운 우화집』 4권, 1816, pp. 12~13.
10. 불과 다이아몬드: 『새로운 우화집』 4권, 1816, pp. 28~29.
11. 고독한 사람과 곰: 『희곡 소식』 1권 17호, 1808, pp. 142~44.
12. 생화와 조화: 『새로운 우화집』 4권, 1816, pp. 19~20.
13. 농부와 뱀: 『조국의 아들』 9권 39호, 1813, pp. 43.
14. 농부와 강도: 『새로운 우화집』 4권, 1816, p. 19.
15. 호기심: 『조국의 아들』 18권 40호, 1814년, p. 69.
16. 사냥에 나선 사자: 『희곡 소식』 1권 12호, 1808, p. 196(최초 제목 「사자, 개, 여우, 늑대」).
17. 말과 기수: 『새로운 우화집』 5권, 1816, pp. 10~11.
18. 농민과 강: 『새로운 우화집』 4권, 1816, pp. 30~31.

19. 착한 척하는 여우: 『러시아말 애호가들의 담화 독본』 17권, 1815, pp. 43~44(최초 제목 「여우」).
20. 공정한 회의: 『새로운 우화집』 4권, 1811, p. 22.

제 5 권

1. 제미안의 생선 수프: 『러시아말 애호가들의 담화 독본』 11권, 1813, pp. 95~96.
2. 쥐들의 대화: 『새로운 우화집』 5권, 1816, p. 1.
3. 검은방울새와 비둘기: 『새로운 우화집』 5권, 1816, p. 1.
4. 잠수부들: 『1814년 1월 2일 황립 공공도서관 개관 기록』, 산끄뜨-뻬쩨르부르 끄, 1814, pp. 99~103.
5. 늙은 여주인과 두 명의 하녀: 『새로운 우화집』 5권, 1816, pp. 5~6.
6. 돌과 애벌레: 『새로운 우화집』 5권, 1816, p. 7.
7. 벌꿀을 훔친 곰: 『새로운 우화집』 5권, 1816, pp. 8~9.
8. 거울과 원숭이: 『조국의 아들』 27권, 1816, p. 32.
9. 모기와 목동: 『새로운 우화집』 5권, 1816, p. 13.
10. 농부와 죽음: 『희곡 소식』 4권, 1808, p. 24.
11. 기사: 『새로운 우화집』 5권, 1816, pp. 14~15.
12. 그림자와 사람: 『조국의 아들』 12권 11호, 1814, p. 206.
13. 농부와 도끼: 『새로운 우화집』 5권, 1816, p. 17.
14. 사자와 늑대: 『『새로운 우화집』 5권, 1816, p. 19.
15. 개, 사람, 고양이 그리고 매: 『새로운 우화집』 5권, 1816, pp. 20~21.
16. 손발의 통풍과 거미: 『새로운 우화집』, 1811, pp. 8~10.
17. 사자와 여우: 끄르일로프, 『우화집』 6권, 1819, p. 73.
18. 호프: 『새로운 우화집』 5권, 1816, pp. 2~3.
19. 총애를 입은 코끼리: 『새로운 우화집』 5권, 1816, p. 23.

20. 먹구름:『조국의 아들』 23권 29호, 1815, p. 100.
21. 험담꾼과 뱀:『러시아말 애호가들의 담화 독본』 17권, 1815, pp. 45~46.
22. 행운과 거지:『새로운 우화집』 5권, 1816, pp. 26~28.
23. 개구리와 제우스:『새로운 우화집』 5권, 1816, pp. 29~30.
24. 건축가 여우:『새로운 우화집』 5권, 1816, pp. 31~32.
25. 누명:『새로운 우화집』 5권, 1816, pp. 31~32.
26. 손님으로 간 운:『새로운 우화집』 5권, 1816, pp. 35~37.

제 6 권

1. 늑대와 목동들:『새로운 우화집』 5권, 1816, pp. 22.
2. 뻐꾸기와 비둘기: 팸플릿『1817년 1월 2일 공공도서관의 대집회에서 낭독된 끄르일로프의 3편의 새로운 우화』, 산끄뜨-뻬쩨르부르끄, 1817, pp. 6~7.
3. 참빗:『1818년 12월 5일 러시아 황립 아카데미 대집회 독본』, 산끄뜨-뻬쩨르부르끄, 1818, pp. 55~56.
4. 구두쇠와 암탉: 끄르일로프,『우화집』 6권, 1819, p. 65.
5. 두 개의 술통: 끄르일로프,『우화집』 6권, 1819, p. 66.
6. 헤라클레스:『1818년 12월 5일 러시아 황립 아카데미 대집회 독본』, 산끄뜨-뻬쩨르부르끄, 1818, pp. 54~55.
7. 아펠레스와 당나귀:『조국의 아들』 32권 37호, 1816, p. 197.
8. 사냥꾼: 끄르일로프,『우화집』 6권, 1819, pp. 69~70.
9. 소년과 뱀: 끄르일로프,『우화집』 6권, 1819, p. 87.
10. 수영 선수와 바다: 끄르일로프,『우화집』 6권, 1819, p. 71.
11. 당나귀와 농부: 끄르일로프,『우화집』 6권, 1819, pp. 77~78.
12. 늑대와 학:『새로운 우화집』 4권, 1816년, p. 27.
13. 꿀벌과 파리들:『북방의 관찰자』 4호, 1817년, pp. 129~30.
14. 개미: 끄르일로프,『우화집』 6권, 1819, pp. 73~75.

15. 목동과 바다: 끄르일로프, 『우화집』 6권, 1819, 84~85.
16. 농부와 뱀: 『고대와 현대 문학 잡지』 1818년 7월호 1권, p. 79(최초 제목 「남자와 뱀」).
17. 여우와 포도: 『희곡 소식』 4권 80호, 1808, p. 16.
18. 양들과 개들: 『고대와 현대 문학 잡지』 1818년 7월호 1권, 산끄뜨-뻬쩨르부르끄, p. 20.
19. 올가미 속에 갇힌 곰: 끄르일로프, 『우화집』 6권, 1819, pp. 78~79.
20. 이삭: 끄르일로프, 『우화집』 6권, 1819, pp. 80~81.
21. 소년과 구더기: 끄르일로프, 『우화집』 6권, 1819, pp. 82~83.
22. 장례식: 『러시아 문학 애호가 협회 회보』 7권, 1817, 63~64.
23. 부지런한 곰: 『고대와 현대 문학 잡지』 1권 3호, 1818, pp. 179~80.
24. 작가와 강도: 『1817년 1월 2일 공공도서관의 대집회에서 낭독된 끄르일로프의 3편의 새로운 우화』, 산끄뜨-뻬쩨르부르끄, 1817, pp. 8~11.
25. 새끼양: 끄르일로프, 『우화집』 6권, 1819, pp. 91~92.

제 7 권

1. 쥐들의 회의: 『새로운 우화집』, 1811, pp. 23~24.
2. 방앗간 주인: 『1825년 북극성』, pp. 374~75.
3. 조약돌과 다이아몬드: 『북방의 꿀벌』 1호, 1825, 1월 1일, p. 3.
4. 낭비하는 사람과 제비: 『1818년 12월 5일 러시아 황립 아카데미 대집회 독본』, 산끄뜨-뻬쩨르부르끄, 1818, pp. 53~54.
5. 잉어: 끄르일로프, 『우화집』 7권, 1825, pp. 258~61.
6. 농부와 뱀: 끄르일로프, 『우화집』 7권, 1825, p. 263.
7. 참나무 아래 돼지: 『북방의 꿀벌』 5권, 1825.
8. 거미와 꿀벌: 끄르일로프, 『우화집』 7권, 1825, pp. 261~62.
9. 여우와 당나귀: 『1825년 북방의 꽃들』, pp. 321~22.

10. 파리와 꿀벌: 『1825년 북방의 꽃들』, pp. 261~62.
11. 뱀과 어린 양: 끄르일로프, 『우화집』 7권, 1825, p. 273.
12. 솥과 냄비: 끄르일로프, 『우화집』 7권, 1825, pp. 264~65.
13. 산양: 끄르일로프, 『우화집』 7권, 1825, pp. 274~75.
14. 꾀꼬리: 끄르일로프, 『우화집』 7권, 1825, pp. 278~79.
15. 빗자루: 끄르일로프, 『우화집』 7권, 1825, pp. 276.
16. 농부와 양: 『1823년 북극성』, p. 112.
17. 구두쇠: 끄르일로프, 『우화집』 7권, 1825, pp. 281~83.
18. 부자와 시인: 『1825년 북방의 꽃들』, pp. 283~84.
19. 늑대와 새끼 쥐: 끄르일로프, 『우화집』 7권, 1825, pp. 283~84.
20. 두 남자: 끄르일로프, 『우화집』 7권, 1825, p. 284.
21. 새끼 고양이와 찌르레기: 끄르일로프, 『우화집』 7권, 1825, pp. 288~89.
22. 두 마리의 개: 『계몽과 자선의 경쟁자』 6권 1호, 1824, pp. 64~65.
23. 고양이와 꾀꼬리: 『계몽과 자선의 경쟁자』 2권, 1824, pp. 128~30.
24. 물고기들의 춤: 『계몽과 자선의 경쟁자』 7권, 1824, pp. 3~5.
25. 신도: 『1825년 북방의 꽃들』, pp. 284~285.
26. 까마귀: 『1825년 북극성』, pp. 375~76.
27. 얼룩양들: 이 작품은 끄르일로프 생전에 출판되지 못했다. 그후 이 작품은 께네비치에 의해서 『러시아 고문서』, 1867년, 3권, pp. 386~92에서 처음으로 빛을 보게 되었다.

제 8 권

1. 늙은 사자: 『1825년 북방의 꽃들』, pp. 290~91.
2. 사자, 사슴과 여우: 끄르일로프, 『우화집』 8권, 1830, pp. 363~71.
3. 농부와 말: 끄르일로프, 『우화집』 8권, 1830, pp. 363~64.
4. 다람쥐: 『모스끄바 전신』 33권, 1830, p. 74.

5. 농어: 『문학 신문』 1권, 1830, p. 143(3월 27일자).

6. 뻐꾸기와 독수리: 끄르일로프, 『우화집』 8권, 1830, pp. 368~69.

7. 면도칼: 『1829년 북방의 꽃들』, pp. 67~68.

8. 매와 애벌레: 끄르일로프, 『우화집』 8권, 1830, pp. 377~78.

9. 불행한 부자: 『1829년 북방의 꽃들』, pp. 127~30.

10. 검: 끄르일로프, 『우화집』 8권, 1830, pp. 381~83.

11. 상인: 끄르일로프, 『우화집』 8권, 1830, pp. 383~84.

12. 대포와 돛: 『1829년 북방의 꽃들』, pp. 149~50.

13. 당나귀: 끄르일로프, 『우화집』 8권, 1830, pp. 388~89.

14. 미론: 끄르일로프, 『우화집』 8권, 1830, pp. 385~86.

15. 농부와 여우: 끄르일로프, 『우화집』 8권, 1830, p. 387.

16. 개와 말: 끄르일로프, 『우화집』 8권, 1830, pp. 392.

17. 부엉이와 당나귀: 끄르일로프, 『우화집』 8권, 1830, pp. 390~91.

18. 뱀: 끄르일로프, 『우화집』 8권, 1830, pp. 395~96.

19. 늑대와 고양이: 끄르일로프, 『우화집』 8권, 1830, pp. 395~96.

20. 쥐노래미들: 끄르일로프, 『우화집』 8권, 1830, pp. 390~400.

21. 폭포와 시냇물: 『러시아 문학 애호가 협회 회보』 7권, 1817, p. 65(최초 제목 「시냇물과 폭포」).

22. 사자: 끄르일로프, 『우화집』 8권, 1830, pp. 393~94.

23. 세 남자: 끄르일로프, 『우화집』 8권, 1830, pp. 400~02.

제 9 권

1. 목동: 『새로운 거처』 1권, 산끄뜨-뻬쩨르부르끄, 1833, pp. 401~02.

2. 다람쥐: 『새로운 거처』 1권, 1833, pp. 402~03.

3. 쥐들: 『새로운 거처』 1권, 1833, pp. 404~05.

4. 여우: 『새로운 거처』 1권, 1833, pp. 405~06.

5. 늑대와 양들: 『새로운 거처』 1권, 1833, pp. 407~08.
6. 농부와 개: 『새로운 거처』 1권, 1833, pp. 473~74.
7. 두 소년: 『독서 목록』 14권, 1836, pp. 65~66.
8. 강도와 마부: 『독서 목록』 3권, 1834, pp. 235.
9. 사자와 쥐: 『독서 목록』 3권, 1834, p. 236.
10. 뻐꾸기와 수탉: 『러시아 문학가 100인』 2권, 산끄뜨-뻬쩨르부르끄, 1841, pp. 15~16.
11. 고관대작: 『조국의 아들』 175권, 1836, p. 64.

■ 작품 연보

1788년 작품

「부끄러운 도박꾼」(9권으로 된 전집에 포함되지 않은 작품)

「도박꾼들의 운명」(9권으로 된 전집에 포함되지 않은 작품)

「공작새와 꾀꼬리」(9권으로 된 전집에 포함되지 않은 작품)

1805년 작품

「참나무와 갈대」

「눈이 높은 신부」

「노인과 세 명의 청년」

1807년 작품

「까마귀와 여우」

「보석 상자」

「개구리와 황소」

「예언자」

「고독한 사람과 곰」

「농부와 죽음」

1808년 작품

「음악가들」

「파르나소스」

「늑대와 새끼 양」

「원숭이들」

「사냥에 나선 사자」

「독수리와 수탉들」

「베짱이와 개미」

「사령관이 된 코끼리」「코끼리와 발바리」

「파리와 여행자들」

「여우와 포도」

1809년 작품

「나무와 불」

「비둘기 두 마리」

「황제를 요청한 개구리들」

「동물들의 떼죽음」

「수탉과 진주」

「주인과 쥐들」

「자루」

「사자와 모기」

「사자와 사람」(9권으로 된 전집에 포함되지 않은 작품)

1811년 작품

「박새」

「금화 한 닢」

「시냇물」

「허풍쟁이」

「어린 까마귀」

「당나귀와 꾀꼬리」

「전매 상인과 구두 만드는 사람」

「곤경에 처한 농부」

「아빠 늑대와 새끼 늑대」

「원숭이」

「농사꾼과 철학자」

「농부와 여우」

「사자의 교육」

「거위들」

「돼지」

「독수리와 거미」

「손발의 통풍과 거미」

「쥐들의 회의」

「사중주단」

「나뭇잎과 뿌리」

「독수리와 벌」

1812년 작품

「까마귀와 암탉」

「분배」

「개집에 들어간 늑대」
「짐마차」
「고양이와 요리사」

1813년 작품
「여우와 모르모트」
「사냥터의 토끼」
「농어와 고양이」
「늑대와 닭」
「농부와 뱀」
「제미안의 생선 수프」
「잠수부들」
「행운과 거지」

1813~1814년 작품
「검은방울새와 고슴도치」
「무신론자들」
「행인과 개들」
「암사슴과 회교 수도사」
「종이연」
「불과 다이아몬드」
「농민과 강」
「그림자와 사람」
「개구리와 제우스」

1814년 작품

「세 명의 아내를 거느린 남자」

「나무」

「독수리와 두더지」

「백조, 농어 그리고 게」

「연못과 강」

「농부와 강도」

「호기심」

「말과 기수」

「착한 척하는 여우」

「검은방울새와 비둘기」

「돌과 애벌레」

「모기와 목동」

「험담꾼과 뱀」

1814~1815년 작품

「고관과 철학자」

「나무통」

「잔치」(9권으로 된 전집에 포함되지 않은 작품)

1815년 작품

「당나귀」

「원숭이와 안경」

「사자와 표범」

「개의 우정」

「농부와 일꾼」

「뜨리쉬까의 농민 외투」
「거울과 원숭이」
「먹구름」
「건축가 여우」

1816년 작품
「개」
「늑대와 여우」
「찌르레기」
「기계 전문가」
「생화와 조화」
「공정한 회의」
「쥐들의 대화」
「늙은 여주인과 두 명의 하녀」
「벌꿀을 훔친 곰」
「기사」
「농부와 도끼」
「사자와 늑대」
「개, 사람, 고양이 그리고 매」
「호프」
「총애를 입은 코끼리」
「누명」
「손님으로 간 운」
「늑대와 목동들」
「뻐꾸기와 비둘기」
「아펠레스와 당나귀」

「늑대와 학」
「장례식」
「작가와 강도」
「폭포와 시냇물」

1817년 작품
「꿀벌과 파리들」

1818~1819년 작품
「참빗」
「헤라클레스」
「낭비하는 사람과 제비」
「양들과 개들」
「농부와 뱀」
「부지런한 곰」
「사자와 여우」
「구두쇠와 암탉」
「두 개의 술통」
「사냥꾼」
「소년과 뱀」
「수영 선수와 바다」
「당나귀와 농부」
「개미」
「목동과 바다」
「올가미 속에 갇힌 곰」
「이삭」

「소년과 구더기」

「새끼 양」

1821년 작품

「잉어」

「농부와 양」

1821~1823년 작품

「방앗간 주인」

「조약돌과 다이아몬드」

「농부와 뱀」

「참나무 아래 돼지」

「거미와 꿀벌」

「여우와 당나귀」

「파리와 꿀벌」

「뱀과 어린 양」

「솥과 냄비」

「산양」

「꾀꼬리」

「빗자루」

「구두쇠」

「부자와 시인」

「늑대와 새끼 쥐」

「두 남자」

「새끼 고양이와 찌르레기」

「두 마리의 개」

「고양이와 꾀꼬리」

「물고기들의 춤」

「신도」

「까마귀」

「늙은 사자」

「얼룩양들」

1823년 작품
「수레국화」

1827년 작품
「대포와 돛」

1828년 작품
「면도칼」

「불행한 부자」

1829~1830년 작품
「미론」

「사자, 사슴과 여우」

「농부와 말」

「다람쥐」

「농어」

「뻐꾸기와 독수리」

「매와 애벌레」

「검」

「상인」

「농부와 여우」

「개와 말」

「부엉이와 당나귀」

「뱀」

「늑대와 고양이」

「쥐노래미들」

「사자」

「세 남자」

1832년 작품

「세 남자」

「다람쥐」

「쥐들」

「여우」

1833년 작품

「농부와 개」

「강도와 마부」

「사자와 쥐」

「두 소년」

1834년 작품

「뻐꾸기와 수탉」

「고관대작」

■ 작가 연보

1769	모스끄바에서 육군 장군의 아들로 태어나 어머니에게서 교육받음.
1774	아버지가 퇴역한 후 뜨베르에 정착함.
1777	풍자적인 글인「익살꾼」을 씀.
1778	아버지가 죽은 후에 가족의 생계를 책임지게 됨.
1782	어머니와 뻬쩨르부르끄로 옮겨와 세무 감독국의 말단 관리가 됨. 폰비진의 연극「미성년」을 처음으로 보게 됨. 연극 감독 사이모노프, 배우 드미뜨레프스끼, 극작가 끄냐쥐닌 등과 친분을 맺음.
1784	첫 작품 오페라「커피로 점치는 여자」집필. 두 개의 비극「필로멜라」와「클레오파트라」집필.
1784~1788	「광기 어린 가족」「문간방의 작가」「장난꾸러기」등 몇 편의 희극 오페라와 희곡 집필.
1788	초창기 우화들이 잡지『아침 시간』에 발표됨.
1789	라흐마니노프와 시사 잡지『영혼의 우체국』을 발행.
1791	배우 드미뜨리예프스끼, 극작가 쁠라빌쉬꼬프와 문학가 끌루쉰 등의

	친구들과 함께 출판사 '끄르일로프와 친구들'을 만듦.
1792	끌루쉰, 드미뜨리예프 등과 새로운 잡지 『관객』을 출간.
	같은 해 5월 『관객』이 폐간됨.
1797	골리츠인 공작과 가까워져 그의 개인 비서로 일함.
1803	뻬쩨르부르끄에서 최초의 희곡 「파이」의 성공적인 공연으로 끄르일로프가 이곳으로 영원히 돌아오게 됨.
1809	끄르일로프에게 명성을 안겨준 첫번째 우화집이 출판됨.
1811	『이반 끄르일로프의 새 우화들』이 출판됨.
1812	황립공공도서관이 개관되고 이곳에서 사서 보조로 근무 시작.
1815	3권으로 된 『이반 끄르일로프의 우화들』이 출판됨.
1816	『이반 끄르일로프의 새 우화들』 4, 5권이 출판됨.
1819	『이반 끄르일로프의 새 우화들』 6, 7권이 출판됨.
1830	『이반 끄르일로프의 새 우화들』 8권이 출판됨.
1841	뻬쩨르부르끄 과학 아카데미 회원.
1844	뻬쩨르부르끄에서 사망함.

■ 찾아보기

ㄱ

갈대 16
강 253, 282
강도 273, 421, 585
개 106, 126, 232, 328, 408, 485, 545, 580
개구리 27, 89, 353
개미 128, 399
거미 226, 331, 450
거울 313
거위 218
거지 349
검 529
검은방울새 48, 296
게 249

고관 97, 594
고독한 사람 264
고슴도치 48
고양이 140, 189, 328, 488, 553
곰 264, 311, 409, 419
교육 204
구더기 414
구두 만드는 사람 165
구두쇠 378, 472
그림자 322
금화 76
기계 전문가 258
기사 320
기수 279
까마귀 13, 21, 154, 497

꾀꼬리 160, 465, 488

꿀벌 397, 450, 455

ㄴ

나무 44, 215

나무통 114

나뭇잎 242

남자 79, 479, 561

냄비 460

노인 211

농민 282

농민 외투 256

농부 148, 171, 200, 270, 273, 317, 324, 393, 405, 446, 470, 510, 543, 580

농어 140, 249, 514

농사꾼 196

누명 359

늑대 51, 116, 145, 245, 326, 371, 395, 477, 553, 577

ㄷ

다람쥐 512, 569

다이아몬드 261, 437

닭 145

당나귀 62, 160, 384, 393, 453, 537, 547

대포 534

도끼 324

독수리 84, 135, 226, 234, 517

돌 309

동물 99

돛 534

돼지 221, 448

두더지 234

떼죽음 99

뜨리쉬까 256

ㅁ

마부 585

말 279, 510, 545

매 328, 522

먹구름 344

면도칼 519

모기 192, 315

모르모트 123

목동 315, 371, 402, 567

무신론자 81

물고기 491

미론 540

ㅂ

바다 391, 402

박새 59
발바리 178
방앗간 주인 434
백조 249
뱀 270, 346, 390, 405, 446, 458, 550
벌 135
벌꿀 311
베짱이 128
보석 상자 24
부엉이 547
부자 475, 524
분배 111
불 44, 261
비둘기 68, 296, 372
빗자루 468
뻐꾸기 372, 517, 591
뿌리 242

ㅅ
사냥 277
사냥꾼 387
사냥터 138
사람 322, 328, 439
사령관 157
사슴 507
사자 94, 192, 204, 277, 326, 337, 505, 507, 559, 588
사중주단 239
산양 462
상인 532
새끼 고양이 482
새끼 늑대 180
새끼 양 51, 426
새끼 쥐 477
생선 수프 291
생화 268
소년 390, 414, 582
솥 460
수도사 230
수레국화 40
수영 선수 391
수탉 84, 146, 591
술통 380
시냇물 119, 558
시인 475
신도 494
신부 29

ㅇ
아빠 늑대 180
아펠레스 384
안경 62

암사슴 230
암탉 21, 378
애벌레 309, 522
양 408, 470, 577
어린 양 458
얼룩양 500
여우 13, 123, 200, 245, 284, 337, 356, 407, 453, 507, 543, 574
여행자 223
여주인 305
연못 253
예언자 38
올가미 409
요리사 189
우정 106
운 363
원숭이 55, 62, 183, 313
음악가 19
이삭 411
일꾼 148
잉어 441

ㅈ

자루 185
작가 421
잠수부들 298

장례식 417
전매 상인 165
제미안 291
제비 439
제우스 353
조약돌 437
조화 268
종이연 247
주인 175
죽음 317
쥐 175, 294, 431, 571, 588
쥐노래미 556
진주 146
짐마차 151
찌르레기 251, 482

ㅊ

참나무 16, 448
참빗 375
철학자 97, 196
청년 211
춤 491

ㅋ

코끼리 157, 178, 341

ㅌ

토끼 138

통풍 331

ㅍ

파르나소스 35

파리 223, 397, 455

포도 407

폭포 558

표범 94

ㅎ

하녀 305

학 395

행운 349

행인 126

허풍쟁이 130

험담꾼 346

헤라클레스 382

호기심 275

호프 338

황소 27

황제 89

회의 283, 431

■ 기획의 말

'대산세계문학총서'를 펴내며

　근대 문학 100년을 넘어 새로운 세기가 펼쳐지고 있지만, 이 땅의 '세계 문학'은 아직 너무도 초라하다. 몇몇 의미 있었던 시도에도 불구하고, 전체적으로는 나태하고 편협한 지적 풍토와 빈곤한 번역 소개 여건 및 출간 역량으로 인해, 늘 읽어온 '간판' 작품들이 쓸데없이 중간되거나 천박한 '상업주의적' 작품들만이 신간되는 등, 세계 문학의 수용이 답보 상태에 머물러 있었음을 부인하기 힘들다. 분명한 자각과 사명감이 절실한 단계에 이른 것이다.

　세계 문학의 수용 문제는, 그 올바른 이해와 향유 없이, 다시 말해 세계 문학과의 참다운 교류 없이 한국 문학의 세계 시민화가 불가능하다는 의미에서, 보다 근본적으로, 우리의 문화적 시야 및 터전의 확대와 그 질적 성숙에 관련되어 있다. 요컨대 이것은, 후미에 갇힌 우리의 좁은 인식론적 전망의 틀을 깨고 세계 전체를 통찰하는 눈으로 진정한 '문화적 이종교배'의 토양을 가꾸는 작업이며, 그럼으로써 인간 그 자체를 더 깊게 탐색하기 위해 '미로의 실타래'를 풀며 존재의 심연으로 침잠하는 작업이라 할 수 있다.

우리의 현실을 둘러볼 때, 그 실천을 위한 인문학적 토대는 어느 정도 갖추어진 듯이 보인다. 다양한 언어권의 다양한 영역에서 문학 전공자들이 고루 등장하여 굳은 전통이나 헛된 유행에 기대지 않고 나름의 가치 있는 작가와 작품을 파고들고 있으며, 독자들 또한 진부한 도식을 벗어나 풍요로운 문학적 체험을 원하고 있다. 새롭게 변화한 한국어의 질감 속에서 그 체험이 이루어지기를 바라는 요청 역시 크다. 그러므로 필요한 것은 어쩌면 물적 토대뿐일지도 모른다는 판단이 우리를 안타깝게 해왔다.

이러한 시점에서, 대산문화재단의 과감한 지원 사업과 문학과지성사의 신뢰성 높은 출간을 통해 그 현실화의 첫발을 내딛게 된 것은 우리 문화계의 큰 즐거움이 아닐 수 없다. 오늘의 문학적 지성에 주어진 이 과제가 충실한 결실을 맺을 수 있도록, 우리는 모든 성실을 기울일 것이다.

'대산세계문학총서' 기획위원회

대산세계문학총서

번호	분류	제목
001-002	소설	**트리스트럼 섄디** (전 2권) 로랜스 스턴 지음	홍경숙 옮김
003	시	**노래의 책** 하인리히 하이네 지음	김재혁 옮김
004-005	소설	**페리키요 사르니엔토** (전 2권) 호세 호아킨 페르난데스 데 리사르디 지음	김현철 옮김
006	시	**알코올** 기욤 아폴리네르 지음	이규현 옮김
007	소설	**그들의 눈은 신을 보고 있었다** 조라 닐 허스턴 지음	이시영 옮김
008	소설	**행인** 나쓰메 소세키 지음	유숙자 옮김
009	희곡	**타오르는 어둠 속에서/어느 계단의 이야기** 안토니오 부에로 바예호 지음	김보영 옮김
010-011	소설	**오블로모프** (전 2권) I. A. 곤차로프 지음	최윤락 옮김
012-013	소설	**코린나: 이탈리아 이야기** (전 2권) 마담 드 스탈 지음	권유현 옮김
014	희곡	**탬벌레인 대왕/몰타의 유대인/파우스투스 박사** 크리스토퍼 말로 지음	강석주 옮김
015	소설	**러시아 인형** 아돌포 비오이 까사레스 지음	안영옥 옮김
016	소설	**문장** 요코미쓰 리이치 지음	이양 옮김
017	소설	**안톤 라이저** 칼 필립 모리츠 지음	장희권 옮김
018	시	**악의 꽃** 샤를 보들레르 지음	윤영애 옮김
019	시	**로만체로** 하인리히 하이네 지음	김재혁 옮김
020	소설	**사랑과 교육** 미겔 데 우나무노 지음	남진희 옮김
021-030	소설	**서유기** (전 10권) 오승은 지음	임홍빈 옮김
031	소설	**변경** 미셸 뷔토르 지음	권은미 옮김
032-033	소설	**약혼자들** (전 2권) 알레산드로 만초니 지음	김효정 옮김
034	소설	**보헤미아의 숲/숲 속의 오솔길** 아달베르트 슈티프터 지음	권영경 옮김
035	소설	**가르강튀아/팡타그뤼엘** 프랑수아 라블레 지음	유석호 옮김

| 036 소설 | 사탄의 태양 아래 조르주 베르나노스 지음 | 윤진 옮김
| 037 시 | 시집 스테판 말라르메 지음 | 황현산 옮김
| 038 시 | 도연명 전집 도연명 지음 | 이치수 역주
| 039 소설 | 드리나 강의 다리 이보 안드리치 지음 | 김지향 옮김
| 040 시 | 한밤의 가수 베이다오 지음 | 배도임 옮김
| 041 소설 | 독사를 죽였어야 했는데 야샤르 케말 지음 | 오은경 옮김
| 042 희곡 | 볼포네, 또는 여우 벤 존슨 지음 | 임이연 옮김
| 043 소설 | 백마의 기사 테오도어 슈토름 지음 | 박경희 옮김
| 044 소설 | 경성지련 장아이링 지음 | 김순진 옮김
| 045 소설 | 첫번째 향로 장아이링 지음 | 김순진 옮김
| 046 소설 | 끄르일로프 우화집 이반 끄르일로프 지음 | 정막래 옮김
| 047 시 | 이백 오칠언절구 이백 지음 | 황선재 역주
| 048 소설 | 페테르부르크 안드레이 벨르이 지음 | 이현숙 옮김
| 049 소설 | 발칸의 전설 요르단 욥코프 지음 | 신윤곤 옮김
| 050 소설 | 블라이드데일 로맨스 나사니엘 호손 지음 | 김지원·한혜경 옮김
| 051 희곡 | 보헤미아의 빛 라몬 델 바예-인클란 지음 | 김선욱 옮김
| 052 시 | 서동 시집 요한 볼프강 폰 괴테 지음 | 안문영 외 옮김
| 053 소설 | 비밀요원 조지프 콘래드 지음 | 왕은철 옮김
| 054-055 소설 | 헤이케 이야기(전 2권) 지은이 미상 | 오찬욱 옮김
| 056 소설 | 몽골의 설화 데. 체렌소드놈 편저 | 이안나 옮김
| 057 소설 | 암초 이디스 워튼 지음 | 손영미 옮김
| 058 소설 | 수전노 알 자히드 지음 | 김정아 옮김
| 059 소설 | 거꾸로 조리스-카를 위스망스 지음 | 유진현 옮김
| 060 소설 | 페피타 히메네스 후안 발레라 지음 | 박종욱 옮김
| 061 시 | 납 제오르제 바코비아 지음 | 김정환 옮김
| 062 시 | 끝과 시작 비스와바 쉼보르스카 지음 | 최성은 옮김
| 063 소설 | 과학의 나무 피오 바로하 지음 | 조구호 옮김
| 064 소설 | 밀회의 집 알랭 로브-그리예 지음 | 임혜숙 옮김
| 065 소설 | 홍까오량 가족 모옌 지음 | 박명애 옮김
| 066 소설 | 아서의 섬 엘사 모란테 지음 | 천지은 옮김
| 067 시 | 소동파 사선 소동파 지음 | 조규백 옮김
| 068 소설 | 위험한 관계 쇼데를로 드 라클로 지음 | 윤진 옮김

069 소설	거장과 마르가리타 미하일 불가코프 지음	김혜란 옮김
070 소설	우게쓰 이야기 우에다 아키나리 지음	이한창 옮김
071 소설	별과 사랑 엘레나 포니아토프스카 지음	추인숙 옮김
072-073 소설	불의 산(전 2권) 쓰시마 유코 지음	이송희 옮김
074 소설	인생의 첫출발 오노레 드 발자크 지음	선영아 옮김
075 소설	몰로이 사뮈엘 베케트 지음	김경의 옮김
076 시	미오 시드의 노래 지은이 미상	정동섭 옮김
077 희곡	셰익스피어 로맨스 희곡 전집 윌리엄 셰익스피어 지음	이상섭 옮김
078 희곡	돈 카를로스 프리드리히 폰 실러 지음	장상용 옮김
079-080 소설	파멜라(전 2권) 새뮤얼 리처드슨 지음	장은명 옮김
081 시	이십억 광년의 고독 다니카와 슌타로 지음	김응교 옮김
082 소설	잔지바르 또는 마지막 이유 알프레트 안더쉬 지음	강여규 옮김
083 소설	에피 브리스트 테오도르 폰타네 지음	김영주 옮김
084 소설	악에 관한 세 편의 대화 블라디미르 솔로비요프 지음	박종소 옮김
085-086 소설	새로운 인생(전 2권) 잉고 슐체 지음	노선정 옮김
087 소설	그것이 어떻게 빛나는지 토마스 브루시히 지음	문항심 옮김
088-089 산문	한유문집-창려문초(전 2권) 한유 지음	이주해 옮김
090 시	서곡 윌리엄 워즈워스 지음	김숭희 옮김
091 소설	어떤 여자 아리시마 다케오 지음	김옥희 옮김
092 시	가윈 경과 녹색기사 지은이 미상	이동일 옮김
093 산문	어린 시절 나탈리 사로트 지음	권수경 옮김
094 소설	골로블료프가의 사람들 미하일 살티코프 셰드린 지음	김원한 옮김
095 소설	결투 알렉산드르 쿠프린 지음	이기주 옮김
096 소설	결혼식 전날 생긴 일 네우송 호드리게스 지음	오진영 옮김
097 소설	장벽을 뛰어넘는 사람 페터 슈나이더 지음	김연신 옮김
098 소설	에두아르트의 귀향 페터 슈나이더 지음	김연신 옮김